墨香财经学术文库

我国政策的区域外溢效应及影响机制研究

The Regional Spillover Effect and Mechanism of China's Policies

高晶 著

东北财经大学出版社
Dongbei University of Finance & Economics Press
大连

图书在版编目（CIP）数据

我国政策的区域外溢效应及影响机制研究 / 高晶著. 一大连：东北财经大学
出版社，2024.9. 一（墨香财经学术文库）. 一 ISBN 978-7-5654-5367-0

Ⅰ.D601

中国国家版本馆CIP数据核字第2024AB0226号

东北财经大学出版社出版发行

　　大连市黑石礁尖山街217号　邮政编码　116025

　　网　　　址：http://www.dufep.cn

　　读者信箱：dufep@dufe.edu.cn

大连永盛印业有限公司印刷

幅面尺寸：170mm×240mm　　字数：213千字　印张：14.75　插页：1
2024年9月第1版　　　　　　2024年9月第1次印刷

责任编辑：时　博　周　晗　　责任校对：何　群

封面设计：原　皓　　　　　　版式设计：原　皓

定价：75.00元

前言

　　当今世界，经济全球化、区域经济一体化的趋势不断加深，在
1960—2016年间，全球进出口贸易占世界生产总值的比重由24.1%上升
至56.2%[1]，在2005—2017年间，外商直接投资（IFDI）、对外直接投资
（OFDI）占世界生产总值的比重分别由24.0%、24.7%上升至41.6%、
39.2%[2]。各国之间经贸往来愈加深入频繁，世界经济相互依存度显著
提高，市场分工、资本流动、国际贸易等正在发生巨变，各国政策外溢
效应和金融风险的国际传导途径也越来越复杂，各国的经济增长会在不
同程度上受到国外因素的影响，而中国作为推动世界经济增长的重要引
擎及新兴市场国家的代表，其国内政策对区域内周边国家的外溢影响更
值得关注。

　　为了抵御2008年全球金融危机带来的负面冲击，世界各国政府采
取超常规的财政扩张来缓解国内经济增长的压力，中国政府在2008年
11月9日出台了"4万亿"的投资计划，改变经济增速连续下滑的态
势，实现经济深"V"形反转。"4万亿"的投资计划成为经济系统中由

---

　　① 数据来源：世界银行WDI数据库。
　　② 数据来源：经合组织OECD数据库。

政府支出引发的正向的需求变动。我国在 2007 年以前，主要实行"稳健的货币政策"；在 2007 年底，为了防止通货膨胀，货币政策由"稳健"转向"适度从紧"，由于货币政策具有时滞性，这一紧缩的货币政策对 2008 年经济运行产生了一定的负向冲击。一国的财政政策和货币政策不仅会影响国内的宏观经济，也会通过资本渠道、贸易渠道对与中国存在密切联系的经济体产生溢出效应。本书以与中国存在紧密经贸联系的东南亚国家为样本①，详细分析了中国扩张性财政政策、紧缩性货币政策对东南亚国家的外溢效应及溢出渠道。

　　本书首先建立了一个开放经济下的 DSGE 模型分析国外政策变动对东南亚国家国内经济的影响。在此基础上，采用全局向量自回归模型（GVAR）与符号约束（Sign Restriction）相结合的方法，在考虑了国家间的交互影响与反馈机制的情况下，利用 1995 年第一季度至 2016 年第四季度 54 个国家的宏观经济数据分析了我国政策对东南亚国家的外溢效应及其影响机制。研究发现，中国正向的需求冲击会促进东南亚国家实际产出上升，最高增加的幅度约为中国自身影响的 1/7，回归结果表明，与中国贸易联系越紧密、金融开放程度越高且工业化程度越高的国家，中国需求冲击对其实际产出的即期影响相对越高。中国正向的供给冲击会促进东南亚国家劳动生产率提高，实际产出增加，最高增加幅度约为中国自身影响的 1/6。考虑到中国自加入世界贸易组织后，与东南亚国家的双边贸易量显著上升，所以本书利用反事实法探究中国政策外溢效应在加入世贸组织前后的变动，研究发现，我国政策的外溢影响增长了 1~4 倍，将这种增长变化分解为"直接效应"和"间接效应"，中国对东南亚国家外溢效应的提高主要以"直接效应"为主，通过第三方市场进行传导的"间接效应"影响微弱。此外，中国紧缩性货币政策会使东南亚国家实际产出下降，但缺乏显著性。由于亚洲金融危机后，东南亚国家纷纷采用通胀目标制货币政策框架，所以在中国正向需求冲击的作用下，东南亚国家提高短期利率应对价格上行压力；在中国正向供给冲击的作用下，东南亚国家降低短期利率缓解通货紧缩压力。最后，

---

　　① 本书的东南亚国家指代东亚国家和东南亚国家，包括韩国、日本、菲律宾、新加坡、泰国、印度尼西亚和马来西亚，囿于数据缺失，其他东南亚国家并未包含在本书的样本中。

本书采用结构式广义预测误差方差分解（Structural Generalised Forecast Error Variance Decomposition）法来刻画国内冲击、区域冲击以及世界其他国家的外部冲击对东南亚国家实际产出、通货膨胀、短期利率波动的解释能力。研究发现，东南亚国家作为中小型开放国家，其国内的实际产出波动由内部冲击、外部冲击共同驱动，对于贸易开放度和金融市场整合程度比较高的国家，如新加坡、马来西亚，外部冲击对实际产出波动的解释能力要高于国内冲击，但东南亚国家的短期利率和通货膨胀变化由国内冲击主导，外部冲击的解释能力有限。在外部冲击构成中，我国的供给冲击对东南亚国家实际产出波动的解释能力相对较高，可以解释韩国、日本、新加坡、泰国和马来西亚实际产出波动的13%~25%。鉴于我国在贸易领域逐渐取代美国成为东南亚国家第一大贸易伙伴国家，所以本书以相同的计量方法、相同的样本区间分析比较了两国因素对东南亚国家影响的相对强弱。研究发现，美国作为东南亚国家出口最终产品的重要吸纳者，其需求冲击的影响要高于中国或与中国程度相当，而美国货币政策冲击对东南亚国家的影响要高于中国。

在上述实证结果的基础上，本书检验了中国政策外溢的渠道，并从贸易收支、利率、汇率、资本市场、大宗商品渠道等方面进行分析。首先，研究发现，中国正向的需求冲击会改善东南亚国家的贸易收支。为更清晰地说明问题，本书分析了中国政策对东南亚国家实际出口的影响。研究结果表明，以2013—2015年购买力平价计算的国内生产总值作为权重，则中国1个标准差的正向的需求冲击使整个东南亚区域的实际出口上升0.167个百分点。其次，研究发现，除了贸易渠道，资本渠道也是冲击溢出的重要渠道，中国紧缩的货币政策会使东南亚国家的短期利率上升、汇率贬值、资产价格下降，其中，中国1个标准差的紧缩的货币政策会使东南亚国家资产价格即期下降0.133%~0.379%，在冲击发生1个季度后，东南亚区域货币整体贬值0.021%。同时，研究发现，在控制了东南亚国家的国内因素、美国因素以及周内效应后，中国央行发布紧缩性货币政策会使东南亚区域内各国家的短期利率发生同向变化。为了探究利率、汇率、资产价格变动的深层原因，本书分析了中国货币政策对东南亚国家短期资本流动的影响。研究发现，紧缩的货币政策使东南亚区域内各个国家的国际资本大量流出，由此导致资产价格下降，市场流动性降低，短期利率上升，汇率贬值。本书还分析了中国政策通过大宗商品渠道对东南亚国家的外溢效应。研究发现，中国经济增长会推高大宗商品价格，其中石油价格、金属价格、原材料价格在冲击发生第 1 个季度分别上升 0.65、0.28、0.23 个百分点，但东南亚国家的通货膨胀受大宗商品价格的影响相对较弱。最后，本书研究发现权重矩阵变化、方程形式变化以及样本区间的变化对本书的主要结论未产生实质性影响，结果比较稳健。

高 晶

2024 年 3 月

目录

1 引言

1.1 研究背景

    宏观经济波动一直是学界研究的重点，学者们试图从内部和外部分析经济波动的原因。随着国际贸易和跨国投资学者们的快速发展，经济全球化和区域经济一体化程度逐步加深，各国经贸联系日益密切，从而导致各国的经济波动协同性大幅度提高，因此，一国的经济波动是国内冲击、外国冲击以及国际共同冲击综合作用的结果，冲击的复杂性增加了各国政府试图维护经济平稳运行的难度（欧阳志刚，2013）。

    国内冲击通常被认为是主导经济波动的关键冲击，包括技术进步、结构改革、资源配给、气候变化、基础设施完善等形式的供给冲击，还包括政府财政支出变化、税收政策变动、社会偏好变化等形式的需求冲击，以及货币当局增加或降低基础货币供给（数量型）、提高或降低基准利率（价格型）等形式的货币政策冲击（任希丽等，2013）。国际共同冲击是指对所有国家均起作用的随机冲击，如国际石油价格冲击、大宗商品价格冲击以及原材料价格冲击等。外国冲击是指源于他国内部，不仅作用于他国的国内经济，还通过贸易、投资等传导渠道对与之存在紧密经贸联系的其他国家产生影响。鉴于发达国家的经济规模以及在全球经济活动中的核心作用，目前对于溢出效应的分析主要集中于美国（Canova，2005；Maćkowiak，2007；Chudik 和 Fratzscher，2011）、欧元区（Benkovskis 等，2011；Georgiadis，2015）以及日本（Choi 和 Park，2015）。但随着全球经济方式的转变，已有学者指出世界经济增长的引擎已从发达国家转向发展中国家，学界将研究的重点逐渐转向新兴市场国家（Tsionas 等，2016）。

我国作为世界上规模最大的新兴经济体，在 1980—2013 年间，我国经济平均保持两位数的持续增长，尤其在全球金融危机期间，在外部需求疲软的情况下，仍能保持强劲的经济增长，受到学界广泛关注（Cesa-Bainchi 等，2012；Drummond 和 Liu，2015；Andersen 等，2014）。一些研究表明，我国在全球金融危机期间实行的财政政策、货币政策不仅缓解国内经济下行压力，同时也通过资本和贸易渠道对其他国家经济产生"拉动"效应，使其快速摆脱金融危机的负面影响（Drummond 和 Liu，2015）。但后金融危机时期至今，我国面临的外部环境发生了复杂变化，国内经济也面临内需不足的掣肘，国内外的经济形势使经济增长面临下行压力，国家统计局的数据表明（如图 1-1 所示），在 2012—2016 年，GDP 平均增速下降至 6.7%，其中最终消费率由 50.1% 上升至 53.6%，资本形成率由 47.2% 下降至 44.2%。从三大产业的角度分析，第二产业、第三产业的经济增速分别下降至 6.0% 和 8.3%。我国经济增速下降对全球贸易会产生显著影响（Blagrave 和 Vesperoni，2018），学界采用不同方法分析我国经济"硬着陆"对全球经济的外溢效应（Ahuja 和 Nabar，2012；Ahuja 和 Myrvoda，2012；Dizioli 等，2016；Cashin 等，2017），并有学者提出我国的经济增速放缓是近年来新兴市场国家经济增长缓慢的原因（Gauvin 和 Rebillard，2018）。

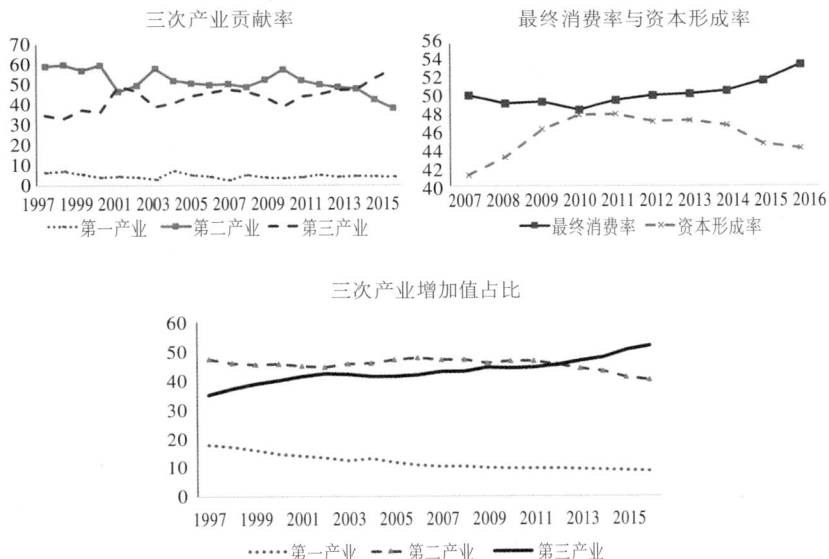

三次产业贡献率

三次产业增加值占比

最终消费率与资本形成率

注：数据来源于国家统计局，经过作者计算。

图1-1 我国经济增长方式的转变（%）

已有文献倾向于分析我国经济增长加速或放缓的外溢效应，但对我国政策外溢效应及影响机制还缺乏系统性分析。同时，我国政策也可能通过资本渠道对全球经济产生外溢效应，波动率指数（VIX）在2015年我国股市暴跌期间出现剧烈变动，英国金融时报经济学家Chris Giles在我国股市危机期间曾发言称："如果过去6个月的经济新闻告诉了世界一件事的话，那就是中国的影响是不容忽视的，关键在于世界是感受到温和的涟漪，还是一股迅猛的浪潮。"由此说明资本市场也是冲击外溢的主要渠道之一，但目前对于通过资本渠道外溢效应的分析还相对较少，因此，资本渠道也是本书研究重点之一。

本书在已有文献的基础上，分析了我国政策对东南亚国家的外溢效应，主要源于以下特征事实：

（1）我国与东南亚国家同处于区域生产网络之中，各国生产厂商以自身的比较优势嵌入生产的某个环节，区域内贸易构成东南亚国家对外贸易活动的重要组成部分。

在亚洲金融危机后，各国通过降低关税、降低贸易壁垒、建立自由贸易协定等方式持续推动区域贸易快速发展。如果以国家之间的贸易量衡量区域间的整合程度，则东南亚的区域整合程度与欧盟、北美自贸区接近（Zhou，1996）。根据 IMF 的 DOTS（Direction of Trade Statistics）数据库的统计数据，在 2002—2015 年间，东南亚国家区域内贸易量占区域生产总值的比重由 19.5% 上升至 35.4%，区域内贸易量占对外贸易总量的比重由 47.4% 上升至 53.8%（如图 1-2 所示），这意味着，东南亚国家有一半以上的贸易量是和区域内其他国家进行的。

区域内贸易量占对外贸易总量的比重　区域内贸易量占区域生产总值的比重

注：纵轴为百分比，横轴为时间，数据来源于 DOTS 数据库，经过作者计算。

图 1-2　2002—2015 年间东南亚国家区域内贸易量的变化

（2）我国在东南亚国家对外贸易中的重要程度逐渐替代美国，成为东南亚国家第一大贸易伙伴国家，见表 1-1、表 1-2。表 1-1、表 1-2 分别给出了我国和美国占东南亚国家对外贸易的比重在 1982—2016 年间的变化情况。从表 1-1 可知，在 1982—2016 年间，我国在韩国、日本、菲律宾、新加坡、泰国、印度尼西亚和马来西亚对外贸易中的比重分别由 0、3.3%、2.5%、2.3%、3.5%、0.6%、1.6% 上升至 23.4%、21.6%、15.0%、13.5%、16.1%、17.5%、16.2%。从表 1-2 可知，美国在东南亚国家对外贸易中的比重呈现逐年下降趋势，在 2007 年，我国在东南亚国家对外贸易中的比重超过美国（如图 1-3 所示）。图 1-3 给出了我国加入世贸组织后，我国、美国在东南亚国家对外贸易中的比重随时间变化的变动情况，以泰国为例，在 2002—2016 年间，我国在泰国对外贸易中占比由 6.35% 上升至 16.11%，美国在泰国对外贸易中占比由 14.76% 下降至 8.91%，其他东南亚国家也出现类似的变化趋势。

表1-1 我国占东南亚国家的对外贸易的比重

国家\年份	1982	1987	1992	1997	2002	2007	2012	2016
韩国	0	0	0.040	0.082	0.131	0.199	0.202	0.234
日本	0.033	0.041	0.051	0.084	0.135	0.177	0.197	0.216
菲律宾	0.025	0.024	0.012	0.019	0.037	0.092	0.113	0.150
新加坡	0.023	0.035	0.025	0.038	0.065	0.108	0.105	0.135
泰国	0.035	0.036	0.022	0.033	0.063	0.106	0.134	0.161
印度尼西亚	0.006	0.025	0.035	0.039	0.060	0.097	0.134	0.175
马来西亚	0.016	0.021	0.022	0.026	0.066	0.106	0.138	0.162

注：数据来源于DOTS数据库，经过作者计算。

表1-2 美国占东南亚国家的对外贸易的比重

国家\年份	1982	1987	1992	1997	2002	2007	2012	2016
韩国	0.265	0.307	0.228	0.180	0.179	0.114	0.096	0.122
日本	0.225	0.306	0.261	0.256	0.237	0.163	0.131	0.160
菲律宾	0.260	0.285	0.265	0.256	0.226	0.155	0.127	0.111
新加坡	0.127	0.192	0.186	0.176	0.148	0.106	0.078	0.085
泰国	0.131	0.154	0.165	0.163	0.148	0.099	0.074	0.089
印度尼西亚	0.152	0.159	0.135	0.132	0.116	0.087	0.069	0.086
马来西亚	0.146	0.175	0.173	0.176	0.185	0.134	0.084	0.092

注：数据来源于DOTS数据库，经过作者计算。

（3）我国不再仅仅是"世界工厂""制造业大国"，随着收入水平的增长，我国对进口消费品和资本品的需求也在增长，逐渐转变为最终产品的需求者（Ahearne等，2003）。WITS统计数据显示，在2005—2016年间，我国进口消费品总额由583.06亿美元增加至2 016.59亿美元，增长了近2.5倍，而且在2005—2016年间，我国进口消费品数量占进口贸易总量的比重稳步增长，由8.83%上升至12.70%。IMF报告（2011）提出，我国的最终消费需求对贸易伙伴国家GDP的贡献率稳步上

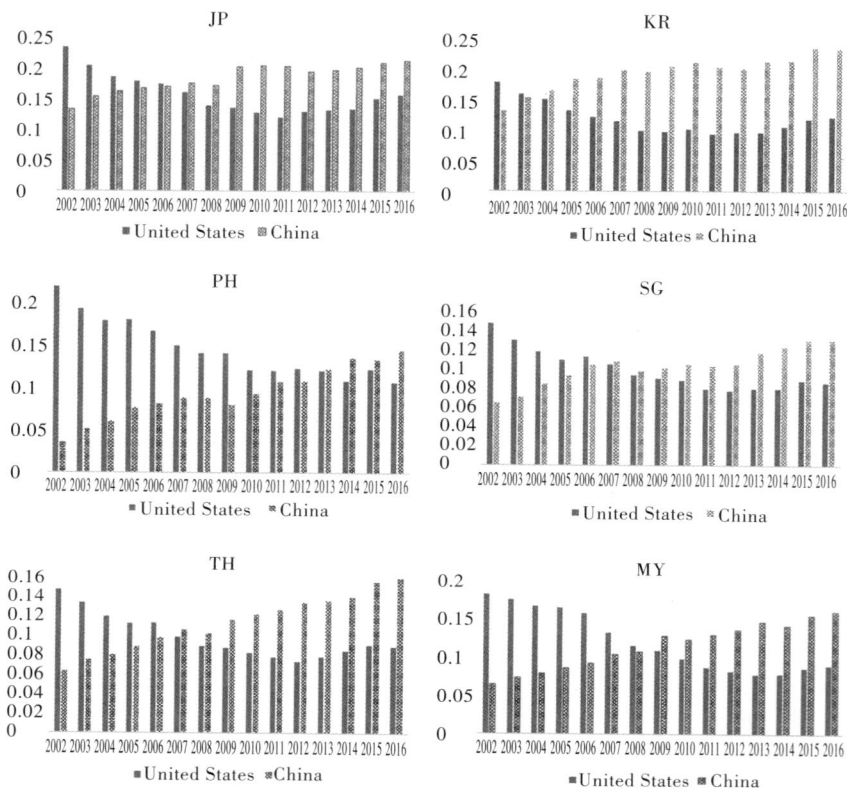

注：实线、虚线分别代表我国、美国与东南亚国家的双边贸易量占东南亚国家对外贸易总量的比重，数据来源于 DOTS 数据库，作者计算。图上代码分别代表日本、韩国、菲律宾、新加坡、泰国、马来西亚。

图 1-3　我国、美国在东南亚国家对外贸易中的比重

升。与此同时，我国作为能源消费大国，我国经济增长增加了对大宗商品的需求，尤其是金属矿石，因此驱动了世界大宗商品价格上升（Osorio 和 Unsal，2013），上述事实为分析我国需求变动奠定基础。

（4）国际资本流动的规模与日俱增，越来越多的国家主动或者被动地融入金融一体化进程中，在 2001 年我国加入世贸组织后，国际贸易的扩大使短期资本通过该渠道涌入我国，导致短期资本流动规模迅速上升，并体现出剧烈的波动性。由于资本的本质是逐利的，因此，我国提高利率会吸引国际套利资本从东南亚国家撤出并流向我国。OECD 数据库（2016）的统计结果显示，我国的跨境资本流入与东南亚国家的跨境资本流出存在正相关关系，通过简单计算可以发现，我国的跨境资本流入与韩国、印度尼西亚和日本的跨境资本流出的相关系数分别为0.75、0.36和0.22。在此背景下，我国政策可能通过跨境资本流动对其他国家的货币市场产生影响（实证结果也支持这一想法）。

1.2 本书的研究问题

由于我国与东南亚国家之间存在紧密的经贸联系，所以，一些学者提出，亚洲经济的快速增长使亚洲各经济体从欧美经济的发展中脱离出来，成为世界经济新的增长点，而我国是亚洲各国经济持续增长的外部驱动力，鉴于此，本书想要将外溢效应做进一步的细化、甄别，厘清我国需求冲击、供给冲击、货币政策冲击对东南亚国家国内经济的影响，并对已有文献形成补充。

本书试图通过理论模型和实证结果相结合，回答以下几个问题：（1）我国需求冲击、供给冲击以及货币政策冲击对东南亚国家的国内经济（实际产出、价格水平、短期利率、劳动生产率）会产生何种影响？具体来讲，我国正向的需求冲击、供给冲击是否可以带动东南亚国家实际产出的增长，这种增长是持续性的，还是暂时的？（2）央行在控制经济过热过程中实行的紧缩的货币政策对东南亚各国会产生何种外溢效应？（3）我国加入世界贸易组织后，对世界经济的影响力发生了深刻变化，这是否意味着我国政策对东南亚国家外溢效应的大小也发生了变化？这种变化是否可以通过实证结果量化，即我国政策的外溢效应相比加入世界贸易组织之前是否增长，增长了多少？需求冲击、供给冲击以及货币政策冲击产生的外溢效应变化是否一致？这种变化来源于我国与东南亚国家直接的贸易联系的增加，还是来源于美国、欧盟等第三方国家？（4）从表1-1、表1-2可知，一方面，我国在东南亚国家对外贸易中的比重已经超过美国，成为东南亚国家第一大贸易伙伴国家；另一方面，我国加工贸易仍然占主导，我国从东南亚国家进口中间品进行加工组装，将成品出口至欧美等发达经济体的贸易模式在短时间内难以改变，美国仍然是东南亚国家最终消费品的重要吸纳者。综合考虑以上两方面，中美两国对东南亚国家国内经济的影响孰强孰弱？（5）东南亚国家作为小型开放国家，如果外部因素是驱动国内经济波动的主要因素，则我国在外部因素中占有多少比重？是否已经成为东南亚国家经济波动的重要外部因素？（6）我国政策外溢效应的机制是什么？Arora 和 Vamvakidis（2011）提出，我国的经济增长可以通过多种渠道影响其他国家。例如，我国进口大量大宗商品、中间投入品以及最终消费品，对贸易伙伴国家的出口和经济增长有直接作用；我国会吸引国际投资组合资本以及外商直接投资（FDI）的流入，对其他国家的资本流动产生影响，但作者并没有进行实证检验。鉴于此，本书着重从资本渠道、贸易渠道、大宗商品渠道实证检验我国政策对东南亚国家外溢效应的传导机制，并将资本渠道细化为利率渠道、汇率渠道、资本市场渠道、大宗商品渠道，分析我国政策对东南亚国家利率、汇率以及资本市场的影响，并探究利率、汇率、资产价格变动的深层次原因。

1.3　本书的研究结构和框架

在已有文献研究的基础之上，本书尝试搭建了在全球化的背景下分析政策外溢效应的理论模型，在理论模型的基础上用实证模型检验我国政策对东南亚国家的区域外溢效应并检验影响机制，因此，本书的写作框架如下：

第 1 章是引言，具体安排如下：1.1 节详细阐述了我国政策对东南亚国家影响的现实背景，即我国与东南亚国家之间存在紧密的经贸联系，为分析冲击的外溢效应提供了一定的现实基础。1.2 节确定了本书研究的主要内容。1.3 节概述了文章的总体脉络以及研究框架。1.4 节介绍了本书所采用的研究分析方法。1.5 节是本书的创新之处。

第 2 章是文章综述。首先，梳理分析了我国政策外溢效应的相关文献，按照研究的时间点划分为三类：第一类文献以 1978—2007 年间我国经济高速增长为现实背景，分析了我国经济对全球经济增长的贡献；第二类文献主要探讨 2007—2008 年美国次贷危机期间，我国实施的 4 万亿元财政刺激计划对全球经济的影响；第三类文献集中分析后金融危机时期至今，我国经济增速放缓、结构性调整、进口需求下降对全球经济体的影响。其次，梳理了探究冲击外溢效应机制的相关文献；根据研究结论可以划分为两类：资本渠道是冲击外溢的主要渠道；贸易渠道是冲击外溢的主要渠道。最后，梳理了关于商业周期理论的相关文献，按照经济波动的根源可以分为国内因素驱动和外部因素驱动。在本章最后对已有文献进行了分析总结。

第 3 章是一些基本特征事实，主要包括我国的经济增长与东南亚国家的出口关系、我国的经济增长与东南亚国家的经济增长关系两部分内容。

第 4 章是构建了一个开放经济下的随机动态一般均衡模型（DSGE），并根据东南亚国家的宏观数据（或已有文献）对参数进行校准，同时通过脉冲响应函数分析国外技术冲击、国外需求冲击以及国外货币政策变化对东南亚国家国内宏观经济变量的影响。

第 5 章是本书的实证模型和数据介绍，首先介绍全局向量自回归模型的基本建模过程、求解过程，然后介绍符号约束方法的基本原理，以及采用符号约束方法识别我国的需求冲击、供给冲击和货币政策冲击的过程和结果，为第 6 章分析结构式冲击的外溢效应奠定基础。

第 6 章是实证分析，每一节均是在上一节的基础上做更深一步的探究。6.1 节分析了我国的需求冲击、供给冲击以及货币政策冲击对我国国内经济的影响；6.2 节分析了我国实际产出冲击、需求冲击、供给冲击及货币政策冲击对东南亚国家宏观经济的影响；6.3 节分析比较了这种影响在 1995—2015 年间的时间动态演变过程；6.4 节将总的演变过程分为直接效应和间接效应，探究两者在总效应中的相对比重，并分析背后的经济学意义；6.5 节分析比较了中美两国需求冲击、供给冲击以及货币政策冲击对东南亚国家国内经济的影响差异；6.6 节利用结构性预测误差方差分解（Structural Generalised Forecast Error Variance Decomposition，SGFEVD）探究国内冲击、区域冲击、全球冲击在驱动东南亚国家实际产出、价格水平、短期利率波动中的相对份额，并细致分析了我国供给冲击、需求冲击以及货币政策冲击对东南亚国内经济波动的解释能力。

第 7 章是影响机制分析。其中，7.1 节分析了我国政策对东南亚国家贸易收支和实际出口的影响；7.2 节用事件分析法考察了我国央行的政策发布对东南亚国家利率水平的影响；7.3 节分析了我国政策对东南亚国家实际有效汇率的影响；7.4 节主要探究我国政策对东南亚国家资本市场及短期资本流动的影响；7.5 节考察了我国经济增长通过大宗商品渠道对东南亚国家通胀水平的影响；7.6 节采用回归模型分析了影响冲击异质性的因素，包括资本市场开放度、产业结构等；7.7 节是稳健性分析，包括替换权重矩阵、改变方程形式、改变样本区间；7.8 节是第 7 章小结。

第 8 章是结论和启示。

1.4　本书的研究方法

（1）动态随机一般均衡模型（DSGE）

近年来，动态随机一般均衡模型已成为主流经济学重要的宏观模型，其基于一般均衡分析和理性人假说为宏观经济研究构建了微观基础，从而避免了"卢卡斯批判"，同时，DSGE 模型通过动态最优化分析外部因素对经济波动的影响，摆脱了以往单纯依靠静态分析的研究范式。目前，国际货币基金组织、世界银行、OECD（经济合作与发展组织）、各国的央行和财政部等均开发了不同复杂度的DSGE 模型。鉴于此，本书在理论研究部分构建了一个开放经济下的DSGE 模型分析国外需求因素、国外技术因素以及国外货币政策对小型开放国家国内经济的影响。

（2）全局向量自回归模型（GVAR）

Ahuja 和 Nabar（2012）、Ahuja 和 Myrvoda（2012）等对于我国政策外溢效应的分析只局限于某单一国家或经济体，忽略了经济全球化背景下经济体之间的经贸联系，导致估计结果存在误差。具体来讲，由于国家间的贸易和投资联系紧密，一国实施的财政政策或货币政策可以通过资本和贸易渠道传导至其他国家，而这种影响又通过其他国家的资本和贸易渠道传导至更多的国家，因此，分析我国政策的外溢效应时，不应该只考虑某一个经济体，而应该在全球化的背景下进行分析，而且在全球化背景下，外部冲击的负向影响可能会进一步加深，也可能得到缓解。鉴于此，学界逐渐使用全局向量自回归模型分析冲击的外溢效应，如 Cesa-Bainchi 等（2012）、Feldkircher 和 Korhonen（2014）、Dreger 和 Zhang（2014）、Cashin 等（2017）。全局向量自回归模型最早由 Pesaran 等（2004）提出，并由 Dees 等（2007）、Chudik 和 Pesaran（2011）等学者在理论和实证部分做了相应的完善，最终发展为较成熟的分析国家间经济互动关系的模型，目前被广泛应用于多个领域问题的研究，包括宏观经济分析、债券市场分析、工业部门互动关系研究以及货币政策对房地产市场传导效应研究等，同时，GVAR 模型也被广泛地应用于国家间冲击外溢效应分析（Cesa-Bainchi 等，2012）。其优点是不仅可以分析国家间的直接影响，还可以分析国家间的间接影响和反馈效应（Feedback Effect）。Georgiadis（2017）通过渐近分析和蒙特卡罗模拟发现，全局向量自回归模型分析溢出效应的准确性要高于两国 VAR 模型，Cesa-Bainchi 等（2012）、Feldkircher 和 Korhonen（2014）、Dreger 和 Zhang（2014）等学者采用该模型分析了我国政策的外溢效应，并得出了值得借鉴的结论。

（3）符号约束识别方法

Faust（1998）、Uhlig（2005）等最早使用符号约束识别方法分析货币政策冲击，避免了递归式向量自回归模型在识别冲击过程中对系数矩阵施加的较强假设，同时，符号约束识别方法还可避免传统模型中产生的"产出之谜""价格之谜"等悖论，提高识别结果的有效性。因此，本书首先采用符号约束（Sign Restriction）识别出我国的需求冲击、供给冲击以及货币政策冲击，并结合全局向量自回归模型分析上述冲击对东南亚国家的外溢效应及传导机制。

（4）反事实检验

反事实检验最早用于分析石油价格冲击是否会通过美联储的货币政策影响美国经济。本书在第 6 章分析外溢效应的动态演变趋势时，采用反事实检验，探究如果我国与东南亚国家的贸易模式维持我国加入世贸组织之前的规模，则我国对东南亚国家的外溢效应会如何变化。

（5）事件分析法（Event Study）

事件分析法主要分析市场变量在某类事件发生前后的变化，评估政策性的公告或事件对市场变量的短期作用，能较好地刻画某一特定的市场变量对于临时性、突发性的事件所做出的反应。事件分析法最初用于检验公司事件或发布的重要信息对公司股价的影响，近年来被广泛用于评估政策性事件对利率、汇率等金融变量的短期政策效果，如采用事件分析法探究美国的政治压力对人民币升值的影响，外部政治压力对美元与人民币的双边汇率的影响，或美联储发布的 TAF 公告对伦敦银行间同业拆借利率（LIBOR）的影响。本书使用事件分析法分析我国的政策变动对东南亚国家短期利率的外溢效应。

（6）回归分析法

本书在第 7 章用回归分析法验证了影响国家间冲击外溢效应异质性的相关因素。

1.5　本书的创新

本书在现有研究基础上，尝试从理论和实证两方面分析我国政策的区域外溢效应及影响机制，与现有文献相比，本书的创新之处可能存在于以下方面：

（1）在理论方面，学界对我国政策外溢效应的传导渠道尚未建立比较完善的理论模型，本书在已有文献的基础上建立了开放经济下的动态随机一般均衡模型分析我国政策的外溢效应。首先，我国正向的需求变动对东南亚国家的直接影响是出口需求增加，因此模型中通过引入出口需求冲击分析我国需求变动对东南亚国家的影响；其次，学界有大量研究将我国作为技术溢出接受国，分析其他国家的技术进步通过进口、FDI 对我国的影响，但随着我国 R&D 投入的增加，一些学者开始分析我国技术冲击对其他国家的外溢效应（Luh 等，2016），鉴于此，本书将我国技术冲击外溢效应机制包含于模型中，对于东南亚国家，通过引入正向技术冲击分析我国技术进步对其国内经济的影响；最后，在模型中引入货币政策冲击，分析我国利率变动对东南亚国家国内经济的影响。

（2）在实证方面，本书将全球经济缩影到全局向量自回归模型中，将世界经济作为一个整体，从多重角度分析我国政策对东南亚国家宏观经济的外溢效应，在实证部分的创新可能存在于以下几个方面：首先，Cesa-Bainchi 等（2012）、Feldkircher 和 Korhonen（2014）、Dreger 和 Zhang（2014）、Cashin 等（2017）在分析我国政策外溢效应时，根据研究问题，将冲击向量设置为"1个标准差的正向的实际产出冲击"（分析我国经济增长的外溢效应）或"1个标准差的负向的实际产出冲击"（分析我国经济下降对其他经济体的影响），而本书试图将影响实际产出变动的冲击识别出来，将冲击赋予经济学含义，并进一步分析不同形式冲击的外溢效应，这样处理的好处在于可以厘清各自的影响。例如，国外技术进步、国外政府支出增加可能均会对实际产出产生正向促进作用，但两种冲击对其他变量（如通货膨胀）会存在符号相反的影响，正负相抵，导致冲击影响失去显著性，可能与事实不符。考虑到以上因素，本书首先将我国的需求冲击、供给冲击以及货币政策冲击识别出来，将识别出的时序图与现实的经济情况进行对比，发现两者的吻合度较高，从而证实了识别方法的准确性，为后续研究奠定基础。其次，本书对冲击外溢的渠道做了比较翔实的实证检验，由浅入深地分析了传导机制的内在机理。从资本渠道分析，研究发现，我国紧缩的货币政策会使东南亚国家的短期利率上升、汇率贬值、资产价格降低。进一步研究发现，我国紧缩的货币政策引发东南亚国家国际资本流出可能是发生上述现象的一个原因：由于资本流出增加，国内市场流动性降低，短期利率上升，同时，国际资本流出引发本币需求下降，本币贬值；国际资本流出导致国内有价证券的需求下降，引发资产价格降低。最后，本书研究发现，与我国的贸易联系较紧密的国家、金融市场开放程度较高的国家以及工业化程度较高的国家，受到的影响会高于其他国家。本书的逻辑结构图如图1-4所示。

```
┌─────────────────────────────────────────┐
│                   引言                    │
└─────────────────────────────────────────┘
                      ⇓
┌─────────────────────────────────────────┐
│           文献综述、基本特征事实            │
└─────────────────────────────────────────┘
         ⇓                        ⇓
┌──────────────────┐    ┌──────────────────┐
│     理论模型      │    │     实证模型      │
└──────────────────┘    └──────────────────┘
         ⇓                        ⇓
┌──────────────────┐    ┌──────────────────┐
│    影响机制探究   │    │  我国政策的外溢效应分析 │
└──────────────────┘    └──────────────────┘
         ⇓                        ⇓
┌──────────────────┐    ┌──────────────────┐
│ 贸易收支、利率、汇率、资本│    │ 外溢效应在1995—2015年间 │
│ 市场、大宗商品渠道      │    │ 的变动             │
└──────────────────┘    └──────────────────┘
         ⇓                        ⇓
┌──────────────────┐    ┌──────────────────┐
│ 利率、汇率、资本市场变动的│    │ 此变动应来源于"直接效应" │
│ 深层次原因：资本流动视角 │    │ 还是"间接效应"？      │
└──────────────────┘    └──────────────────┘
         ⇓                        ⇓
┌──────────────────┐    ┌──────────────────┐
│     异质性分析    │    │   中美两国的比较分析   │
└──────────────────┘    └──────────────────┘
         ⇓                        ⇓
┌──────────────────┐    ┌──────────────────┐
│     稳健性检验    │    │  结构性预测误差方差分解 │
└──────────────────┘    └──────────────────┘
         ⇓                        ⇓
┌──────────────────┐    ┌──────────────────┐
│ 改变贸易权重、方程形式、样│    │ 国内冲击和国外冲击驱动经济│
│ 本区间             │    │ 波动的相对重要性      │
└──────────────────┘    └──────────────────┘
         ⇓                        ⇓
┌─────────────────────────────────────────┐
│                结论与启示                 │
└─────────────────────────────────────────┘
```

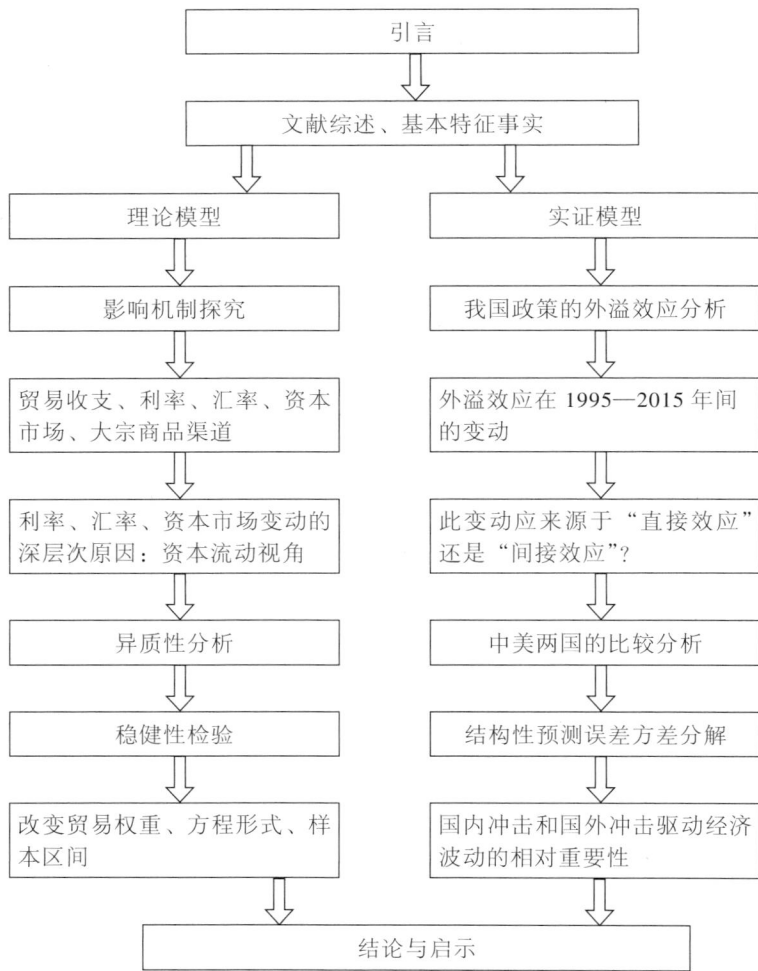

图1-4　本书逻辑结构图

2 文献综述

经济冲击在国家间的传导路径及其影响机制是国际经济学最早关注的问题之一。虽然结论不尽相同，但学界也达成了一些共识，如随着经济一体化程度的提高，各国之间经济波动的相关性不断提高，全球金融危机后，对经济冲击外溢的研究又引起学者的兴趣，并将目光逐渐转移到新兴经济体国家。Feldkircher和Korhonen（2014）提出，在过去20年的时间里，新兴市场国家经济增长迅速，世界经济增长的动力已经由发达经济体转向中等收入国家，增长动力的转变使学界对于新兴市场国家的研究变得更加迫切。OECD的数据表明，E7（中国、印度、巴西、俄罗斯、墨西哥、印度尼西亚、土耳其）在2010—2015年间对全球经济增长的贡献率超过了50%，E7的经济增速每上升1个百分点，其他新兴市场国家的经济增速会上升0.9个百分点，世界经济增速会上升0.6个百分点。本书主要探究中国需求冲击、供给冲击以及货币政策冲击对东南亚国家的外溢效应及其影响机制，所以这一章主要分为四部分内容，第一部分是关于中国经济近20年的发展变化及重大的政策举措对世界其他国家影响的相关文献，并重点梳理中国政策对新兴市场国家影响的相

关研究；第二部分是关于冲击外溢渠道的相关文献；第三部分是梳理有
关商业周期理论的相关文献，根据研究结论分为国内因素驱动经济波动
和外部冲击是国内经济波动的主要原因；第四部分是文献评述，主要是
对已有文献的分析总结，指出已有文献值得进一步探讨的地方，并重点
突出本书研究的核心内容。

2.1 我国政策外溢效应的相关文献

2.1.1 国内经济增长对全球经济的影响

大量研究分析了中国经济增长对新兴市场国家以及发达经济体的外
溢效应（Feldkircher 和 Korhonen，2014；Kinfack 和 Bonga-Bonga，2015；
Bataa 等，2018）。国家统计局数据表明，1978 年中国实行改革开放政
策后，经济总量在过去 40 多年间增长了近 20 倍，实际产出平均 7~8 年
就会增长一倍，其增长速度高于工业革命时期的欧洲，也高于 19 世纪
中后期高速增长的美国（Arora 和 Vamvakivam，2011）。随着中国参与
全球化的程度逐渐提高，中国经济增长对全球经济的溢出效应也会发生
变化（Bataa 等，2018）。DOTS 数据库中的数据表明，在 1970—2013 年
间，中国与非洲之间的进出口总额占非洲对外贸易的比重由 1% 上升至
46%，在 2009 年，中国成为非洲最重要的贸易伙伴国家。中非之间的
贸易联系有助于非洲建立一体化产业链，扩大了出口和贸易，将资源优
势转化为经济增长机遇。Kinfack 和 Bonga-Bonga（2015）研究发现，中
国正向的进口需求因素对非洲国家出口产生显著的促进作用，这种促进
作用在 1997—2012 年间尤为突出。Cesa-Bainchi 等（2012）以中国经济
增长为出发点，分析中国与世界贸易格局的变化对拉丁美洲国家商业周
期的影响，研究发现，在 1995—2009 年间，中国政策对拉丁美洲国家
的影响增加了 3 倍，美国因素对拉丁美洲国家的影响下降了 50%。
Bataa 等（2018）使用 1975—2015 年的季度数据分析了中国、美国和欧
盟经济增长的相互溢出效应，研究发现，自 2008 年开始，中国政策对
美国、欧元区的影响超过了美国、欧元区因素对中国的影响，中国经济

增长对美国和欧元区产生"净溢出"效应。Arora和Vamvakidis（2011）使用无约束的面板VAR模型分析中国经济增长对172个国家的外溢效应，实证结果表明，中国经济增长每上升1个百分点，世界经济增长在3年后累积上升0.42个百分点，在5年后累积上升1.02个百分点。Tsionas等（2016）分析了金砖四国的实际产出冲击对美国和欧盟的溢出效应，研究发现，中国的实际产出增加对美国产生短暂且显著的外溢效应，而俄罗斯、印度和巴西对美国的外溢效应有限。Duval等（2014）通过回归方法提取出中国的实际产出冲击，并分析中国实际产出冲击对亚洲经济增长的影响，研究发现，中国GDP增速每上升1个百分点，会使亚洲经济增长上升0.3个百分点，且对中国的出口依赖程度较高的国家的促进作用大于其他国家。Chen等（2012）使用1981—2008年的季度数据分析了美国、中国和日本实际产出下降对中国台湾资产价格、实际产出以及短期利率的影响，研究发现，美国的影响相对较大，并提出可能是由样本区间截止到2008年导致的。Feldkircher和Korhonen（2014）研究发现，中国实际产出增加带动进口需求增加，从而对主要的贸易伙伴国家产生正向的溢出效应，其中，中国1个标准差的实际产出冲击使巴西的实际产出上升0.5%，使日本的实际产出上升0.2%，但与Chen等（2012）的结论一致，即中国影响仍弱于美国。

此外，还有一些学者从对外贸易的角度分析了中国政策的影响，如Lederman等（2008）。Iacovone等（2013）研究发现，中国出口增加通过竞争效应对墨西哥中小型公司的出口产生显著影响，而对大型公司的影响有限。Rabanal和Rabanal（2015）研究发现，中国供给增加和需求增加均会促进秘鲁出口增加，但影响机制不同，中国需求增加会促进秘鲁重新调整出口策略，将目标市场转向中国，而中国供给增加会通过竞争效应强化秘鲁出口产品的多样性。Autor等（2016）从就业的角度考察了中国通过进口渠道对美国劳动力市场的影响，研究结果表明，在1999—2011年间，由于美国从中国进口总额不断上升，美国劳动力市场约有200万人失业，而且进口密集度高的行业的失业人数远高于其他行业，主要是由于存在劳动力市场调整成本。

2.1.2　4万亿的财政计划对全球经济的影响

随着全球金融危机爆发，全球经济受到不同程度的影响。首先受到影响的是日本、欧元区等发达经济体的资本市场和信贷市场，随后蔓延至韩国、印度、巴西等新兴市场国家，对各国的投资、消费和进出口产生了影响，最终导致实体经济衰退，引发全球贸易和投资萎缩。全球贸易恶化导致中国出口受阻，沿海地区大量工厂倒闭，失业人数急剧增加（Dreger和Zhang，2014）。为了缓解金融危机的负面影响，改变经济增速持续下滑的态势，中国政府实行了4万亿元的财政刺激计划，该计划规模占2008年国内生产总值的12.5%，即中央安排1.18万亿元，带动地方投资和社会投资共计4万亿元，主要用于交通、电力、环保、教育、医疗、房地产等领域的建设（见表2-1）。一些研究表明，4万亿元的财政刺激计划改变了经济连续下滑的态势，使中国非农业部门的就业人数增加1 800万~2 000万人，经济附加值增加1.7万亿元（He等，2009），使中国实际产出在2009年上升2.6个百分点，2010年上升0.6个百分点（Cova等，2011），使中国经济实现深"V"形反转。

表2-1　　　　　　　　　　　　4万亿元投资计划的构成

项目	初期计划（2008.11）	修正后计划（2009.3）	第一轮支付（2008.12）	第二轮支付（2009.12）
交通和电力基础设施建设	60%	50%	25%	21%
农村基础设施建设	12%	12%	34%	24%
环保项目投资	12%	7%	12%	8%
保障房建设	9%	13%	10%	22%
技术进步和结构调整	5%	12%	6%	12%
教育和医疗	1%	5%	13%	13%

注：数据来源于Naughton（2009）。

4万亿元的财政刺激计划对全球经济的外溢效应也引起学者的关注。受全球金融危机的负面影响，国际市场大宗商品的价格急剧下降，全球贸易量也急剧缩减，从2008年第三季度开始中非贸易量急剧下滑，非洲向中国的出口在2008年第四季度下降了40%[①]，但从2009年第一季度开始，中国从非洲的进口额开始回升，而此时美国、欧盟从非洲的进口贸易仍处于低迷状态。Drummond和Liu（2015）研究发现，2005—2009年间，中国贡献了南非出口增长率的4%~5%，缓解了全球金融危机对其产生的负面影响。Dreger和Zhang（2014）以中国"实际产出增加3%"模拟4万亿元的财政政策效果，并分析该项政策因素对美国、日本、欧元区的外溢效应，研究发现，日本的实际产出在第一季度（第二季度）增加0.6（0.8）个百分点，其影响要高于美国、欧元区。Cova等（2011）的研究结果表明，4万亿元的财政刺激计划使中国进口上升3个百分点，对主要贸易伙伴国家形成正的外部性。Cesa-Bainchi等（2012）研究发现，拉丁美洲国家之所以从全球金融危机中快速复苏，主要源于中国通过贸易渠道对其经济产生正向的溢出效应。Maswana（2010）研究发现，中国主导的全球经济复苏使非洲经济受益，其中尼日利亚和南非主要出口石油和矿产品，中国在危机期间对石油和矿产品的需求上升，从而带动了两国出口增加和产出增加。

2.1.3　国内经济增速放缓对全球经济的影响

在1980—2013年间，中国经济虽保持高速增长，但也面临经济结构的内部失衡和外部失衡问题。首先考虑汇率，中国加入世贸组织后，为了通过出口带动经济增长并吸引外商投资流入，一直保持较低的汇率水平，一个直接结果是中国的经常账户盈余比例过高，出现了外部经济失衡，因此近年来人民币一直面临升值压力；其次是较低的工资水平，这也是出口商品保持竞争力的主要原因，但较低的工资水平会直接导致私人消费能力下降，导致国内消费水平不足，随着人口红利消失，劳动力成本上升，过去基于低廉劳动力成本"血拼式"的发展模式显然不可长期维持。

基于此，大量文献着重分析中国经济增速放缓、固定资产投资下降、进口需求下降对全球经济体的外溢效应（Ahuja和Myrvoda，2012；

[①]　数据来源于 UN Comtrade。

Ahuja 和 Nabar，2012；Zhai 和 Morgan，2016；Blagrave 和 Vesperoni，2018）。Cashin 等（2017）提出，中国经济的结构性调整对全球经济的外溢效应主要有两种传导机制：第一，中国经济增长动力的转变降低了进口需求，使大宗商品出口国的经济增速下降；第二，中国经济的结构性调整会引发全球金融市场动荡，从而使全球经济增长进一步下滑。Cashin 等（2017）通过 GVAR 模型对上述两种机制做了定量分析，研究结果表明，中国经济增速每下降1个百分点，短期内世界经济增速下降0.23个百分点，随着金融市场波动性上升，长期内，世界经济增速将下降0.29个百分点。一些研究着重分析中国经济增速下降对发达经济体产生的冲击效应，如 IMF（2011）研究发现，中国工业总产值每下降3个百分点，发达经济体的经济增速将下降0.1个百分点；Inoue 等（2015）研究发现，中国经济增速每下降1个百分点，美国、日本、欧元区的实际产出分别下降0.05~0.07个百分点，相比于1985年增长了12倍。

但更多的文献集中分析中国经济增速下降对新兴市场国家、区域生产网络中的国家或地区的影响。Zhai 和 Morgan（2016）使用 CGE 模型模拟中国经济"软着陆"对亚洲国家或地区的影响，结果发现，亚洲整体的 GDP 增速在未来5年会下降0.26个百分点，其中中国香港、中国台湾下降幅度最大，其次是马来西亚和菲律宾，GDP 增速会下降0.4个百分点。Lee 等（2017）研究发现，随着中国经济的结构性调整以及全球价值链提升，中国降低了对资本品的进口、增加了对消费品的进口，对于没有根据中国需求进行适当调整的东南亚国家，国内出口下降幅度相对较高。Gauvin 和 Rebillard（2018）指出，中国经济的硬着陆会使5年后新加坡、马来西亚、泰国的 GDP 损失分别为11.2%、10.2%、10.8%，韩国的 GDP 损失较小，主要由于韩国是进口依赖国家，中国经济硬着陆使大宗商品价格下降，从而缓解韩国实际产出下降的压力。Blagrave 和 Vesperoni（2018）研究发现，中国经济增速的下降对新兴市场的影响较大，新兴市场国家的出口在2014—2015年下降2%，在所有的新兴市场国家中，东南亚国家受影响的程度较高。王超萃和林桂军（2018）研究发现，中国实际产出下降对全球经济的影响具有不均衡的特点，其中，受到影响较为严重的主要是新兴市场国家，包括印度、巴西和阿根廷等国家。Erten（2012）研究发现，中国的实际产出下降对新兴国家的产出有实质影响，且拉丁美洲国家受影响的程度要高于亚洲国家。Ahuja 和 Nabar（2012）研究发现，中国经济增速每下降 1 个百分点，世界经济增速将下降 0.1 个百分点，受影响较大的是处于东南亚区域生产网络中的国家或地区，如马来西亚、韩国、中国台湾。Dizioli 等（2016）研究发现，中国 GDP 增长速度每下降 1 个百分点，马来西亚、新加坡的 GDP 增速将下降 0.35 个百分点，印度尼西亚和泰国的 GDP 增速分别下降 0.3 和 0.2 个百分点，全球 GDP 增速下降 0.23 个百分点。Ahuja 和 Myrvoda（2012）指出，中国房地产投资每下降 1%，中国的实际产出会下降 0.1 个百分点，全球实际产出下降 0.06 个百分点。从这个角度分析，中国近年来经济增速放缓也是新兴经济体增速呈现"缓慢、同步、长期性"的一个原因。Anderson 等（2015）使用 FSGM 模型模拟分析了中国经济潜在增速下降、中国经济的结构性调整以及中国对非洲直接投资上升对非洲经济的影响，研究结果表明，中国经济潜在增速下降会使非洲国家经济增长下降 0.5 个百分点，中国经济的结构性调整在短期内对全球产生负向的外溢效应并压低大宗商品价格，但从中长期来看，中国经济的结构性调整对非洲国家产生正向的外溢效应，主要在于中国经济转型后，生产率提高，资本品的价格会降低，而非洲国家主要从中国进口资本品，因此从长期来看，中国经济的结构转型对于非洲国家是利好消息，同时中国的对外直接投资增加对其经济增长产生正向溢出效应。Sznajderska（2018）研究发现，中国产出每下降 1%，短期内就会使全球经济增长下降 0.22%，冲击对新兴经济体的影响比发达经济体更强烈。"一带一路"倡议提出后受到了学界的广泛关注，大量研究从中国与"一带一路"共建国家的经济互动关系出发，探究中国经济增长对"一带一路"共建国家的外溢效应。王美昌和徐康宁（2016）以"一带一路"倡议实施为背景，考察了"一带一路"共建国家的进出口贸易与中国经济增长的动态关系，研究结果表明，中国经济增速每上升1.2 个百分点，共建国家的出口（进口）贸易会上升 0.63（1.02）个百分点。同时，黄旭东和石蓉荣（2018）研究发现，中国国际贸易冲击和对外投资冲击对"一带一路"区域的经济增长产生了促进作用，对非"一带一路"区域的经济增长产生了抑制作用。

2.1.4 国内政策通过大宗商品渠道的外溢效应

大量研究表明，中国经济的增长提高了大宗商品价格，对大宗商品出口国的实际产出产生正向的拉动效应，而对大宗商品进口国的实际产出产生负面影响，这也意味着，近年来中国经济增速的下降对大宗商品价格会产生下行压力。IMF（2011）将油价上升分解为供给因素、中国需求因素、美国汇率变动以及预防性储备，并发现中国需求因素可以解释20%的油价上涨，其进一步通过全局向量自回归模型研究发现，中国工业产值每下降3个百分点，世界石油价格将下降6个百分点。Osorio和Unsal（2013）研究发现，中国的经济增长是亚洲各国通胀产生的重要原因，其作用机制包括直接效应和间接效应，直接效应源于亚洲各国与中国直接的贸易联系，间接效应源于中国的投资效应导致大宗商品的外部需求上升，在供给短期内调整不足的情况下，大宗商品的价格上涨，会引发亚洲各国产生输入型通胀。Arbatli和Vasishtha（2012）指出，大宗商品价格在2007年整年呈现高位，主要是由印度、中国的快速增长导致的。Anderson等（2015）研究发现，中国经济增速下降引发大宗商品的价格下跌，其中，中国经济增速每下降1个标准差会使世界石油价格下降8%、世界金属价格下降6%，并对非洲国家产生负向溢出效应。Noya等（2015）指出，后危机时代，由于中国经济增速放缓，并伴随美国利率水平的提高，世界石油价格以及金属等大宗商品价格在初期出现剧烈下跌，作为大宗商品出口国的阿根廷、巴西和乌拉圭的产出出现不同程度的下降，为了缓解外部需求下降产生的负面影响，拉丁美洲国家的实际汇率出现大幅度贬值。Inoue等（2015）研究发现，中国经济增速每下降1个百分点，金属价格和石油价格将在长期内分别下降1.33和1.14个百分点，但中国经济增速下降对农产品的价格影响相对较弱。Gauvin和Rebillard（2018）分析中国经济的硬着陆（GDP增速下降3%）对大宗商品价格的影响，研究发现，有色金属价格下降的幅度要高于原油，从而导致拉美国家、亚洲其他国家经济增速明显下滑，但对发达国家的影响较弱。

2.2 外溢效应机制的相关文献

2.2.1 贸易渠道

一些研究分析了贸易联系对商业周期同步性的影响，并发现贸易联系对经济周期同步性的影响取决于多种因素，包括贸易类型取决于产业内贸易还是产业间贸易、冲击的形式是需求冲击还是供给冲击等（如图2-1所示）。如果国家之间的贸易以产业内贸易为主，则贸易联系的增加会提高商业周期的同步性，而且这种促进作用主要由垂直的产业内贸易主导（Luis和Maria，2007）；相反，如果国家之间的贸易以产业间贸易为主，贸易强度的增加会促进国家利用比较优势进行专业化生产（Kalemli-Ozcan等，2001），从而导致各国的实际产出波动具有非对称效应，降低了商业周期的同步性。同时，如果国家间的贸易联系是需求冲击外溢的主要渠道，则贸易联系的增加会提高商业周期的同步性。例如，当国内出现正的消费、投资因素时，对进口商品的需求会增加，从而会促进出口国的经济增长，此时，贸易联系越紧密，对外国经济增长的促进作用越强，两国商业周期的同步性越高（Kose等，2003）。下面将从上述方面分别阐述国内外的相关研究文献。

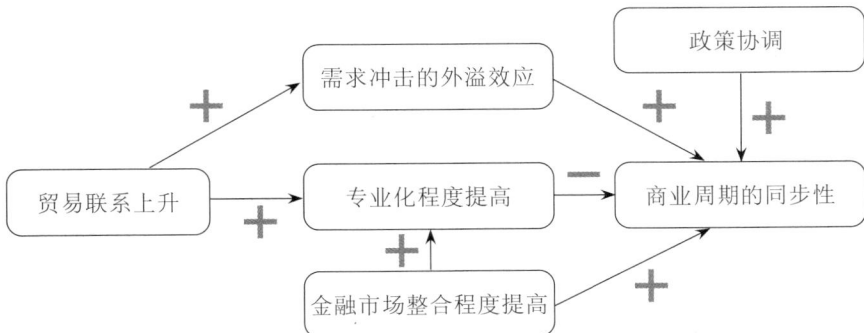

注：贸易联系增加可以促进需求冲击的外溢效应，提高商业周期的同步性（Frankel和Rose，1998）；贸易联系增加会提高生产的专业化程度，降低商业周期的同步性；资本市场整合程度提高可以促进国家进行专业化生产，降低商业周期的同步性（Kalemli-Ozcan等，2001）；金融市场整合程度提高会提高商业周期的同步性（IMBS，2004）；财政政策和货币政策协调程度提高会促进商业周期的同步性（Inklaar等，2008）。

图2-1 贸易联系、资本联系与商业周期示意图

　　首先，一些学者研究发现，贸易联系和商业周期的同步性呈正相关关系（Frankel 和 Rose，1997，1998；IMBS，2004；Rana 等，2012；Duval 等，2016）。Canova（1993）构建了随机一般均衡模型分析国家之间的贸易联系对商业周期同步性的影响，研究发现，采用不同的去势方法会对结果产生较大的影响，但整体来看，贸易联系与 GDP 周期性成分的相关性存在正相关关系。同时，一些学者着重以是否加入欧盟为出发点，实证检验了贸易联系和商业周期的关系（Frankel 和 Rose，1997，1998）。Frankel 和 Rose（1997）提出，决定一个国家是否加入欧盟的关键因素在于该国与欧盟成员国之间的贸易联系和商业周期的同步性，其中商业周期的同步性越高，加入欧盟付出的成本越低。Frankel 和 Rose（1997）对 21 个国家的贸易数据和宏观数据（实际产出、工业产值、就业人数、失业率）进行了检验，研究发现，国家之间的贸易联系与商业周期的同步性呈正相关关系。Baxter 和 Kouparitsas（2005）研究发现，只有两国之间的贸易联系是商业周期同步性的稳健的影响因素，而工业结构的相似性、出口产品的相似性、要素禀赋以及是否处于同一货币区对商业周期同步性的影响有限。Calderon 等（2007）使用 147 个国家在 1960—1999 年间的实际产出数据分析了贸易联系和商业周期的关系，研究发现，当贸易联系增加 1 个标准差时，实际产出周期性成分的相关系数从 0.05 上升至 0.085，而且发达经济体上升的幅度高于发展中国家，说明贸易联系对发达经济体商业周期的同步性促进作用更强。Kose 等（2003）从贸易和资本两个角度分析了全球化对国家之间商业周期同步性的影响，研究发现，全球化程度的提高增加了各国实际产出的同步性，但各国消费的相关性未发生明显变化。Kinfack 和 Bonga-Bonga（2015）分析了 1990 年前后中国、欧洲以及美国对非洲国家冲击外溢的变化情况，研究发现，1990 年后，中国逐渐取代了欧洲国家，中国和非洲各国的贸易联系逐渐增强，导致两个经济体的商业周期同步性提高。但 Kose 和 Li（2002）提出了与上述研究不同的观点，他们通过构建三个经济体的 RBC 模型分析贸易和产出波动的相关性，发现模型估计的结果约为 Frankel 和 Rose（1998）估计系数的 1/6。Inklaar 等（2008）使用 21 个 OECD 成员国在 1970—2003 年间的数据又重新检验了

Frankel 和 Rose（1998）的结论，研究结论与 Kose 和 Li（2002）一致，他们认为 Frankel 和 Rose（1998）的估计系数被高估，同时发现，国家之间财政政策和货币政策的协同性提高也会提高商业周期的同步性。Shin 和 Wang（2003）等研究发现，模型中若加入其他控制变量，则贸易联系与商业周期的正相关性会变弱。

鉴于此，大量研究从修正 Frankel 和 Rose（1998）的研究结论出发，分析不同贸易形式对商业周期同步性的影响，一些研究表明产业内贸易才是导致商业周期同步性的真正因素，如 IMBS（2004）、Rana 等（2012）、Shin 和 Wang（2003）、Liao 和 Santacreu（2015）、Li（2017）等。Giovanni 和 Levchenko（2010）提出 Frankel 和 Rose（1998）的研究结论可能存在内生性问题，因此，Giovanni 和 Levchenko（2010）使用更细致的部门数据检验了贸易联系对部门产出同步性的影响，研究发现，贸易联系增加会提高部门产出的协同性，而且当两个部门之间的中间品贸易份额较高时，这种促进作用会更加显著。IMBS（2004）分析了产业结构的相似性对商业周期的影响，研究发现，当国家间的产业结构相似性较高时，贸易联系增加会促进商业周期的同步性。Liao 和 Santacreu（2015）则从出口商品种类视角对 Frankel 和 Rose（1997，1998）的研究结论进行了扩展。Liao 和 Santacreu（2015）研究发现，国家间出口商品种类的增加（扩展边际）会强化贸易联系与商业周期同步性的正相关关系，从而为 Kose 和 Li（2002）提出的"贸易之谜"提供了一个可能的解释。Fidrmuc 和 Korhonen（2010）分析了金融危机前后新兴市场国家与发达经济体之间的商业周期同步性，研究发现，在过去 20 年间，发达经济体和新兴市场国家之间的商业周期存在"脱钩"现象，但金融危机发生后，由于受到共同因素的影响，新兴市场国家与发达经济体之间经济增长的同步性有所提高，其中，国家之间的贸易联系是商业周期协同性增强的重要途径。

其次，一些学者对东南亚国家之间的贸易联系与商业周期的关系做了深入研究。Rana（2007）分析了东南亚国家之间的贸易联系对商业周期同步性的影响，研究发现，在控制了国家之间政策的协同性因素后（使用短期利率的相关系数作为代理变量），东南亚国家之间的贸易联系越紧密，各东南亚国家商业周期的同步性越高，并提出东南亚国家的区域整合程度的提高是以市场为导向的，与欧盟不同。Rana 等（2012）研究表明，产业内的贸易联系是导致东亚地区各国之间商业周期同步性提高的真正原因，而国家之间的总的贸易联系对商业周期同步性的影响有限，而且这种影响机制的传导效果要强于欧盟。Shin 和 Wang（2003）、Li（2017）得到的结论与 Rana 等（2012）一致。Li（2017）研究发现，产业内贸易会提高亚洲 11 个经济体商业周期的同步性，而总的贸易联系系数不显著。Moneta 和 Ruffer（2009）使用共同因子模型分析了 10 个东亚国家商业周期同步性的原因，研究发现，除了日本和中国，其余东亚国家的实际产出中均有共同因子的作用，将实际产出分解为出口、消费和投资，发现出口贸易中共同因子是实际产出同步性的主要原因。

同时，随着计量方法的改进，衡量国家之间贸易联系强度的方法也在不断优化。Johnson（2014）通过采用世界投入产出表分析了中间品贸易对国家间商业周期的影响，研究发现，中间品贸易是国家之间产出协同性提高的重要原因，且中间品贸易对商品产出同步性的影响程度高于服务品。Duval 等（2016）提出，基于全球化分工的背景下，总的贸易联系不能准确地衡量国家之间的贸易相关程度，因为所有的出口商品中均包含进口的中间投入品，采用国家间总的进出口总额可能会导致国家之间的贸易联系被高估或低估。因此，作者采用Tiva数据库中国家之间附加值贸易重新计算贸易强度，研究结果发现，在1995—2013年间，国家之间贸易联系的增加使实际产出相关系数提高了 1/10。但 Kalemli-Ozcan 等（2001）从资本市场整合角度分析了贸易对商业周期同步性的影响，研究发现，资本市场整合程度提高会促进专业化分工，使产业间贸易增加，从而增加了产出波动的非对称性。

最后，还有学者探究了金融危机期间，贸易渠道对冲击的溢出效应的影响（Forbes，2002；Pentecote 和 Rondeau，2015）。Forbes（2002）提出，贸易渠道对于危机的传染效应主要有三种机制：收入效应机制（国内收入降低导致外部需求下降）、竞争效应机制（本币贬值，出口商品的国际竞争力上升）以及低成本进口效应机制（从危机国家进口的商品和原材料的价格降低）。Forbes（2004）分析了东南亚金融危机和俄罗斯金融危机期间，全球46个国家10 000家公司的股票的基本收益情况，研究发现，由于金融危机期间，东南亚国家货币（俄罗斯卢布）贬值，从而在第三方市场与东南亚国家（俄罗斯）存在竞争关系的国家，股票日收益率平均下降0.13（0.32）个基点，同时由于亚洲各国和俄罗斯处于经济衰退期，降低了对其他国家的商品需求（收入效应），所以以亚洲（俄罗斯）为主要出口目的地的公司在金融危机期间的股票日收益率平均下降0.25（1.01）个基点。

2.2.2　资本渠道

除了贸易渠道，资本渠道也是冲击外溢的重要渠道（Canova，2005）。一些学者提出，随着中国经济总量的不断扩大，人民币国际地位不断提高，并在2013年替代欧元成为第二大国际常用贸易融资货币（楚尔鸣和王真，2018），中国货币政策的溢出效应值得关注。黄宪和杨子荣（2016）研究发现，中国数量型货币政策的发布对6个月~10年期的美国政府债券收益率均有明显的溢出效应，同时，中国实行紧缩的货币政策还会使美元对人民币贬值。杨子荣和白德龙（2016）采用"边际分析法"研究发现，中国紧缩的货币政策会使美元对人民币贬值。楚尔鸣和王真（2018）研究发现，中国扩张性的货币政策可以促进其他国家的经济增长，而汇率渠道对他国经济增长的影响程度最高。

考虑到美国处于全球资本市场中的核心位置以及美元的国际地位，大量文献集中分析美国的货币政策因素对其他国家货币政策中介目标（利率、汇率）的影响，同时美国在全球金融危机期间实行非常规的货币政策，货币政策对全球经济的外溢效应又引起了学者的关注（Chudik和Fratzscher，2011；Tillmann，2016；Anaya等，2017），本部分从利率（汇率）渠道、资产价格渠道以及全球资本流动渠道对国内外分析货币政策的外溢效应的相关文献进行了梳理。

首先，梳理国内外分析利率传导渠道的相关文献。一些研究发现，美国的货币政策主要通过降低世界实际利率水平对其他国家的实际产出产生正向的促进作用，通过贸易收支渠道的影响有限。例如，Canova

（2005）研究发现，美国货币政策对拉丁美洲国家实际产出影响的持续性要高于需求因素和供给因素，其中利率渠道是主要的传导渠道。Mackowiak（2007）使用结构向量自回归模型分析了美国的货币政策对新兴市场国家的影响，研究发现，美国的货币政策主要通过利率和汇率对新兴市场国家产生外溢效应。Miniane 和 Rogers（2007）从资本管制的角度分析了利率、汇率在货币政策传导中的作用，研究发现，美国紧缩的货币政策使其他国家的短期利率上升，汇率贬值，实行固定汇率制度的国家利率上升幅度比浮动汇率国家高 10bp，同时，资本管制指数高的国家汇率贬值程度要低于其他国家。Hausman 和 Wongswan（2011）研究发现，美国政策调整产生的非预期因素会对实际汇率和长期利率产生深远影响。Bowman 等（2015）研究发现，联邦基金目标利率下调 25bp 会使新兴市场国家政府债券收益率即期下降 14bp，在冲击发生 200 天后下降 19bp，但货币政策对汇率的影响相对较弱，缺乏显著性。肖卫国和兰晓梅（2017）研究发现，美国退出量化宽松政策会通过利率、汇率渠道对我国产出、通胀产生影响。Neri 和 Nobili（2010）研究发现，美国上调联邦基金目标利率会使欧元大幅度贬值后缓慢升值，同时会引起欧元区短期利率上升。

其次，资产价格渠道也是冲击外溢的重要渠道。Ehrmann 和 Fratzscher（2009）分析了美国紧缩的货币政策对世界 50 个主要证券市场收益率的影响，研究发现，美国的利率上升 1%，世界证券市场的收益率平均会下降 2.7%，对于金融体系完善、金融系统开放度高的国家的影响要高于金融体系相对落后、封闭的国家。Johansson（2012）使用二元的结构向量自回归模型分析了中国货币供应量的增加对东南亚国家股票市场综合指数的影响，研究发现，中国货币供应量的增加会促使印度尼西亚、马来西亚、泰国和新加坡股票价格上升。Wongswan（2009）研究发现，美国的联邦基金目标利率下调会使马来西亚、韩国、中国香港的资产价格出现不同程度的上升，最重要的是，资本市场在 15 分钟内就会对货币政策的变动做出反应。Rosa（2011）以联邦基金期货在 FOMC 会议前后的变动作为非预期的货币政策，并用事件分析法检验了非预期因素对全球股票市场的影响，研究发现，非预期的联邦基金目标利率上升 1%，全球股票价格平均会下降 4%。Hausman 和 Wongswan（2011）与 Rosa（2011）略有不同，其不仅考虑了联邦基金目标利率变动产生的非预期因素，还考虑了未来政策调整产生的非预期因素，研究发现，全球资本市场主要会受到目标利率变动的影响。Chudik 和 Fratzscher（2011）使用符号约束与全局向量自回归模型相结合的方法分析了美国次贷危机的全球传导效应，研究结果表明，次贷危机主要通过影响全球流动性对发达经济体产生影响，使其资产价格降低，而对于新兴市场国家，次贷危机使全球避险情绪上升，资本大量流出，从而对发展中国家的实体经济产生负面影响。

最后，一些研究分析了货币政策通过影响全球资本流动产生的溢出效应，如 Miranda 和 Rey（2015）、Passari 和 Rey（2015）等。Huffman 和 Lothian（1984）研究发现，在金本位制的货币体系下（1833—1932），货币政策延长了英美两国的经济衰退期，同时货币政策会通过影响黄金流动、资本流动对其他国家的实际产出产生影响，而且金本位制的货币体系使因素作用进一步被放大。Passari 和 Rey（2015）研究发现，全球金融周期（使用 VIX 作为代理变量）是驱动各国的信贷增长与资产价格波动的主要因素，其深层原因是国际资本流动。Rey（2016）提出，即使一国实行浮动汇率制度，美国的货币政策也会通过影响全球资本流动对该国国内的货币市场和金融市场产生影响，因此，固定汇率、资本完全流动以及货币政策独立性的关系更倾向于"二元悖论"。Bruno 和 Shin（2015）研究发现，美国货币政策通过银行部门跨境资本流动对全球资本市场产生外溢效应。Anaya 等（2017）研究发现，美国实行的量化宽松的货币政策使国际短期资本从美国撤出，流入新兴市场国家，从而使新兴市场国家的资产价格上升。

2.3 商业周期理论

目前学界对于经济波动的分析主要以发展中国家为样本，分析国内因素和国外因素对发展中国家实际产出波动的解释能力，如

Hoffmaister 和 Roldos（1997）、Chow 和 Kim（2003）等，但由于计量方法不同、样本国家不同、样本区间不同等原因，得出的结论也不尽相同。一些研究发现，一国的经济波动主要由国内因素主导，区域因素或全球因素的解释能力有限。Loayza 等（2001）使用误差分解将拉丁美洲国家、东南亚国家以及欧洲新兴市场国家的实际生产总值分解为国际因素、部门因素以及国内因素，研究结果表明，由于拉丁美洲国家经济结构异质性以及相对封闭的国内市场，拉丁美洲国家的经济增长主要由国内因素主导。Hoffmaister 和 Roldos（1997）研究发现，国外利率和贸易指数因素可以解释亚洲国家实际产出波动的 5%，而国内技术因素可以解释亚洲国家实际产出波动的 90%。Chow 和 Kim（2003）详细分析并比较了驱动 13 个欧洲国家和 7 个东亚经济体中产出波动的因素，研究发现，绝大多数欧洲国家的经济波动主要由区域因素主导（以德国为代表），区域因素可以解释产出波动的 50% 左右，但东亚经济体的产出波动主要由国内因素主导，国内因素可以解释60% 以上的实际产出波动，而区域因素（以日本为代理变量）解释的比例低于 10%。Sek（2010）研究发现，东亚经济体的实际产出波动主要受国内供给因素的驱动，但亚洲金融危机之后，随着汇率制度的转变以及贸易开放度的提高，国外因素对实际产出波动的解释能力逐步增强。Boschi 和 Girardi（2011）研究发现，国内因素对拉丁美洲国家实际产出波动的解释能力在 50%~80% 间，美国、欧元区、日本对拉丁美洲国家实际产出波动的解释能力低于 15%，其中美国对墨西哥的影响高于其他拉丁美洲国家。

另一些文献研究表明，外部因素是国内经济波动的主要原因或可以解释较高程度的实际产出波动，如 Utlaut 和 Roye（2010）、Carstensen 和 Salzmann（2017）等。Calvo（1993）最先提出外部因素对新兴市场国家的影响是不可忽略的，通过使用结构向量自回归模型，研究发现，拉丁美洲国家在 1988—1991 年间的实际汇率波动主要是由外部因素主导的。Sosa（2008）研究发现，自北美自贸区成立后，墨西哥国内的商业周期主要由美国因素主导。Sato 等（2009）从货币区的角度分析外部因素对东南亚国家新兴市场的影响，研究结果表明，美国仍然是驱动东南亚国家实际产出波动的主要因素，但中国通过投资和贸易渠道成为潜在的影响区域经济波动的国家。Arora 和 Vamvakidis（2011）分析了 172 个国家的外部因素对实际产出波动的解释能力，研究发现，在冲击发生 1 年后，贸易伙伴国家的经济增长平均解释 85.3% 的实际产出波动。Utlaut 和 Roye（2010）通过使用 BVAR 模型对东南亚国家的经济增长进行预测，研究结果发现，东南亚国家的实际产出主要是由全球因素主导的，在冲击发生的中期，世界产出贡献了 25% 的亚洲产出波动，美国的利率和金融条件贡献了亚洲产出波动的 15%。Morita（2014）使用符号约束方法识别外部需求因素、风险溢价因素、国内需求因素、国内技术因素，并发现外部需求因素和风险溢价因素可以解释 30%~50% 的日本实际产出波动。Dufrenot 和 Keddad（2014）使用马尔可夫区制转移的方法分析了美国、日本和中国对东盟五国的商业周期的影响，研究发现，东盟五国对美国、日本的需求变化仍然比较敏感，由此说明东盟五国并没有从发达经济体中脱离出来，此外，中国的需求变动也会对东盟五国产生影响。Carstensen 和 Salzmann（2017）的研究结论则与上述文献不同，他们使用 FSVAR 模型分析了外部因素对发达经济体实际产出的影响，并以 G7 为样本，研究发现，外部因素可以解释 10%~25% 的 G7 国家产出波动。

2.4　文献评述

　　鉴于中国的经济总量及在全球贸易中的重要作用，已有大量文献集中分析在经济发展的不同阶段，中国政策对其他经济体的外溢效应，这些文献对本书的研究有重要的借鉴意义，但在实证方法上仍有值得探讨的地方。

　　首先，一些文献分析中国冲击的外溢效应时只考虑了中国与样本国家的直接联系，在国家间贸易、投资日渐频繁的背景下，忽略国家之间的交互影响会导致估计结果被高估或低估，如 Kozluk 和 Mehrotra（2009）、Johansson（2012）采用结构向量自回归模型分析中国货币供给量增加对东南亚经济体实际产出、资产价格的影响，其具体做法是将中国货币供给量作为外生变量代入模型，通过施加短期约束识别系数矩阵，利用脉冲响应函数分析中国的货币供给量变动对东南亚经济体宏观经济的影响。但如上文所述，中国政策可能会通过第三方国家进而对东南亚经济体产生影响，所以 Kozluk 和 Mehrotra（2009）、Johansson（2012）的研究忽略了中国与东南亚国家之间的间接联系，类似文献还包括 Ahuja 和 Myrvoda（2012）、Ahuja 和 Nabar（2012）。

其次，Cesa-Bainchi 等（2012）、Feldkircher 和 Korhonen（2014）、Bataa 等（2018）、Dreger 和 Zhang（2014）、Kinfack 和 Bonga-Bonga（2015）、Noya 等（2015）、Blagrave 和 Vesperoni（2018）等倾向于分析中国经济增速变化对全球的外溢效应，所以将冲击向量设置为"正向的实际产出冲击"刻画中国经济增长的外溢效应（Cesa-Bainchi 等，2012；Bataa 等，2018；Kinfack 和 Bonga-Bonga，2015），将冲击向量设置为"负向的实际产出冲击"刻画中国经济增速放缓对全球的负向影响（Cashin 等，2017；王超萃和林桂军，2018），但鲜有文献分析中国不同形式的冲击的跨境传导效应。将冲击识别出来的好处是可以对冲击赋予一定的经济学解释，揭示影响经济增速变化的内在因素，进一步厘清不同形式冲击的影响，相比于"实际产出冲击"的总量设置要更细致，相对来讲更直观，从而有利于对中国政策外溢效应有更深入的理解。

最后，已有文献主要关注中国政策跨境传导的宏观效应（如世界经济增速如何变化、样本国家的经济增速如何变化），但对于外溢效应的机制还缺乏系统性分析，只是用统计数据作为微观基础，缺乏严谨的实证支撑，整体来看，在传导机制部分的探究略显薄弱。鉴于以上几点，本书将从以下几点进行适当补充：（1）将对中国政策外溢效应的分析放在全球化的背景下，充分考虑国家间的反馈机制、间接影响；（2）厘清不同形式冲击的外溢效应，与此同时，本书不仅分析了中国政策对于实际产出的影响，还考虑了中国政策对利率、通货膨胀等关键变量的影响；（3）实证检验中国政策如何通过资本渠道、贸易渠道对外溢出，同时又将资本渠道进一步细分为利率渠道、汇率渠道、资本市场渠道，贸易渠道细分为贸易收支渠道以及大宗商品渠道，对已有文献进行补充。

3 一些基本特征事实

3.1 我国的经济增长与东南亚国家的出口存在正相关关系

中国的经济增长是否会促进东南亚国家的出口呢？一方面，中国的经济增长会带来国民收入水平上升，从而中国消费者会增加对国外进口商品的需求，进而在一定程度上会促进东南亚国家出口贸易的增加；另一方面，中国的经济增长伴随中国的出口增加在一定程度上会与东南亚国家在第三方市场存在竞争效应，从而抑制了东南亚国家出口贸易，其"净影响"取决于两种机制的相对强弱。本书参考 Ahearne 等（2003）设计如下回归模型，在控制了美国、欧元区、欧洲新兴市场国家、拉丁美洲的实际产出因素后，分析中国的实际收入与东南亚国家实际出口之间的相关关系，考虑到中国与东南亚国家紧密的经贸联系，东南亚国家的对外贸易情况可能会对中国的经济增长产生影响，即存在反向因果问题，所以这里主要考虑的是中国的实际收入与东南亚国家实际出口之间的相关关系，具体模型如下：

$$ex_{it} = \alpha + \beta_1 Y_{CN, t-1} + control + \mu_i + \mu_t + \varepsilon_{it} \tag{3.1}$$

其中：i代表东南亚国家；CN 代表中国；ex_{it}为 t 时刻东南亚国家 i 的实际出口额增长率；$Y_{CN, t-1}$是 $t-1$ 时刻中国的实际产出增长率；系数 β_1 体现了中国收入水平的上升对东南亚国家实际出口的影响；控制变量 control 包括实际有效汇率 RE_{it}、其他经济体（发达国家 Y_{AD}、欧元区国家 Y_{EA}、欧洲新兴市场国家 Y_{EE}、拉丁美洲国家 Y_{LA}）在 $t-1$ 时刻的实际产出增长率、中国在 t 时刻的实际出口增长率 $ex_{CN, t}$；μ_i、μ_t 分别是个体固定效应和年份固定效应；ε_{it} 是随机扰动项。

样本区间为 1995 年第一季度至 2016 年第四季度。其中，出口数据来源于 IMF 的 DOTS 数据库，并除以季度 CPI 转化为实际出口额 Ex_{it}，实际出口额增长率为 $ex_{it} = \ln(Ex_{it}) - \ln(Ex_{it-1})$；实际生产总值数据来源于 OECD 数据库（以 2010 年美元计价，季调），区域实际生产总值是区域内经济体实际产出之和，将实际生产总值取对数后差分得到实际生产总值增长率；实际有效汇率数据来源于国际清算银行 BIS（采用 2011—2013 年双边平均贸易量作为权重），而 BIS 发布的是实际有效汇率的月度数据，采用简单平均方法将月度数据转化为季度数据，实际有效汇率上升，意味着本币升值，实际有效汇率下降，意味着本币贬值，关于变量的描述性分析详见表 3-1。从表 3-1 可知，各国实际出口的增长率差异较大，最小值为 -0.395，最大值为 0.258。

表3-1 变量的描述性分析

	观测值	均值	最小值	最大值	标准差
ex_{it}	616	0.014	-0.395	0.258	0.078
$Y_{CN, t}$	616	0.022	0.004	0.046	0.007
RE_{it}	616	-0.002	-0.634	0.407	0.051
$ex_{CN, t}$	616	0.030	-0.395	0.244	0.147
Y_{AD}	616	0.006	-0.020	0.016	0.005
Y_{EA}	616	0.004	-0.031	0.013	0.006
Y_{EE}	616	0.009	-0.030	0.031	0.011
Y_{LA}	616	0.014	-0.040	0.690	0.073

中国经济增长对东南亚国家出口的回归结果详见表3-2。表3-2的第
（1）列是控制了实际汇率、出口增长率滞后一期及中国实际出口增长率
的回归结果，表3-2的第（2）列是加入个体固定效应的回归结果，表3-2
的第（3）列是加入年份固定效应的回归结果，表3-2的第（4）列是加
入个体固定效应和年份固定效应的回归结果，表3-2的第（5）列是加入
了其他经济体实际产出增长率的回归结果。从表3-2可知，中国的实际
经济增长与东南亚国家的出口之间呈现正相关关系，$Y_{CN, t-1}$ 的系数为正，
在未考虑其他经济体的增长效应后，该系数在1%的水平下显著，在考虑
了其他经济体的增长效应后，该系数在10%的水平下显著。Hooy 等
（2015）采用动态最小二乘法估计了中国对东南亚国家出口的收入弹性，
计算的系数值为2.1，由于 Hooy 等（2015）的回归中没有控制其他国家
的收入及个体固定效应的影响，所以估计结果要高于本章的估计结果。
同时，从表3-2可知，世界其他国家的实际收入的增长率同样对东南亚
国家的出口具有显著的促进作用，其中，发达国家的实际产出系数 Y_{AD}
在1%水平下显著，欧洲新兴市场国家的实际产出系数在1%水平下显
著。此外，中国的出口与东南亚国家的出口也存在显著的正相关关系。
Ahearne 等（2003）提出，中国出口会对东南亚国家出口产生正反两方
面影响：一方面，中国出口增长可以促进区域贸易，从而对东南亚国家
的出口产生正向的促进作用；另一方面，中国与东南亚国家在第三方市
场存在一定的竞争关系，中国出口上升会挤占东南亚国家的外部市场，
使东南亚国家出口面临下行压力。本章的实证结果表明，中国出口增长
可以促进东南亚国家的对外贸易，$ex_{CN, t}$ 的系数在1%水平下显著，这与
Ahearne 等（2003）的的研究结果一致，说明中国与东南亚国家出口的
"互补性"要强于"竞争性"。实际有效汇率的系数 $RE_{i, t-1}$ 缺乏显著性，
似乎与经典理论不符，但与 Thorbecke 和 Smith（2010）、Holinski 和
Vermeulen（2012）的结论一致，其中 Holinski 和 Vermeulen（2012）分
析了实际汇率贬值对德国、日本贸易收支的影响，并发现实际汇率贬值
对德国、日本贸易收支的影响有限。Thorbecke 和 Smith（2010）研究发
现，实际汇率贬值有利于促进非加工贸易出口的增长，对加工贸易出口
的影响有限，由于东南亚国家的出口构成中加工贸易的比例相对较高，

所以实际汇率贬值对总出口的促进作用有限。同时，Thorbecke 和 Smith（2010）提出，东南亚地区整体的货币贬值才能带动加工贸易出口增长，某一国家的单方面贬值对加工贸易的影响有限。

表3-2　　　中国经济增长对东南亚国家出口的面板回归结果

	（1）	（2）	（3）	（4）	（5）
$Y_{CN,\ t-1}$	1.750*** (4.295)	1.761*** (4.308)	1.623*** (3.050)	1.638*** (3.069)	0.862* (1.672)
$RE_{i,\ t-1}$	0.054 (1.108)	0.052 (1.060)	0.021 (0.416)	0.018 (0.361)	0.021 (0.045)
$ex_{i,\ t-1}$	−0.006 (−0.182)	−0.009 (−0.255)	−0.036 (−1.017)	−0.039 (−1.101)	−0.142*** (−3.863)
$ex_{CN,\ t}$	0.318*** (18.296)	0.318*** (18.242)	0.309*** (18.128)	0.309*** (18.075)	0.292*** (17.256)
Y_{AD}					4.394*** (5.940)
Y_{EA}					−0.306 (−0.412)
Y_{EE}					1.493*** (4.608)
Y_{LA}					−0.110*** (−2.970)
个体固定效应	No	Yes	No	Yes	Yes
年份固定效应	No	No	Yes	Yes	Yes
Constant	−0.036*** (−3.832)	−0.031*** (−2.819)	−0.025 (−1.130)	−0.020 (−0.902)	−0.025 (−1.163)
Observations	609	609	609	609	609
R-squared	0.3828	0.3852	0.4483	0.4509	0.5146

注：样本区间为1995年第一季度至2016年第四季度，发达国家 Y_{AD} 包括美国、英国、澳大利亚、加拿大、冰岛、丹麦、新西兰、挪威、瑞典和瑞士；欧元区国家 Y_{EA} 包括奥地利、比利时、爱沙尼亚、芬兰、法国、德国、希腊、爱尔兰、意大利、拉脱维亚、立陶宛、卢森堡、荷兰、葡萄牙、斯洛伐克、斯洛文尼亚、西班牙；欧洲新兴市场国家 Y_{EE} 包括捷克、匈牙利、波兰、土耳其、俄罗斯；拉丁美洲国家 Y_{LA} 包括墨西哥、巴西、阿根廷。括号内为稳健性 t 值，*、**、***分别代表在10%、5%、1%水平下显著。

3.2 我国的经济增长对东南亚国家的经济增长具有 正向的促进作用

贸易联系增强会提高经济增长的空间溢出效应，已有研究发现贸易伙伴国家的经济增长可以带动国内的经济增长（Arora 和 Vamvakidis，2004，2005，2011）。Arora 和 Vamvakidis（2005）使用101个国家在1960—1999年间的面板数据分析了贸易伙伴国家的经济增长对一国国内经济的拉动作用，研究结果表明，当贸易伙伴国家的经济增长每上升1个百分点时，国内经济在5年内会上升0.8个百分点。Arora 和 Vamvakidis（2004）分析了美国经济增长对贸易伙伴国家的经济增长的拉动效应，研究结果表明，当美国的经济增长每上升1个百分点时，其贸易伙伴国家的经济增长平均上升1%。Helbling 等（2007）以美国经济增速下降为条件进行了一个反事实分析，研究表明，美国经济低迷对拉丁美洲国家的影响较为严重。Senhadji（1998）使用两国动态一般均衡模型发现国外收入水平的增加可以促进拉丁美洲国家出口上升，并改善贸易条件指数（TOT），贸易条件指数的提高使资本的边际产出增加，因而刺激了拉丁美洲国家的投资，并最终导致国内产出水平的提高。

Arora 和 Vamvakidis（2011）使用面板回归的方法分析了中国的经济增长在长期内对全球151个国家的空间溢出效应，但本书与 Arora 和 Vamvakidis（2011）的研究存在以下不同：（1）样本区间不同，Arora 和 Vamvakidis（2011）的样本区间是1963—2007年，本书将样本区间扩展至2016年；（2）分析问题不同，Arora 和 Vamvakidis（2011）着重分析中国经济增长对全球151个国家的空间溢出效应，而本书主要分析中国经济增长对东南亚国家的外溢效应，所以样本数据包括韩国、日本、菲律宾、新加坡、泰国、印度尼西亚和马来西亚7个东南亚国家；（3）Arora 和 Vamvakidis（2011）以5年为时间间隔，取5年内均值作为样本进行回归，本书为了获得足够多的样本量，以3年为时间间隔，取3年内均值作为样本进行回归；（4）Arora 和 Vamvakidis（2011）提出使用固定效应模型进行回归，但本书通过 Hausman 检验得到 P 值为 0.1927，不能拒绝原假设．因此选择随机效应模型，构建如下计量模型：

$$gdp_{i,t} = \alpha + \beta gdp_{CN,t} + control + \varepsilon_{it} \tag{3.2}$$

其中：被解释变量 $gdp_{i,t}$ 是 t 时刻国家 i 的人均实际产出增长率；α 为常数项；ε_{it} 为误差项；$gdp_{CN,t}$ 是 t 时刻中国的人均实际产出增长率；β 体现了中国经济增长对国家 i 的外溢效应；control 为控制变量，包括期初人均实际产出水平、人力资本、固定资产投资、贸易开放度、政府消费、通货膨胀水平、受供养人口比率、空间距离、世界人均实际产出增长率、贸易伙伴国家的人均实际产出增长率。数据来源于世界银行 WDI 数据库、谷歌地图，样本区间是 1969—2016 年，时间跨度为 48 年。下文给出了各经济指标的代理变量及其在世界银行 WDI 数据库中的代码，具体如下：

（1）人均实际产出增长率 $gdp_{i,t}$：为剔除价格因素的影响，所有国家的人均实际产出均以 2010 年美元计价，取对数后差分，WDI 数据库中代码为 NY.GDP.PCAP.KD。

（2）中国人均实际产出增长率 $gdp_{CN,t}$：实际产出以 2010 年美元计价，取对数后差分。WDI 数据库中代码为 NY、GDP、MKTP、KD。

（3）期初人均实际产出水平 $\ln(gdp_{i,0})$：样本初期人均实际产出的对数值，根据经济增长收敛性，当初期的经济发展水平提高时，未来的经济增速将下降，所以其系数应为负，WDI 数据库中代码为 NY.GDP.PCAP.KD。

（4）人力资本 Hum_i：以中等教育的入学率为代理变量，WDI 数据库中代码为 SE.SEC.ENRR。

（5）固定资产投资 Inv_i：以固定资产投资总额占国内生产总值的比重为代理变量，WDI 数据库中代码为 NE.GDI.FTOT.ZS。

（6）贸易开放度 $Open_i$：以进出口总额占国内生产总值的比重为代理变量，WDI 数据库中代码为 NE.TRD.GNFS.ZS。

（7）政府消费 $Govern_i$：以政府消费支出占国内生产总值的比重为代理变量，WDI 数据库中代码为 NE.CON.GOVT.ZS。

（8）通货膨胀水平 π_i：通过 GDP 平减指数计算，WDI 数据库中代码为

NY.GDP.DEFL.KD.ZG。通货膨胀水平可以衡量宏观经济的稳定程度，通货膨胀水平越高，代表经济系统越不稳定，对经济增长会产生负面影响。

（9）受供养人口比率 $Depend_i$：以15岁以下及64岁以上受供养的人口占15~64岁劳动人口的比例衡量，WDI数据库中代码为SP.POP.DPND。

（10）空间距离 $dist_{i,CN}$：代表国家i和中国的空间距离，使用国家i首都与北京的最大圆周距离衡量，计算公式为 $R \times arccos(\cos\alpha\cos\beta\cos|c| + \sin\alpha\sin\beta)$，其中R为地球半径6 371公里，$\alpha$ 和 β 是两地的纬度，c是两地经度之差，经纬度数据来自谷歌地图。

（11）世界人均实际产出增长率 World：回归中加入世界人均实际产出增长率是为了控制全球增长趋势对结果的干扰，为剔除价格因素的影响，世界人均实际GDP以2010年美元计价。

（12）贸易伙伴国家的人均实际产出增长率 $Parnter_i$：令j代表国家i的贸易伙伴国家，$gdp_{j,t}$ 为t时刻国家j的人均实际产出增长率，$w_{j,t}$ 为t时刻国家i向国家j出口贸易额占国家i出口总额的比重，则 $Partner_i = \sum w_{j,t} gdp_{j,t}$。

关于变量的描述性分析详见表3-3。从表3-3可知，各国初始经济水平及贸易开放度具有较高差异，变量 $\ln(gdp_{i,0})$、$Open_i$ 具有较高的标准差。

表3-3　　　　　　　　　变量的描述性分析

	观测值	均值	最小值	最大值	标准差
$gdp_{CN,t}$	112	0.077	0.022	0.115	0.025
$\ln(gdp_{i,0})$	112	7.645	6.564	9.747	1.047
Hum_i	92	0.69	0.181	1.205	0.257
Inv_i	112	0.278	0.137	0.447	0.061
$Open_i$	112	1.103	0.163	4.173	1.041
$Govern_i$	112	0.12	0.067	0.202	0.029
π_i	112	0.065	−0.018	0.334	0.067
$Depend_i$	112	0.586	0.361	0.961	0.17
$dist_{i,CN}$	112	7.981	6.838	8.561	0.548
World	112	0.016	−0.002	0.029	0.009
$Parnter_i$	112	0.028	0.001	0.052	0.008

注：对应于中国经济增长对东南亚国家外溢效应的回归分析。

Hausman检验支持随机效应模型，回归结果见表3-4。表3-4的第（1）列是东南亚国家的人均实际GDP增长率对中国的人均实际产出增长率及其他控制变量的回归结果。从回归结果可知，在控制了其他影响经济增长的变量后，系数β在5%水平下显著，即中国的经济增长对东南亚国家存在正向的外溢效应，当中国经济增长上升1%时，东南亚国家的经济增长平均上升1.244%，通胀率越高的国家的经济增速越慢，而固定投资增加却可以提高经济增速。为探究空间距离对经济增长外溢效应的影响，本书在回归中加入了空间距离与中国经济增速的交叉项$gdp_{CN, t} \times dist_{i, CN}$，回归结果发现，其系数在5%水平下显著为负，说明经济增长的外溢效应会受到空间距离影响，空间距离越远，外溢效应越弱。但近年来，随着交通设施和通信技术的迅猛发展，空间距离对经济增长外溢效应的阻碍作用应该降低，所以本书在表3-4的第（2）列加入了中国实际产出增长率、空间距离和时间趋势项三个变量的交叉项，回归结果表明，三个变量交叉项的系数不显著，说明随着时间的推移，空间距离对外溢效应的阻碍作用并没有减弱。此外，除了中国，东南亚国家贸易伙伴国家的经济增长也会对东南亚国家产生正向的外溢效应，所以，表3-4的第（3）列加入了东南亚国家贸易伙伴国家经济增长率变量，回归结果表明，其系数在5%水平下显著，说明贸易伙伴国家经济增长每上升1个百分点，东南亚国家的人均实际产出增速会上升0.598个百分点。表3-4的第（4）列在模型中加入了世界人均实际产出增长率来控制全球的经济周期对回归结果的影响，研究发现，中国的经济增长系数未发生明显变化，仍在5%的水平下显著。以上回归结果说明，在控制了影响经济增长以及全球经济周期等相关因素后，中国的经济增长对东南亚国家产生正向的"拉动"效应。从上述分析可以看出，中国与东南亚国家存在紧密的经贸联系，从而为分析中国政策的外溢效应提供了一定的现实基础。

表3-4 中国的经济增长对东南亚国家经济增长的面板回归结果

	（1）	（2）	（3）	（4）
$gdp_{CN,t}$	**1.244****	**1.518****	**1.171****	**1.188****
	（2.094）	（2.545）	（2.005）	（2.010）
$\ln(gdp_{i,0})$	−0.007	−0.004	**−0.007***	−0.007
	（−1.565）	（−0.997）	（−1.645）	（−1.588）
Hum_i	**−0.038***	**−0.054****	−0.034	−0.034
	（−1.661）	（−2.478）	（−1.514）	（−1.506）
Inv_i	0.080	**0.105***	**0.108***	**0.102****
	（1.413）	（1.879）	（1.878）	（1.666）
$Open_i$	0.0003	−0.001	−0.001	−0.001
	（0.048）	（−0.023）	（−0.195）	（−0.177）
$Govern_i$	−0.082	−0.097	−0.114	−0.122
	（−0.685）	（−0.793）	（−0.955）	（−0.987）
π_i	**−0.112****	**−0.098***	**−0.111****	**−0.111****
	（−2.214）	（−1.951）	（−2.240）	（−2.218）
$Depend_i$	−0.045	−0.029	−0.042	−0.043
	（−1.599）	（−1.045）	（−1.501）	（−1.515）
trend	−0.002		−0.001	−0.002
	（−1.596）		（−1.328）	（−1.346）
$gdp_{CN,t} \times dist_{i,CN}$	**−0.118****	**−0.209*****	**−0.175****	**−0.177****
	（−2.403）	（−2.675）	（−2.408）	（−2.409）
$gdp_{CN,t} \times dist_{i,CN} \times trend$		−0.001		
		（−0.524）		
$Parnter_i$			**0.598****	0.689
			（2.006）	（1.531）
World				−0.125
				（−0.271）
N	92	92	92	92

注：***、**、*分别代表在1%、5%和10%水平下显著，括号内为系数的t值。

4　开放经济下的DSGE模型

　　本章构建了一个体现东南亚经济特征的小国开放的动态随机一般均衡模型，设定小国开放模型的原因主要取决于东南亚国家的主要特点：（1）对外贸易的依存度高，容易受到外部因素的影响；（2）经济总量比较小，对世界经济的影响有限，可以视为价格的被动接受者。学界将开放经济下的动态随机一般均衡称为新开放经济宏观经济学（NOEM），最早由Obsfeld和Rogoff（1995）提出，NOEM所使用的DSGE模型得到学界的广泛认可，成为现代宏观经济学的主流研究框架。DSGE模型的主要优点在于：（1）DSGE模型可以为宏观经济理论提供微观经济基础，通过分析个体行为的跨期最优决策（比如跨期的消费决策、投资决策），实现微观和宏观的结合，通过考虑经济体系中各种决策制定者（如家庭、企业、政府）的行为规律和资源配置，DSGE模型能够模拟经济变量在时间上的动态演化，更好地理解经济周期和长期增长路径；（2）宏观经济充满了不确定性，而这种不确定性既可能来源于国家内部，也可能来源于国家外部，如国外的技术冲击、货币政策冲击等，DSGE模型能更好地对不确定性进行建模，便于理解经济系统中冲击的传导机制；（3）局部均衡无法描述所有主体的动态行为，因此，需要在一般均衡的框架下进行分析，一般均衡框架可以更好地描述政策制定与经济个体之间的互动关系，能够捕捉经济体系的内生性和动态关系。

本章构建的 DSGE 模型包含的经济主体分别有代表性家庭、垄断竞争的中间品厂商、完全竞争的最终品厂商以及货币当局，主要参考 Chang 等（2015）、Miyamoto 和 Nguyen（2017）和李向阳（2018）的研究结论，并根据中国与东南亚国家的具体情况做了一些调整。假设代表性家庭可以无限期生存，通过提供劳动获得工资，向最终品厂商购买消费品，并购买国外债券和国内债券平滑消费，持有货币余额并接受政府的转移支付，同时获得中间品厂商的利润；中间品厂商雇佣劳动力，生产中间品（所有的中间品连续分布于［0，1］区间），并以一定的价格加成出售给最终品生产企业。假设中间品厂商采用 Calvo（1983）的定价机制，即每一期任一中间品厂商有固定的概率（1 − θ）可以重新定价，有 θ 的概率不能重新定价，且 θ 不随时间的变化而变化，通过 Calvo（1983）的定价机制引入粘性价格，由于中间品厂商生产差异化产品，所以中间品市场处于垄断竞争状态；最终品厂商采用 D-S 生产技术，投入差异化的中间品，生产完全同质的最终品，并将最终品一部分用于国内消费，一部分用于出口[①]，由于最终品是完全同质的，所以最终品市场处于完全竞争状态。假设货币当局采用泰勒规则，即通过调节利率对通胀和产出缺口作出反应。

4.1　模型的构建

4.1.1　家庭部门

假设经济系统中存在大量的无差异家庭，对于本国的代表性居民而言，家庭的效用函数中包括消费、劳动以及实际货币余额（MIU 型效用函数）。在 t（t = 0，1，2，3，…）期初，代表性家庭持有国内债券、

---

① 为简化模型，本书省略了投资品及投资品生产部门。

国外债券和现金的数量分别为 B_{t-1}、B_{t-1}^*、M_{t-1}，其中国内债券的净利率为 i_t，国外债券的净利率为 i_t^*，向中间品厂商提供 L_t 单位的工作时间，获得的名义工资收入为 $W_t L_t$，获得中央银行的一次性转移支付 T_t，在每个时期 t 结束，从中间品厂商处获得名义利润 D_t。家庭部门将收入在消费、持有货币以及国内外债券上进行分配。假设家庭部门的效用函数关于消费和实际货币余额是可分离的，并假设消费惯性参数为 0，则家庭部门最大化其终身贴现效用可以表示为：

$$\max E_0 \sum_{t=0}^{\infty} \beta^t \left\{ \frac{C_t^{1-\sigma}}{1-\sigma} - \psi \frac{N_t^{1+\eta}}{1+\eta} + \kappa \log\left(\frac{M_t}{P_t}\right) \right\} \tag{4.1}$$

最优化决策受如下预算约束的限制：

$$P_t C_t + B_t + e_t B_t^* + M_t \leqslant W_t N_t + (1+i_{t-1})B_{t-1} + e_t(1+i_{t-1}^*)B_{t-1}^* + M_{t-1} + D_t + T_t \tag{4.2}$$

其中：E_0 是期望算子。β 是贴现因子，$\beta \in (0, 1)$。C_t 是居民对最终产品的消费。σ 是消费跨期替代弹性的倒数（或者表示相对风险规避系数），σ 也可表示效用函数的曲率参数，σ 的值越大，曲率越大，风险厌恶程度越大，效用函数整体的弯曲程度越大。N_t 是居民提供的劳动。ψ 是闲暇的效用权重，本模型假定家庭从持有商品和货币余额中获取正效用，从劳动付出中获得负效用。η 是劳动供给的逆 Fisher 弹性。M_t 代表家庭在 t 期持有的名义货币余额，同时也代表货币需求，在均衡时，货币需求等于央行的货币供给 M_t^s。令 $m_t = \dfrac{M_t}{P_t}$，P_t 为消费品价格（CPI 价格指数），则 m_t 代表实际货币余额。κ 是持有货币余额的效用权重。式（4.2）左边是家庭预算支出，右边是家庭的预算收入。e_t 是名义汇率。带有上标*的变量为外国经济变量，B_t 和 B_t^* 分别表示本国居民持有的国内债券余额和外币债券余额，i_t 和 i_t^* 分别代表国内债券和外币债券的净利息率。令 λ_t 代表拉格朗日乘子（预算约束放松一单位所能获得的效用），则家庭选择消费、劳动、国内债券持有量、国外债券持有量、名义货币余额最大化终身效用，其一阶条件分别为：

$$C_t^{-\sigma} = \lambda_t P_t \tag{4.3}$$

$$\psi N_t^{\eta} = \lambda_t W_t \tag{4.4}$$

$$\lambda_t = \beta E_t \lambda_{t+1}(1 + i_t) \tag{4.5}$$

$$\kappa \frac{1}{M_t} = \lambda_t - \beta E_t \lambda_{t+1} \tag{4.6}$$

$$\lambda_t e_t = \beta E_t \lambda_{t+1}\left[e_{t+1}(1 + i_t^*)\right] \tag{4.7}$$

经过适当整理可得到以下方程：

（1）劳动供给方程：

$$\psi N_t^\eta = C_t^{-\sigma} w_t \tag{4.8}$$

（2）家庭部门的 Euler 方程：

$$C_t^{-\sigma} = \beta E_t C_{t+1}^{-\sigma} \frac{1 + i_t}{\pi_{t+1}} \tag{4.9}$$

（3）货币需求方程：

$$\kappa\left(\frac{M_t}{P_t}\right)^{-1} = \frac{i_t}{1 + i_t} C_t^{-\sigma} \tag{4.10}$$

（4）利率平价公式：

$$1 + i_t = \frac{e_{t+1}}{e_t}(1 + i_t^*) \tag{4.11}$$

4.1.2　最终品厂商

假设经济系统中代表性的最终品厂商使用 D-S 生产技术，规模报酬不变，生产函数采用如下 CES 形式：

$$Y_t = \left(\int_0^1 Y_t(j)^{\frac{\varepsilon_p - 1}{\varepsilon_p}} dj\right)^{\frac{\varepsilon_p}{\varepsilon_p - 1}} \tag{4.12}$$

其中：Y_t 代表最终产品厂商的产出；$Y_t(j)$ 表示投入的中间品；ε_p 体现了不同中间品之间的替代弹性。当 ε_p 趋近于 1 时，此时生产函数为 Cobb-Douglas 生产函数；当 ε_p 趋近于正无穷时，此时生产函数为线性生产函数，所以通常情况下假设 ε_p 大于 1 小于正无穷，即不同中间品之间不能完全替代，所以中间品市场是垄断竞争状态。在每一时期，代表性最终品生产企业以价格 $P_t(j)$ 购买由中间品企业 i 生产的中间品，最终品厂商的利润函数可以表示为：

$$\max P_t Y_t - \int_0^1 P_t(j) Y_t(j) dj \tag{4.13}$$

最终品厂商选择中间品数量 $Y_t(j)$ 最大化利润，得到一阶条件为：

$$Y_t(j) = \left(\frac{P_t(j)}{P_t}\right)^{-\varepsilon_p} Y_t \qquad (4.14)$$

式（4.14）是最终品厂商对中间品 $Y_t(j)$ 的需求函数。由上式可知，中间品 $Y_t(j)$ 的需求取决于中间品的相对价格以及不同中间品之间的替代弹性，当中间品的价格 $P_t(j)$ 上升时，$Y_t(j)$ 的需求下降。由于最终品市场是完全竞争市场，所以，最终品厂商的最终利润为0，即：

$$P_t Y_t = \int_0^1 P_t(j) Y_t(j) dj \qquad (4.15)$$

将式（4.14）代入式（4.15）可得：

$$P_t = \left(\int_0^1 P_t(j)^{1-\varepsilon_p} dj\right)^{\frac{1}{1-\varepsilon_p}} \qquad (4.16)$$

4.1.3 中间品厂商

在每个时期，每个中间品厂商独立利用不同数量的劳动力生产差异性的中间品，分布于 [0，1] 区间，使用规模报酬不变技术生产 $Y_t(j)$ 单位中间品，具体函数形式如下：

$$Y_t(j) = A_t N_t(j) \qquad (4.17)$$

其中：A_t 是非个体异质的平稳的总技术冲击；$N_t(j)$ 是劳动的投入数量。由于中间产品的不完全替代性，处于垄断竞争市场中的中间品生产企业具有一定的定价能力，但其必须考虑到最终品生产企业对其产品的需求。中间品厂商的求解主要分为两个阶段：第一阶段需要在给定要素价格 W_t 的情况下，根据成本最小化原则确定边际成本；第二阶段需要在给定边际成本情况下，根据利润最大化原则确定最优价格 P_t^*。假设生产要素在所有的中间品厂商之间完全流动，则中间品厂商面临相同的工资水平 W_t，成本最小化原则可以表示为：

$$\min W_t N_t(j) \qquad (4.18)$$

预算约束为：

$$A_t N_t(j) \geqslant Y_t(j) \qquad (4.19)$$

上述最值问题的拉格朗日函数为：

$$L = -W_t N_t(j) + \psi_t(j)\left(A_t N_t(j) - Y_t(j)\right) \qquad (4.20)$$

其中：$\psi_t(j)$ 是拉格朗日乘子，表示每增加一单位中间品 $Y_t(j)$ 所产生的边际成本。式（4.20）的一阶条件为：

$$W_t = \psi_t(j)A_t = mc_t * P_t * A_t \tag{4.21}$$

$\psi_t(j) = \dfrac{W_t}{A_t}$ 是名义边际成本，令 $\psi_t(j) = mc_t * P_t$，mc_t 代表实际边际成本。在确定边际成本方程后，给定劳动价格 W_t、总体价格水平 P_t 以及中间品 $Y_t(j)$ 的需求函数后，中间品厂商最大化折现利润，中间品厂商的实际利润可以表示为：

$$\begin{aligned}\frac{D_t(j)}{P_t} &= \frac{1}{P_t}(P_t(j)Y_t(j) - W_tN_t(j)) \\ &= P_t(j)^{1-\varepsilon_p}P_t^{\varepsilon_p-1}Y_t - mc_tP_t(j)^{-\varepsilon_p}P_t^{\varepsilon_p}Y_t\end{aligned} \tag{4.22}$$

Calvo（1983）提出的交错定价模型可以很好地消除个体异质性，使加总问题简化，其被广泛地应用到 DSGE 模型的建模中，假设每一期只有一定比例的厂商（$1 - \theta$）可以将价格调整至最优定价水平，而 θ 比例的厂商不能自由定价，θ 是价格粘性程度的指标，θ 的值越大，价格粘性越高。不同取值对应不同程度的价格粘性和价格调整周期。如果中间品厂商在第一期调整价格，从第二期开始不能调整价格，则可以计算出使价格水平保持不变的平均持续时间 $\dfrac{1}{1-\theta}$，如果 $\theta = 0.75$，则价格平均持续时长为4个周期，中间品厂商的利润函数可以表示为：

$$\max E_t \sum_{s=0}^{\infty}(\theta\beta)^s\frac{u'(C_{t+s})}{u'(C_t)}(P_t(j)^{1-\varepsilon_p}P_{t+s}^{\varepsilon_p-1}Y_{t+s} - mc_{t+s}P_t(j)^{-\varepsilon_p}P_{t+s}^{\varepsilon_p}Y_{t+s}) \tag{4.23}$$

将式（4.23）对 $P_t(j)$ 求导可得：

$$P_t^* = P_t(j) = \frac{\varepsilon_p}{\varepsilon_p - 1}\frac{X_{1t}}{X_{2t}} \tag{4.24}$$

其中：X_{1t}、X_{2t} 是辅助变量，分别表示为：

$$X_{1t} = E_t\sum_{s=0}^{\infty}(\theta\beta)^su'(C_{t+s})mc_{t+s}P_{t+s}^{\varepsilon_p}Y_{t+s} \tag{4.25}$$

$$X_{2t} = E_t\sum_{s=0}^{\infty}(\theta\beta)^su'(C_{t+s})P_{t+s}^{\varepsilon_p-1}Y_{t+s} \tag{4.26}$$

由 X_{1t}、X_{2t} 的公式可以看出，中间品厂商的最优定价策略独立于指标 j，即所有厂商选择相同的最优调整价格。将 X_{1t}、X_{2t} 进行适当处理：

$$X_{1t} = u'(C_t)mc_tP_t^{\varepsilon_p}Y + \theta\beta E_{t+1}X_{1t+1} \tag{4.27}$$

$$X_{2t} = u'(C_t)P_t^{\varepsilon_p-1}Y + \theta\beta E_{t+1}X_{2t+1} \tag{4.28}$$

令 $\pi_t^* = \dfrac{P_t^*}{P_{t-1}}$，$x_{1t} = \dfrac{X_{1t}}{P_t^{\varepsilon_P}}$，$x_{2t} = \dfrac{X_{2t}}{P_t^{\varepsilon_P-1}}$，则式（4.27）、式（4.28）可以改写为：

$$x_{1t} = C_t^{-\sigma} mc_t Y_t + \theta\beta E_t x_{1t+1} \pi_{t+1}^{\varepsilon_P} \tag{4.29}$$

$$x_{2t} = C_t^{-\sigma} Y_t + \theta\beta E_t x_{2t+1} \pi_{t+1}^{\varepsilon_P-1} \tag{4.30}$$

$$\pi_t^* = \frac{\varepsilon_P}{\varepsilon_P - 1} \pi_t \frac{x_{1t}}{x_{2t}} \tag{4.31}$$

4.1.4　货币当局

在具体的日常货币政策操作过程中，各东南亚国家综合运用数量型和价格型货币政策工具。本书选用价格型货币政策工具，并采取泰勒形式的货币政策规则，设定利率对通胀水平以及产出缺口作出反应，反应函数通常具有如下表达式：

$$i_t = (1-\rho_i)i + \rho_i i_{t-1} + (1-\rho_i)\left[\phi_\pi(\pi_t - \pi) + \phi_y(Y_t - Y_n)\right] + \sigma_i \varepsilon_{it} \tag{4.32}$$

其中：$\rho_i \in (0, 1)$ 是货币政策持续性参数，表示货币规则的平滑程度，ρ_i 的值越大，表明前一期的货币决策对当期的影响越大，它反映了货币政策的连贯程度；i 是名义利率的稳态值；$\pi_t - \pi$ 是通胀水平对目标的偏离；$Y_t - Y_n$ 是产出缺口；ϕ_π、ϕ_y 是货币政策反应函数中目标利率对通胀缺口、产出缺口的反应系数，政策规则表明央行根据通胀缺口和产出缺口调整当期的目标利率；σ_i 是货币政策冲击标准差；ε_{it} 服从序列不相关、均值为 0、方差为 1 的标准正态分布。

4.1.5　市场出清与均衡

在均衡条件下，（1）把所有价格 $\{W_t,\ P_t,\ i_t,\ i_t^*,\ P_t(j)\}$ 视为给定的情况下，配置满足家庭最大化问题；（2）给定所有价格，价格和配置使得每个厂商利润最大化；（3）最终商品市场、中间产品市场、货币市场以及债券市场都出清。债券市场出清，$B_t = 0$，货币市场出清，假设政府部门不持有国外债券，即政府部门对居民的转移支付满足 $T_t = M_t - M_{t-1}$，并假设国际收支平衡，这意味着净出口等于净资本流出，即 $P_t X_t = e_t B_t^* - (1 + i_{t-1}^*)e_t B_{t-1}^*$，此时家庭的预算约束可以简化为：

$$P_t C_t + P_t X_t \leq W_t N_t + D_t \tag{4.33}$$

定义总利润水平 D_t、总劳动需求 N_t，则：

$$D_t = \int_0^1 D_t(j)dj \qquad N_t = \int_0^1 N_t(j)dj \tag{4.34}$$

因此，中间品厂商获得的总利润可以表示为：

$$D_t = \int_0^1 [P_t(j)Y_t(j) - W_t N_t(j)]dj = P_t Y_t - W_t N_t \tag{4.35}$$

将式（4.35）代入式（4.33），可以得到资源约束方程：

$$Y_t = C_t + X_t \tag{4.36}$$

即所有的产出用于消费和出口，对中间品厂商的生产技术进行加总，可以得到：

$$Y_t \int_0^1 (\frac{P_t(j)}{P_t})^{-\varepsilon_P}dj = A_t N_t \tag{4.37}$$

令 $dp_t = \int_0^1 (\frac{P_t(j)}{P_t})^{-\varepsilon_P}dj$ 代表价格的离散程度，dp_t 的值越大，代表价格的离散程度越高，因此：

$$Y_t = \frac{A_t N_t}{dp_t} \tag{4.38}$$

4.1.6　冲击过程

本书主要探究国外技术冲击、国外需求冲击以及国外货币政策冲击对国内经济的影响。Frankel 和 Rose（1998）指出，当国家之间的贸易量迅速增长时，各国面临的结构式冲击具有相似性，并提出当经济一体化程度提高时，各国的供给冲击是彼此相关的。Canova 和 Marrinan（1998）分析美国、日本、德国商业周期的同步性时发现，假设国家间技术冲击是彼此相关的，得到的实际产出的脉冲响应函数与真实的脉冲响应更接近，模拟效果优于基于政府支出冲击彼此相关得到的脉冲响应图。Bayoumi 和 Eichengreen（1992）研究发现，欧洲核心国家（法国、比利时、丹麦）与德国的供给冲击的相关系数在 0.54~0.61 之间。Sek（2010）研究发现，东南亚各国的供给冲击的相关性在亚洲金融危机后期显著提高。Johnson（2014）分析国家间产出和贸易的同步性时发现，将模型设定为"各国之间的冲击是彼此相关的"相比于"冲击是相互独立"的假设能更好地拟合数据。Miyamoto 和 Nguyen（2017）在分析美国的技术冲击对加拿大商业周期的影响时，假设冲击的传导过程是单向的，即美国的技术冲击会传导给加拿大，引起加拿大国内技术水平、产出、就业发生变化，但加拿大的技术冲击对美国的外溢效应有限。本书在国内的技术冲击的方程中加入国外技术冲击的影响，考虑到本书的样本数据既包括发达经济体（如日本、新加坡），也包含小型的新兴市场国家（如泰国、印度尼西亚、马来西亚），所以本书分两种情况讨论：第一种情况是假设冲击的传导效应是单向的，即中国的技术进步对东南亚国家的技术进步产生正向的外溢效应，但东南亚国家的技术进步对中国的影响有限；第二种情况是假设技术冲击的传导效应是双向的，即中国与东南亚国家的技术进步相互影响。研究结果表明，在两种传导机制下，国内产出、通胀、利率等关键变量的脉冲响应未发生明显变化，所以在下文中，本书主要分析技术冲击的单向传导效应。令 A_t 代表国内的技术冲击，A_t^* 代表国外的技术冲击，其中：

$$\Delta \ln A_t = \xi(\ln A_{t-1}^* - \ln A_{t-1}) + \sigma_a \varepsilon_{at} + corr_{a,a^*} \sigma_{a^*} \varepsilon_{a^*t} \tag{4.39}$$

$$\ln A_t^* = (1 - \rho_{a^*})\ln A^* + \rho_{a^*} \ln A_{t-1}^* + \sigma_{a^*} \varepsilon_{a^*t} \tag{4.40}$$

如果国内和国外之间的技术差异 $\dfrac{A_t^*}{A_t}$ 小于长期均衡水平，$\xi > 0$ 会保证 A_t 逐渐收敛至长期均衡水平。此外，系数 ξ 体现了平稳时间序列收敛于长期均衡水平的速度，ξ 的值越大，收敛的速度越快。σ_a 是国内技术冲击的标准差。$corr_{a,a^*}$ 体现了国外的技术冲击对国内技术水平的外溢效应。σ_{a^*} 是国外技术冲击的标准差。ε_{at}、ε_{a^*t} 是均值为 0、独立同分布的标准正态过程。国外技术冲击服从经典的一阶自回归 AR（1）过程，A^* 是国外技术冲击水平的稳态值，ρ_{a^*} 是国外技术冲击的持续性参数。本书参考 Chang 等（2015）设置国外货币政策冲击及出口需求冲击，假设国外利率水平 i_t^* 是外生的，且服从平稳的随机过程，则：

$$\ln(1 + i_t^*) = (1 - \rho_{i^*})\ln(1 + i^*) + \rho_{i^*} \ln(1 + i_{t-1}^*) + \sigma_{i^*} \varepsilon_{i^*t} \tag{4.41}$$

其中：i^* 是国外净利率的稳态值；ρ_{i^*} 是持续性参数；σ_{i^*} 是国外利率冲击标准差；ε_{i^*t} 是独立同分布的标准正态过程。黄海波和熊爱宗（2009）研究发现，中国与印度尼西亚、马来西亚、菲律宾、新加坡、泰国货币冲击的相关系数分别为 0.046、0.188、0.360、0.166、0.286，所以国外利率冲击对国内利率的影响主要有两个途径：其一是根据利率平价公式产生影响；其二是国家间货币政策的相关性。当一国周边国家的货币政策发生变动后，该国央行也倾向于追随，所以本书也在价格型货币政策的泰勒规则中考虑了国外利率冲击的影响，并将货币政策相关性系数校准为 0.2092（区域平均值）。假设出口需求冲击服从平稳的随机过程，即：

$$\ln X_t = (1 - \rho_X)\ln X^* + \rho_X \ln X_{t-1} + \sigma_X \varepsilon_{Xt} \tag{4.42}$$

其中：X^* 是出口需求的长期均衡值；ρ_X 是出口需求冲击持续性参数；σ_X 是出口需求冲击标准差；ε_{Xt} 是独立同分布的标准正态过程。

4.2 模型的均衡及参数校准

模型均衡由 19 个内生变量（C_t、i_t、π_t、r_t、N_t、w_t、mc_t、A_t、Y_t、dp_t、π_t^*、x_{1t}、x_{2t}、Y_n、m_t、i_t^*、$\gamma_{e,t}$、A_t^*、X_t）和 19 个均衡条件构成，包括：

（1）劳动供给方程。

$$\psi N_t^\eta = C_t^{-\sigma} w_t \tag{4.43}$$

（2）家庭部门的 Euler 方程。

$$C_t^{-\sigma} = \beta E_t C_{t+1}^{-\sigma} \frac{1 + i_t}{\pi_{t+1}} \tag{4.44}$$

（3）货币需求方程。

$$\kappa m_t^{-1} = \frac{i_t}{1 + i_t} C_t^{-\sigma} \tag{4.45}$$

（4）利率平价公式。

$$1 + i_t = \frac{e_{t+1}}{e_t}(1 + i_t^*) = \gamma_{e,t+1}(1 + i_t^*) \tag{4.46}$$

（5）资源约束方程。

$$Y_t = C_t + X_t \tag{4.47}$$

（6）加总生产函数。

$$Y_t = \frac{A_t N_t}{dp_t} \tag{4.48}$$

（7）令 $\pi_t^* = \dfrac{P_t^*}{P_{t-1}}$，由 d_t^P 定义可以得到价格离散核递归方程。

$$
\begin{aligned}
d_{F_t} &= \int_0^1 \left(\frac{P_t(j)}{P_t}\right)^{-\varepsilon_P} dj = \int_0^{1-\theta}\left(\frac{P_t^*}{P_t}\right)^{-\varepsilon_P} dj + \int_{1-\theta}^1 \left(\frac{P_{t-1}(j)}{P_t}\right)^{-\varepsilon_P} dj \\
&= (1-\theta)(\pi_t^*)^{-\varepsilon_P}\pi_t^{\varepsilon_P} + \theta\pi_t^{\varepsilon_P} dp_{t-1}
\end{aligned} \tag{4.49}
$$

（8）CPI通胀递归方程。

$$
\pi_t^{1-\varepsilon_P} = (1-\theta)(\pi_t^*)^{1-\varepsilon_P} + \theta \tag{4.50}
$$

（9）辅助变量方程。

$$
x_{1t} = C_t^{-\sigma}mc_t Y_t + \theta\beta E_t x_{1t+1}\pi_{t+1}^{\varepsilon_P} \tag{4.51}
$$

（10）辅助变量方程。

$$
x_{2t} = C_t^{-\sigma}Y_t + \theta\beta E_t x_{2t+1}\pi_{t+1}^{\varepsilon_P - 1} \tag{4.52}
$$

（11）最优定价方程。

$$
\pi_t^* = \frac{\varepsilon_P}{\varepsilon_P - 1}\pi_t\frac{x_{1t}}{x_{2t}} \tag{4.53}
$$

（12）边际成本方程。

$$
mc_t = \frac{w_t}{A_t} \tag{4.54}
$$

（13）泰勒规则。

$$
i_t = (1-\rho_i)i_s + \rho_i i_{t-1} + (1-\rho_i)\left[\phi_\pi(\pi_t - \pi) + \phi_y(Y_t - Y_n)\right] + \sigma_i\varepsilon_{it} \tag{4.55}
$$

（14）潜在产出，由于潜在产出在文献中尚没有统一的认识和界定，本书假设潜在产出为系统中不存在粘性价格时的产出，此时 $\theta = 0$，$\pi_t = \pi_t^*$，$Y_t = A_t N_n$，将和边际成本方程同时代入劳动供给方程，并假定稳态时出口占产出的比重为0.2，可以得到弹性价格下的劳动数量 N_n，从而求解出潜在产出 Y_n。

$$
Y_n = 0.8^{\frac{-\sigma}{\eta+\sigma}} * \left(\frac{1}{\psi}\frac{\varepsilon_P - 1}{\varepsilon_P}\right)^{\frac{1}{\eta+\sigma}} * A_t^{\frac{1-\sigma}{\eta+\sigma}} \tag{4.56}
$$

（15）实际利率。

$$
r_t = \frac{1+i_t}{\pi_{t+1}} \tag{4.57}
$$

（16）国外利率。

$$
\ln(1+i_t^*) = (1-\rho_{i*})\ln(1+i^*) + \rho_{i*}\ln(1+i_{t-1}^*) + \sigma_{i*}\varepsilon_{it*} \tag{4.58}
$$

（17）国内技术冲击。

$$\Delta \ln A_t = \xi(\ln A_{t-1}^* - \ln A_{t-1}) + \sigma_a \varepsilon_{at} + \text{corr}_{a,\ a*} \sigma_{a*} \varepsilon_{a*t} \tag{4.59}$$

（18）国外技术冲击。

$$\ln A_t^* = (1 - \rho_{a*})\ln A^* + \rho_{a*} \ln A_{t-1}^* + \sigma_{a*} \varepsilon_{a*t} \tag{4.60}$$

（19）出口需求冲击。

$$\ln X_t = (1 - \rho_X)\ln X^* + \rho_X \ln X_{t-1} + \sigma_X \varepsilon_{Xt} \tag{4.61}$$

模型中变量的稳态值详见表4-1。

表4-1 模型中变量的稳态值

参数	变量	稳态值
π_t	CPI总通胀率	1
π_t^*	重定价总通胀率	1
i_t	国内净利率	$1/\beta - 1$
dp_t	价格离散核	$[(1-\theta)(\pi^*)^{-\varepsilon_P}\pi^{\varepsilon_P}] / (1 - \theta\pi^{\varepsilon_P})$
$\gamma_{e,\ t}$	名义汇率总变化率	1
i_t^*	国外净利率	$(1+i)/\gamma_e - 1$
mc_t	边际成本	$[\pi^*(\varepsilon_P - 1)(1 - \theta\beta\pi^{\varepsilon_P})] / [\pi\varepsilon_P(1 - \theta\beta\pi^{\varepsilon_P - 1})]$
w_t	实际工资	$[\pi^*(\varepsilon_P - 1)(1 - \theta\beta\pi^{\varepsilon_P})] / [\pi\varepsilon_P(1 - \theta\beta\pi^{\varepsilon_P - 1})]$
N_t	劳动投入	$1/3$
A_t	技术水平	1
Y_t	产出水平	AN/dp
C_t	消费水平	$0.8*AN/dp$
X_t	出口	$0.2*AN/dp$
Y_n	潜在产出	$0.8^{-\sigma/(\eta+\sigma)}[(\varepsilon_P - 1)/\psi\varepsilon_P]^{1/(\eta+\sigma)}A^{(1-\sigma)/(\eta+\sigma)}$
r_t	实际利率	$(1+i)/\pi$
x_{1t}	辅助变量	$C^{-\sigma}mcY/(1 - \theta\beta\pi^{\varepsilon_P})$
x_{2t}	辅助变量	$C^{-\sigma}Y/(1 - \theta\beta\pi^{\varepsilon_P - 1})$
m_t	实际货币余额	$\kappa(1+i)C^{\sigma}/i$
A_t^*	国外技术水平	1

　　本书需要校准的参数有 ψ、η、σ、β、κ、θ、ε_P、ξ、$\text{corr}_{a,\,a*}$、ρ_i、ϕ_π、ϕ_y 以及冲击过程的标准差 ρ_a、ρ_{a*}、ρ_X、ρ_{i*}、σ_a、σ_{a*}、σ_i、σ_{i*}、σ_X。由于本书着重分析中国政策对东南亚国家的外溢效应，而样本数据中包括 7 个（东亚）东南亚国家，日本、韩国、新加坡属于发达经济体，而泰国、印度尼西亚、菲律宾和马来西亚属于发展中国家（新兴市场国家），两者在经济发展阶段、经济结构、贸易开放度和金融市场开放程度方面均存在显著区别，所以本书分别以日本、泰国代表国内经济，依据已有的国内外文献中使用 DSGE 模型分析日本、泰国问题时的参数设置校准参数，在国外冲击部分，依据已有的相关文献分析中国问题时的相关参数设置校准 ρ_{a*}、σ_{a*}、ρ_{i*}、σ_{i*}、ρ_X、σ_X，并以技术冲击作为供给冲击的代表（Kydland 和 Prescott，1982），以货币政策冲击作为货币冲击的代表，以出口需求冲击作为需求冲击的代表，在正文中给出了以日本代表国内经济进行参数校准的结果（详见表 4-2），附录 1 中给出了以泰国代表国内经济进行参数校准的结果。

表4-2　　　　　　　　　　　　　　参数校准

参数	描述	取值	来源
ψ	闲暇的效用权重	10.125	校准
η	劳动供给的逆 Fisher 弹性	2	Iiboshi 等（2015）
σ	消费跨期替代弹性的倒数	1	Iiboshi 等（2015）
β	主观折现因子	0.99	Hirakata 等（2016）
κ	持有货币余额的效用权重	0.06	Chang 等（2015）
θ	价格粘性	0.675	Kaihatsu 和 Kurozumi（2014）
ε_P	差异化产品间替代弹性	6	Hirakata 等（2016）
ξ	协整参数	0.85	Miyamoto 和 Nguyen（2017）
$\text{corr}_{a,\,a*}$	国外技术冲击的直接影响	0.1	校准
泰勒规则			
ρ_i	利率平滑系数	0.8	Iiboshi 等（2015）
ϕ_π	利率对通胀缺口反应系数	1.7	Iiboshi 等（2015）

续表

参数	描述	取值	来源
ϕ_y	利率对产出缺口反应系数	0.125	Iiboshi 等（2015）
冲击过程			
ρ_a	国内技术冲击的持续性参数	0.83	Hirakata 等（2016）
ρ_{a^*}	国外技术冲击的持续性参数	0.7967	王曦 等（2017）
ρ_X	出口需求冲击的持续性参数	0.97	仝冰（2017）
ρ_{i^*}	国外货币政策冲击的持续性参数	0.8863	王曦 等（2017）
σ_i	国内货币政策冲击标准差	0.1	Iiboshi 等（2015）
σ_a	国内技术冲击标准差	0.01	Hirakata 等（2016）
σ_{a^*}	国外技术冲击标准差	0.0399	王曦 等（2017）
σ_{i^*}	国外货币政策冲击标准差	0.0157	王曦 等（2017）
σ_X	出口需求冲击标准差	0.01	仝冰（2017）

　　Hirakata 等（2016）使用 DSGE 模型分析日本国内的经济波动时，将 β 设定为 0.99；同时参考 Hirakata 等（2016）的做法，将中间品之间的替代弹性 ε_p 设定为 6，这意味着稳态时价格加成为 20%；本书参考 Iiboshi 等（2015）的研究，将 η 设定为 2，这意味着劳动供给的 Fisher 弹性为 0.5，将消费跨期替代弹性的倒数 σ 设置为 1，同时将货币政策规则中利率平滑系数设置为 0.8，将利率对通胀缺口的反应系数设置为 1.7，将利率对产出缺口的反应系数设置为 0.125；为了保证稳态时劳动的供给量为 1/3，本书将 ψ 校准为 10.125。θ 代表每一期厂商不能调价的概率，取值的区间为（0，1）。在新凯恩斯主义经济学中，一般认为厂商在一年内调整一次价格才会对宏观经济变量产生实质影响，此时价格持续时间为 4 个周期，对应取值为 0.75，但现实中厂商调整价格持续周期一般为 2~3 个季度，此时取值为 0.5 或 0.675，本书参考 Kaihatsu 和 Kurozumi（2014）的研究，将 θ 设定为 0.675。

　　Hirakata 等（2016）使用贝叶斯估计发现日本技术冲击的一阶自回归系数为 0.83，标准差为 0.0103，因此，本书将 ρ_a 设定为 0.83，将 σ_a 设定为 0.01；王曦等（2017）使用贝叶斯估计得到中国国内的利率政策惯性为 0.8863，技术冲击的自回归系数为 0.7967，货币政策冲击的标准差为 0.0157，技术冲击的标准差为 0.0399，所以本书将 ρ_{a^*} 设置为 0.7967，ρ_{i^*} 设置为 0.8863，σ_{a^*} 设置为 0.0399，σ_{i^*} 设置为 0.0157。仝冰（2017）使用贝叶斯估计得到中国需求冲击的持续性参数为 0.97，标准差为 0.01，基于此，本书将 ρ_x 设置为 0.97，将 σ_x 设置为 0.01。

参考 Chang 等（2015），本书将持有货币余额的效用权重设置为 0.06。本书参考 Miyamoto 和 Nguyen（2017）等人的研究，本书将技术冲击的协整参数 ξ 设置为 0.85。在设置参数 $corr_{a, a^*}$ 时，该参数体现了中国的技术进步对东南亚国家的外溢效应，本书采用 Bashar（2012）的方法，使用 SVAR 模型识别出各国的供给冲击，并计算各国的供给冲击与中国的相关系数，然后取组内中值 0.1 作为 $corr_{a, a^*}$ 校准值。此外，本书还比较了多重计算方法，首先，本书使用亚洲生产力组织（Asian Productivity Organization，APO）披露的亚洲各国的劳动生产率数据校准，具体方法是将 1970—2016 年各东南亚国家及中国的劳动生产率做去势处理，得到周期性成分，然后计算中国与各东南亚国家劳动生产率中周期性波动的相关系数，并取组内中值作为估计值。为了保证估计结果的准确性，本书使用了宾夕法尼亚大学世界数据库（Penn World Table 9.0）提供的全要素生产率的数据按照上述方法重新计算，研究发现，其计算结果与使用劳动生产率得到的中值较为接近。

4.3 模拟结果分析

根据上文中参数校准结果，这一小节将给出基准模型在国内和国外宏观冲击作用下主要经济变量（实际产出、通胀水平、名义利率、实际货币余额、实际工资、消费、实际汇率）的脉冲响应函数图，其中，冲击包括国内正向的技术冲击、货币政策冲击，国外正向的技术冲击、货币政策冲击，以及国外对国内的出口需求冲击。在图 4-1 至图 4-5 中，y 表示实际产出，i 表示名义净利率，pi 表示通胀水平，m 表示实际货币余额，w表示实际工资，c表示消费，ge表示本币升值预期①（ge上升意味着本币升值预期增加），mc表示边际成本。

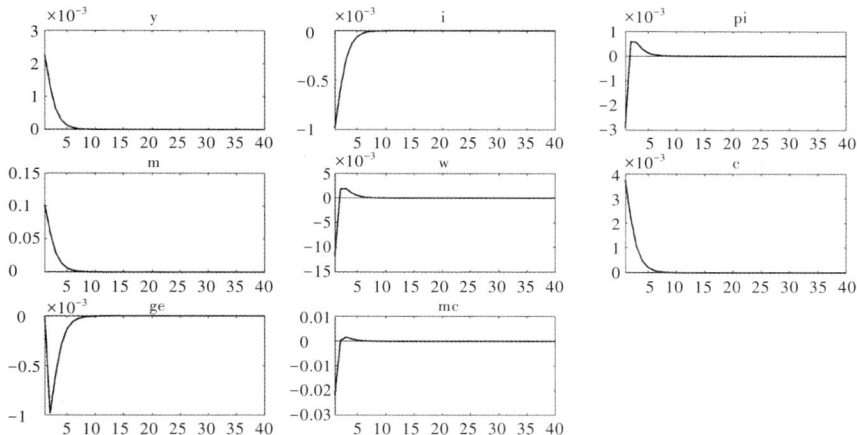

图4-1 国内技术冲击对国内经济的影响

首先，考虑国内技术冲击的影响（如图4-1所示）。图4-1是国内1个标准差（0.01）正向的技术冲击对主要经济变量的影响。从图4-1可知，在正向的技术冲击的作用下，实际产出首先是向上偏离稳态，然后逐渐回落，在第8个季度时回归稳态，产出增加，家庭收入水平上升，从而导致家庭的消费水平提高。同时，正向的技术冲击使中间品厂商的边际成本下降，并传导至最终产品价格，使最终产品价格下跌，通胀下降，但由于货币当局采用通胀目标制货币政策，所以价格水平的下跌会使货币当局降低短期利率水平，短期利率下降使持有货币余额的成本降低，因此实际货币余额上升。根据利率平价理论，短期利率水平的下降会使短期内本币立刻贬值然后缓慢升值，与粘性价格下汇率的"超调"理论相一致，即短期内贬值幅度较高，长期内缓慢上升。所以，从上述描述可以看出国内技术冲击的传导机制如下：技术水平上升→产出增加→消费上升，同时，技术水平上升→边际成本下降→价格水平下降→利率下降→货币余额上升、本币贬值。

其次，考虑国内货币政策的影响（如图4-2所示）。图4-2是国内1

① 黄宪和杨子荣（2016）将本币升值预期表示为θ(ē − e)，θ > 0，其中，ē是长期均衡汇率，e是即期汇率水平（直接标价法），所以当θ(ē − e)上升时，e下降，本币升值。

个标准差（0.01）的正向的货币政策冲击对主要变量的脉冲响应函数图。从图4-2可知，国内货币政策使本国的货币政策利率上升，同时本国的实际利率水平上升，此时，居民消费的边际效用降低，所以居民降低消费水平，导致总需求下降，系统中的总需求下降会使产出水平下降，则厂商会降低对劳动力的需求，导致工资水平下降，假设技术水平保持不变，所以厂商的边际成本下降，通胀下降。当利率上升时，居民持有货币的成本提高，则居民降低对货币余额的需求，m 呈现负的脉冲响应过程。根据利率平价理论，国内短期利率上升会使本币产生升值预期，所以汇率呈现正的脉冲响应过程。综上可以看出，国内货币政策的传导机制如下：国内正向的货币政策→利率上升→消费下降→产出下降→劳动力需求下降→工资水平下降→边际成本下降→通胀降低，同时，利率上升→货币需求下降、汇率升值。

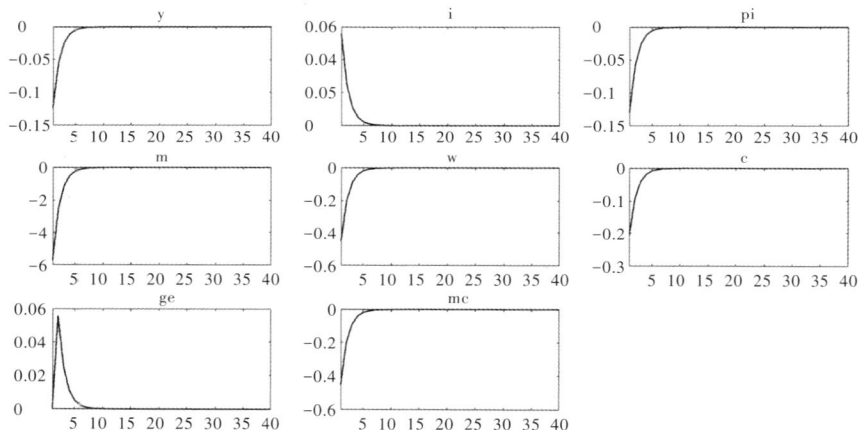

图4-2　国内货币政策对国内经济的影响

再次，分析出口需求冲击（如图4-3所示）。图4-3是1个标准差（0.01）的正向的出口需求冲击对国内变量影响的脉冲响应函数。从图4-3可知，在正向的出口需求冲击的作用下，出口（xstar）上升1个百分点，出口增加的直接影响是产出水平上升，从而厂商对劳动的需求增加，导致工资水平上升，在技术水平不变的情况下，厂商的边际成本增加，传导至最终商品价格，通胀水平呈现正的脉冲响应过程，π_t（pi）在即期增加0.035个百分点，由于货币当局采用通胀目标制，所以货币当局提高短期利率水平①，货币政策利率呈现正的脉冲响应过程，而利率的上涨又会降低消费的边际效用，所以居民消费呈现负向的脉冲响应过程。由于短期利率上升，所以居民持有货币的成本上升，货币余额 m 呈现负的脉冲响应过程。此外，国内利率上行会使本币产生升值压力，ge 呈现正的脉冲响应过程，在第 5 期达到最大升值幅度，随后缓慢下降。综上可以看出，国外正向的需求冲击对国内经济影响的传导机制如下：正向的出口需求冲击→出口上升→产出增加→对劳动的需求增加→工资水平上升→边际成本上升→通胀上升→利率上升→消费下降、实际货币余额下降、本币升值。

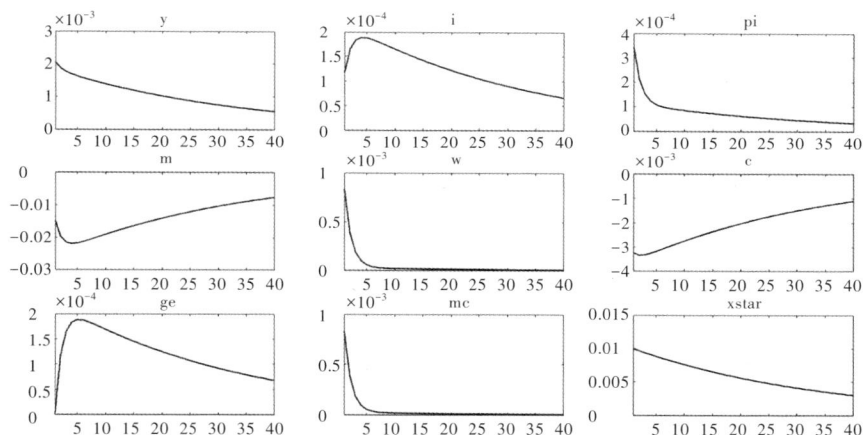

图 4-3　出口需求冲击对国内经济的影响

图 4-4 是 1 个标准差的正向的国外货币政策冲击对国内重要宏观变量影响的脉冲响应图。从图 4-4 可知，当国外利率水平上升时，外币债券 B_t^* 收益率上升，资本的本质是逐利的，所以家庭持有国外债券的数量增加，国内债券的数量下降，导致资本外流，国内市场的流动性降低，利率上行。同时，国外利率上调也会导致国内的货币当局产生相同的政策反应，两种效应均会导致利率呈现正向的脉冲响应图。由于利率上行，消费的边际效用下降，居民降低消费需求，导致产出下降。面对产出下降，厂商会降低对劳动的需求，从而工资水平下降，在技术水平

---

① 货币政策对通胀的反应程度主要取决于系数 ϕ_π，ϕ_π 的值越高，说明货币政策对通胀水平的反应越充分，货币政策的最终目标是将通胀水平维持在目标区间内。

不变时，厂商的边际成本下降，传导至最终产品，导致通胀下降。同时，由于利率上升，持有货币的成本提高，实际货币余额呈现负向的脉冲响应过程。在外汇市场上，由于外币债券的需求上升，所以外币需求增加，本币需求下降，直接影响是本币贬值，即 ge 呈现负向的脉冲响应过程。最后，面对产出下降、通胀水平下降，名义利率逐渐调整至稳态水平。综上可以看出，国外正向的货币政策对国内经济影响的传导机制如下：国外正向的货币政策→国外债券的收益率上升→国外债券的需求增加→资本外流→本币贬值以及国内利率上升→消费下降→对劳动的需求下降→工资下降→边际成本下降→通胀下降，同时，国内利率上升→货币需求下降。

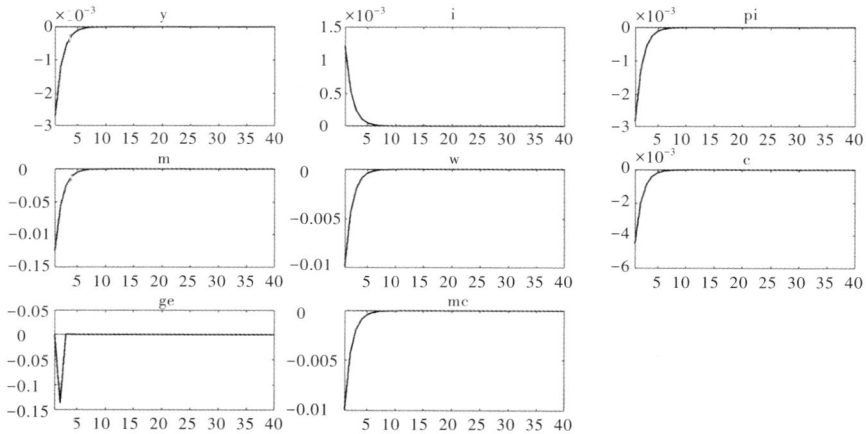

图 4-4　国外货币政策对国内经济的影响

最后，分析国外技术冲击（如图 4-5 所示）。图 4-5 是一个标准差（0.0399）的国外技术冲击对国内经济影响的脉冲响应函数图。假设国外经济出现正向的技术冲击（比如国外的 R&D 投入增加、实施鼓励创新的相关政策等），由于 $corr_{a, a^*} > 0$，所以国外技术冲击会对国内技术水平产生正向的外溢效应，从而促进国内的技术进步。国内的技术水平上升的直接影响是产出上升，厂商的边际成本降低，传导至最终产品，导致通胀下降，为了缓解通胀下行压力，货币当局下调货币政策利率，利率下降，使家庭消费的边际效用增加，从而增加消费，同时利率下降使持有货币的成本下降，导致货币需求上升。厂商扩大产出，增加了对劳动的需求，导致工资水平上涨。综上可以看出，国外正向的技术冲击对国内经济影响的传导机制如下：国外正向的技术冲击→国内技术水平上升→边际成本下降→价格下降→国内利率下降→消费增加、货币余额增加，同时，国内的技术水平上升→产出增加→对劳动的需求增加→工资上升。后面，本书将从实证角度分析中国政策对东南亚国家的外溢效应。

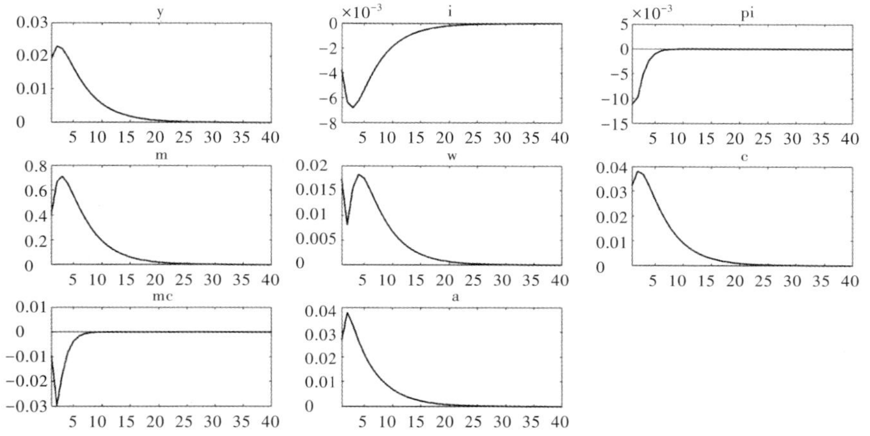

图 4-5　国外技术冲击对国内经济的影响

5 实证模型和数据

选择合适的模型方法对于得到可靠的结论非常重要。在 20 世纪 80 年代以前，国内外对于全局模型的开发比较类似，即建立单个国家或地区的大型联立方程组模型，但由于内生变量在等式两侧的忽左忽右无形中增加了估计和推断的复杂性，难以准确、严谨地描述变量之间的动态关系。随着计量方法的改进，Sims（1980）最早提出无约束的向量自回归模型 VAR，其特点是可以分析随机扰动对变量系统的动态冲击过程，具有灵活性、易操作性等优点，因此，很快成为计量经济学流行的建模工具。但随着模型中变量、滞后阶数的增加，待估计参数也呈指数增加，为解决这一难题，学者提出了贝叶斯 VAR 模型（BVAR），其优点是将无约束的 VAR 模型和贝叶斯估计结合到一起，但其缺点是需要设定模型中参数的先验分布，而先验分布往往是未知的。Bernanke（1986）等在向量自回归模型的基础上提出了结构向量自回归模型（SVAR），其特点是基于理论基础对冲击的同期影响施加先验约束，或者对冲击的长期影响施加先验约束，与 VAR 模型相比，SVAR 模型的优点是具有一定的经济基础，并广泛地应用到国家间或者地区间的冲击外溢效应分析中，如 Canova（2005）、Mackowiak（2007）等。Bernanke（2005）在向量自回归模型的基础上提出了因子增广向量自回归模型（FAVAR），其特点是通过因子分析方法将更多的变量加入到 VAR 模型中，解决了 VAR 模型中变量的个数受限问题，也解决了 VAR 模型中遗漏变量导致的估计有偏问题，Ahuja 和 Myrvoda（2012）、Ahuja 和 Nabar（2012）使用 FAVAR 模型分析了中国投资增速放缓对周边国家的外溢效应。

　　虽然上述方法在学界得到了广泛应用并得出了值得借鉴的结论，但有学者指出，以往的研究方法也存在一定的局限性：首先，对于 VAR 模型，由于模型中的信息一般具有相关性，从而使冲击缺乏经济学解释。其次，递归式 VAR 模型可以规避信息之间的相关性，但对于变量的排序缺乏比较公认的理论支撑，导致其应用受到限制。Blankenau 等（2001）研究发现，VAR 模型的估计结果对变量之间的排序高度敏感，如将技术冲击排在第一位，则技术冲击可以解释实际产出波动的 73%，如果将技术冲击排在末位，则技术冲击仅可以解释实际产出波动的 9.5%。SVAR 模型可以很好地分析时序变量之间的当期相关性和经济结构的动态影响效应，但 SVAR 模型识别冲击的数量有限，即最多识别与模型中变量个数相同的结构式冲击，在识别冲击时，需要施加约束，若假设系统中有 k 个变量，则需要施加 $k(k-1)/2$ 个约束。FAVAR 模型可以将大样本中的经济信息反馈在模型中，避免了结构式 VAR 模型受变量自由度的限制，但经济变量在全球范围内如何联系尚不清晰（Dees 等，2007）。

　　基于对国内外相关文献的梳理，为了得出比较清晰的变量之间的影响效果，本书在分析中国冲击对东南亚国家的外溢效应时，采用了近年来比较流行的全局向量自回归模型。该方法融合了时间序列模型、面板数据模型以及国家间经贸联系，可以有效地反映出横截面不同个体之间的直接影响和间接的交互影响。GVAR 模型主要包含两个层次：第一个层次是建立单个国家的 VAR 模型，在每个国家的 VAR 方程中包含能够描述单个经济系统的核心内生变量、刻画外部影响的弱外生变量以及对所有国家均有影响的全局变量；第二个层次是选择贸易矩阵、资本流量矩阵、空间距离矩阵等连接矩阵将单个国家的VAR方程组成全局变量系统。GVAR模型的主要优点是：（1）充分利用样本信息，既考虑了样本数据的时间维度，又考虑了样本信息的横截面维度。（2）对模型中的所有国家均建立了VARX模型，每个VARX模型是单独估计，对于每个国家而言，其他国家在国外变量中的相对权重是根据贸易流量或资本流量而定，所以充分考虑了模型中不同个体之间的异质性。（3）可以分析驱动经济波动的实际冲击和名义冲击，如Eickmeier和Ng（2015）采用GVAR模型分析了美国的信贷供给冲击对全球实体经济和资本市场的影响；Kick（2016）采用GVAR模型分析了信贷需求冲击和信贷供给冲击对实际产出和非金融公司的影响（详见表5-1）。（4）GVAR模型考虑了不同国家之间、地区之间的直接联系和间接联系，这对于全球化背景下分析冲击外溢效应显得尤为重要。本章的具体安排如下：5.1节介绍了本书的基准模型，5.2节介绍了基准模型的求解过程，5.3节介绍了符号约束方法的基本原理以及本书采用符号约束方法识别出的中国的需求冲击、供给冲击以及货币政策冲击的时间序列图，5.4节是本书的数据和样本描述。

表5-1　　　GVAR模型在分析冲击跨境传导机制中的应用

文献	研究问题
Pesaran 等（2006）	从全局系统的视角分析信贷违约风险与商业周期的关系
Chudik 和 Fratzscher（2011）	全球金融危机对发达经济体以及新兴市场国家的传导机制分析
Eickmeier和Ng（2015）	美国的信贷供给冲击对全球实体经济和资本市场的影响
Kick（2016）	欧盟信贷需求冲击和信贷供给冲击对实际产出和非金融公司的影响
Cesa-Bainchi 等（2012）	中国政策对拉丁美洲国家的外溢效应
Dreger 和 Zhang（2014）	中国经济增长对美国、欧元区、日本的外溢效应
Jannsen（2010）	美国、英国与欧元区国家间的房价溢出效应
Cashin 等（2014）	石油供给冲击与石油需求冲击对石油进口国家、石油出口国家的影响

5.1 基准模型

Pesaran 等（2004）、Dees 等（2007）对 GVAR 模型建模过程和求解过程进行了详细的描述。假设整个经济系统中有 N + 1 个国家，即 i = 0，1，2，…，N，国家 i 的向量自回归模型如下：

$$x_{i,t} = a_{i,0} + a_{i,1}t + \alpha_{i,2}Dummy_{i,t} + \sum_{k=1}^{p_i}\lambda_{i,k}x_{i,t-k} + \sum_{k=0}^{q_i}\eta_{i,k}x^*_{i,t-k} + \sum_{k=0}^{l}\theta_{i,k}d_{t-k} + \varepsilon_{i,t}$$

$$(5.1)$$

其中：$x_{i,t}$ 为第 i 个国家的国内变量。$x^*_{i,t}$ 是第 i 个国家的国外变量。d_t 为可观测到的对每一个国家均会产生影响的全局变量，以往文献中将世界石油价格水平作为全局变量，石油价格冲击是推动各国通货膨胀水平上升的重要催化剂。考虑到东南亚国家有大宗商品的出口国家，也有大宗商品的进口国家，所以本书的全局变量包括世界石油价格、原材料价格以及金属价格。Inoue 等（2015）研究发现，在全局变量中加入金属价格和原材料价格有助于更加全面地反映国内变量变化的原因。考虑到估计结果可能会受到国家政治危机或经济危机的影响，所以本书在模型中加入了政治危机和经济危机虚拟变量 $Dummy_{i,t}$，当国家 i 在 t 时刻发生经济危机或政治危机时，$Dummy_{i,t} = 1$；否则，$Dummy_{i,t} = 0$。本区间内一共爆发了以下几次大规模的政治危机或经济危机：克罗地亚独立战争（1991—1995）、墨西哥金融危机（1994—1995）、阿尔巴尼亚动乱（1997）、亚洲金融危机（1997—1998）、俄罗斯金融危机（1997—1998）、土耳其危机（2000—2001）、阿根廷危机（2001—2002）、美国次贷危机（2007—2009），所以在这些国家的上述时间，$Dummy_{i,t} = 1$。$\varepsilon_{i,t}$ 是各国的自发冲击向量，假设各国的自发冲击是序列无关的，均值为 0，方差为 $\sum_\varepsilon$，即 $\varepsilon_{i,t} \sim N(0, \sum_\varepsilon)$。由于本书中内生变量的个数大于样本数据的时间长度，所以 ε_t 的方差协方差矩阵 $\sum_\varepsilon$ 可能是非正定的，所以在计算脉冲响应的误差带时采用 $\sum_\varepsilon$ 的收缩估计量（Shrinkage Estimator）作为 $\sum_\varepsilon$ 的代理变量。$\lambda_{i,k}$、$\eta_{i,k}$ 和 $\theta_{i,k}$ 分别为内生变量滞后项、国外变量当期及滞后项以及全局变量的当期及滞后项系数，因此，式（5.1）的含义是国内变量的当期值可以通过国内变量的滞后项、国外变量的当期值及滞后项以及全局变量的当期值和滞后项表示，p_i、q_i 和 l_i 为滞后阶数，根据信息准则判定并设置国内变量和国外变量的最大滞后阶数为 2，全局变量 d_t 的最大滞后阶数为 1。GVAR 模型与 VAR 模型的差别在于，VAR 模型中没有考虑国外变量和全局变量对国内变量的影响，所以式（5.1）也称为增广向量自回归模型，即 VARX 模型。

假设每个国家的模型中包括个 k_i 内生变量、k_i^* 个国外变量以及 3 个全局变量（石油价格、原材料价格以及金属价格），则 $\alpha_{i,0}$ 是 $k_i \times 1$ 常数项，$\alpha_{i,1}$ 为 $k_i \times 1$ 时间趋势项系数，$\alpha_{i,2}$ 为 $k_i \times 1$ 虚拟变量系数，$\lambda_{i,k}$、$\eta_{i,k}$、$\theta_{i,k}$ 分别为 $k_i \times k_i$、$k_i \times k_i^*$、$k_i \times 3$ 维系数矩阵，如果 $\eta_{i,k} = \theta_{i,k} = 0$，则式（5.1）就变为传统的向量自回归 VAR 模型。值得注意的是，每个国家的 k_i 和 k_i^* 是不同的，取决于数据是否完整以及模型的具体设定，详见 5.4 节。从式（5.1）可以看出，国家 i 和国家 j 之间的相互联系可以有三种方式：

（1）国家 i 的国内变量 $x_{i,t}$ 受到国外变量 x_{it}^* 当期值及滞后值 x_{it-1}^* 的影响，而国外变量的当期值和滞后值是通过国家 j 内生变量和世界其他国家的内生变量构造的，因此 x_{it}^* 体现了国家 j 对国家 i 的间接影响。例如国家 j 的产出增加（$x_{j,t}$ 上升），通过资本和贸易渠道使国家 j 贸易伙伴国家的产出增加（$x_{k,t}$ 上升），$x_{j,t}$、$x_{k,t}$ 上升导致国外变量 x_{it}^* 上升，从而对 $x_{i,t}$ 产生影响。

（2）国家 j 通过影响全局变量对国家 i 产生影响，这种渠道也是国家 j 对国家 i 的间接影响，如国家 j 对石油的需求增加→石油价格上涨→国家 i 受到影响。如果国家 i 是石油出口国家，则石油价格上涨对国家 i 产生正向的外溢效应；如果国家 i 是石油进口国家，则石油价格上涨对国家 i 会产生负向影响。如 Cashin 等（2014）研究发现，油价上升会使石油进口国家的经济持续低迷，而对于石油储备丰富的国家却有显著的促进作用。

（3）国家 i 受到国家 j 当期冲击的影响，即国家 i 的误差项与国家 j 的误差项彼此相关，即 $cov\left(\varepsilon_{it}, \varepsilon_{jt}\right) \neq 0$，可以从残差的方差协方差矩阵中反馈出来，体现了国家 j 和国家 i 之间的直接联系。Dees 等（2010）用 GAVR 模型的基本思想求解多国的新凯恩斯三方程模型，为分析冲击在国家之间的传导效应，Dees 等（2010）假设国家 i 与国家 j 同一类型的冲击彼此相关。对于国家 i 而言，对应的外国变量 x_{it}^* 可以通过系统中其他国家对应的内生变量按照权重矩阵加权得到，具体为：

$$x_{i,t}^* = \sum_{j \neq i}^{N} w_{ij} x_{j,t} \tag{5.2}$$

其中：w_{ij} 是权重矩阵，体现了国家 j 相对于国家 i 的相对重要程度，$\sum w_{ij} = 1$，当系统中国家数量增加时，待估计参数也会随之增加，产生维数灾难（Curse of Dimensionality），因此，对于国家而言，构建国外变量的权重不是估计的，而是给定的。目前已有文献使用国家间的贸易联系或资本联系构建权重矩阵。Dees 等（2007）提出，使用国家之间的贸易量计算权重矩阵要优于其他方法，主要考虑到以下几点：（1）如前文文献部分的总结，国家之间的贸易联系与商业周期的同步性正相关，如 Frankel 和 Rose（1997，1998）、Baxter 和 Kouparitsas（2005）、Calderon 等（2007）；（2）贸易联系可以在一定程度上反映出国家之间的技术、政治和文化联系；（3）与其他构建权重的变量相比，国家之间的进出口数据样本相对完整。国家 j 与国家 i 的双边贸易量占国家 i 对外贸易总量的比重表示如下：

$$w_{ij,t} = \frac{T_{ij,t}}{T_{i,t}} \tag{5.3}$$

其中：$T_{ij,t}$ 是 t 时刻国家 i 和国家 j 之间的进出口总额；$T_{i,t}$ 是 t 时刻国家 i 与世界的进出口总额；$w_{ij,t}$ 是国家 j 占国家 i 对外贸易的比重。已有文献使用双边贸易量计算权重矩阵时有两种做法。一些学者使用某一时间段的国家之间贸易量的平均值计算贸易权重 $w_{ij,t}$，如 Cashin 等（2012）、Dreger 和 Zhang（2014）、Chen（2012）、Osorio 和 Unsal（2013）、Holinski 和 Vermeulen（2012）等，以 Holinski 和 Vermeulen（2012）为例，使用 2000—2004 年双边贸易量的平均值构建贸易权重，此时：

$$w_{ij} = \frac{T_{ij,2000} + T_{ij,2001} + T_{ij,2002} + T_{ij,2003} + T_{ij,2004}}{T_{i,2000} + T_{i,2001} + T_{i,2002} + T_{i,2003} + T_{i,2004}} = \frac{\overline{T}_{ij}}{\overline{T}_i} \tag{5.4}$$

其中：$\bar{T}_{ij}$是国家 i 与国家 j 之间的贸易量在 2000—2004 年间的均值，$\bar{T}_i$是国家 i 在 2000—2004 年间对外贸易总量的均值。

还有学者使用样本期内每一年的贸易数据构建时变权重矩阵，以 3 年窗口期为例，此时：

$$w_{ij,\,t} = \frac{\sum\left(T_{ij,\,t-2} + T_{ij,\,t-1} + T_{ij,\,t}\right)}{\sum\left(T_{i,\,t-2} + T_{i,\,t-1} + T_{i,\,t}\right)} \tag{5.5}$$

时变权重矩阵可以更准确地刻画国家 j 在国家 i 的对外贸易中的比重随时间的变化过程。举例说明，在 1995—2015 年间，在新加坡、马来西亚和菲律宾的对外贸易中，中国的贸易份额由 3.56%、2.80%、2.39% 上升至 19.17%、19.41%、17.38%[①]，美国的贸易份额由 21.09%、21.79%、31.42% 下降至 12.18%、10.85%、15.90%[②]，因此，采用时变的权重矩阵可以准确地刻画在此区间内，中美两国在东南亚国家对外贸易的影响力随时间推移的动态变化过程，因此，时变权重矩阵相比于常量权重矩阵更具有现实意义。

两国之间除了存在贸易联系，还存在外商直接投资、证券投资、跨国银行的资本借入借出等形式的资本往来，所以已有文献中还经常使用两国之间的 FDI 值、跨国银行的资产负债表、国际投资者投资组合流量数据构建权重矩阵 w_{ij}。同样地，在使用资本流动数据计算权重矩阵时也有两种选择：常量矩阵和时变矩阵。常量矩阵的计算方法如下（以两国在 2009—2016 年的外商直接投资数据为例进行说明）：

$$w_{ij} = \frac{\sum_{t=2009}^{2016} fdi_{ij,\,t}}{\sum_{t=2009}^{2016} fdi_{i,\,t}} \tag{5.6}$$

其中：$fdi_{ij,\,t}$是第 t 年国家 i 对国家 j 进行的直接投资与国家 j 向国家 i 进行的直接投资之和，$fdi_{i,\,t}$是第 t 年国家 i 与世界进行的外商直接投资加总，所以 w_{ij}体现了国家 j 在国家 i 对外资本联系中的相对重要程度。

时变矩阵的构造方法如下：

---

① 数据来源于国际货币基金组织（IMF）DOTS 数据库，作者计算整理。
② 数据来源于国际货币基金组织（IMF）DOTS 数据库，作者计算整理。

$$w_{ij,\,t} = \frac{\sum\left(\mathrm{fdi}_{ij,\,t-1} + \mathrm{fdi}_{ij,\,t} + \mathrm{fdi}_{ij,\,t+1}\right)}{\sum\left(\mathrm{fdi}_{i,\,t-1} + \mathrm{fdi}_{i,\,t} + \mathrm{fdi}_{i,\,t+1}\right)} \tag{5.7}$$

由于 Coordinated Direct Investment Survey（CDIS）数据库中关于国家间双向的 FDI 数据始于 2009 年，样本区间较短，所以使用 FDI 构建时变权重矩阵受到了限制。Vansteenkiste（2007）提出，可以使用地区间的地理距离计算权重矩阵，原因在于地理距离可以衡量两国之间的贸易成本、文化差异、信息成本等因素，国家 j 相对于国家 i 的空间距离越远，两国之间的贸易成本、信息成本会越高，两国之间的贸易联系、资本联系越弱，进而导致国家 j 对国家 i 的外部影响会随之下降。根据以上分析，本书选择了以下几种方法计算权重矩阵，分别为：

（1）国家 j 和国家 i 在 2000 年进出口贸易量占国家 i 在 2000 年对外贸易量的比重，记为 Trade_{00}。

（2）国家 j 和国家 i 在 2012 年进出口贸易量占国家 i 在 2012 年对外贸易量的比重，记为 Trade_{12}。

（3）国家 j 和国家 i 在 2000—2016 年进出口贸易量均值占国家 i 在 2000—2016 年对外贸易总量均值的比重，记为 Trade_{0016}。

（4）国家 j 和国家 i 的空间距离 dist_{ij} 的倒数的平方（体现了贸易量和贸易成本的非线性关系），但两个国家的空间距离没办法准确衡量，只能近似度量，最常见的方法是使用两个国家首都所在地的最大圆周距离进行计算，即使用两国首都所在地的空间距离作为两个国家地理距离的代理变量，计算公式为 $R \times \arccos\left(\cos\alpha\cos\beta\cos|c| + \sin\alpha\sin\beta\right)$，R 为地球半径 6 371 公里，$\alpha$、$\beta$ 为两国首都所在地的纬度，c 为两国首都所在地的经度之差。

（5）混合权重：由于模型中的内生变量 x_{it} 既包括实体经济变量（实际产出、价格水平、实际有效汇率），也包括金融变量（短期利率、长期利率），所以混合权重的核心思想是使用双边贸易数据作为实体经济变量的权重矩阵计算国外变量，使用双边的外商直接投资数据作为金融变量的权重矩阵计算国外变量。因此，本书使用 Trade_{0016} 加权实际产出、价格水平和实际有效汇率，使用 fdi_{0916} 加权短期利率和长期利率。

Backe 等（2013）、Feldkircher 和 Huber（2016）使用国际清算银行发布的跨国银行的资产负债表构建权重矩阵衡量国家直接的资本联系，但此数据对于本书的样本国家缺失严重，故没有采用。本章阐述了以国家 j 和国家 i 在 2000—2016 年进出口贸易量的平均值 $Trade_{0016}$ 构建权重矩阵得到的脉冲响应结果，在稳健性检验部分给出了以其他方式构建权重矩阵得到的脉冲响应图。

5.2 求解模型

为了分析某一个国家冲击（或全局变量冲击）对其他国家的影响，需要将单个国家的向量自回归模型组成全局系统，具体的求解过程如下：令 $z_{it} = \left(x_{it}{'}, \ x_{it}^{*}{'} \right)'$，则 z_{it} 是由内生变量和国外变量组成的 $\left(k_i + k_i^* \right) \times 1$ 向量矩阵，令 $p_i = \max\left[p_i, \ q_i \right]$，则式（5.1）可以改写为：

$$A_i z_{it} = \alpha_{i,0} + \alpha_{i,1} t + \alpha_{i,2} Dummy_{i,t} + \sum_{k=1}^{p_i} B_{i,k} z_{i,t-k} + \sum_{k=0}^{l} \theta_{ik} d_{t-k} + \varepsilon_{i,t} \qquad (5.8)$$

其中：$A_i = \left(I_{k_i}, \ -\eta_{i,0} \right)$，$B_i = \left(\lambda_{i,k}, \ \eta_{i,k} \right)$，$A_i$ 和 B_i 均为 $k_i \times \left(k_i + k_i^* \right)$ 维系数矩阵。令 $x_t = \left(x_{0t}{'}, \ x_{1t}{'}, \ \cdots, \ x_{Nt}{'} \right)'$，$x_t$ 表示将全局系统中所有国家的内生向量进行列叠加，则 z_{it} 可以用 x_t 表示：

$$z_{it} = W_i x_t \qquad (5.9)$$

式（5.9）的原理是，x_{it} 和 z_{it} 在本质上均是由系统中所有国家的内生变量构成的，所以可以通过适当的矩阵联系起来，以三个国家、三个内生变量为例进行说明，令 i = 1，2，3 代表三个国家，每个国家均包括实际产出、价格水平和短期利率三个内生变量，国家 1 的向量自回归方程为[①]：

$$\begin{bmatrix} y_{1,t} \\ \Delta p_{1,t} \\ stir_{1,t} \end{bmatrix} = \begin{bmatrix} \lambda_{11} & \lambda_{12} & \lambda_{13} \\ \lambda_{21} & \lambda_{22} & \lambda_{23} \\ \lambda_{31} & \lambda_{32} & \lambda_{33} \end{bmatrix} \begin{bmatrix} y_{1,t-1} \\ \Delta p_{1,t-1} \\ stir_{1,t-1} \end{bmatrix} + \begin{bmatrix} \eta_{11} & \eta_{12} & \eta_{13} \\ \eta_{21} & \eta_{22} & \eta_{23} \\ \eta_{31} & \eta_{32} & \eta_{33} \end{bmatrix} \begin{bmatrix} y_{1,t}^* \\ \Delta p_{1,t}^* \\ stir_{1,t}^* \end{bmatrix} + \begin{bmatrix} \varepsilon_{11,t} \\ \varepsilon_{12,t} \\ \varepsilon_{13,t} \end{bmatrix} \qquad (5.10)$$

在式（5.10）中，$x_{it}^* = \left(y_{it}^*{'}, \ \Delta p_{it}^*{'}, \ stir_{it}^*{'} \right)'$，由于 x_{it}^* 是通过其他国家

[①] 为了方便说明，这里省略常数项、时间趋势项以及全局变量，并假设 $p_i = 1$，$q_i = 0$，即只考虑了国外变量的当期影响。

的内生变量进行加权平均得到的，所以可以表示为：

$$\begin{bmatrix} y_{1,t}^* \\ \Delta p_{1,t}^* \\ stir_{1,t}^* \end{bmatrix} = \begin{bmatrix} w_{21} & 0 & 0 & w_{31} & 0 & 0 \\ 0 & w_{21} & 0 & 0 & w_{31} & 0 \\ 0 & 0 & w_{21} & 0 & 0 & w_{31} \end{bmatrix} \begin{bmatrix} y_{2t} \\ \Delta p_{2t} \\ stir_{2t} \\ y_{3t} \\ \Delta p_{3t} \\ stir_{3t} \end{bmatrix} \quad (5.11)$$

w_{21} 是国家 2 与国家 1 之间的贸易量（或 FDI）占国家 1 全部对外贸易量（或 FDI）的比重；w_{31} 是国家 3 与国家 1 的贸易量（或 FDI）占国家 1 全部对外贸易量（或 FDI）的比重。由于 $z_{it} = (x_{it}', x_{it}^{*'})'$，所以：

$$z_{1t} = \begin{pmatrix} y_{1t} \\ \Delta p_{1t} \\ stir_{1t} \\ y_{1t}^* \\ \Delta p_{1t}^* \\ stir_{1t}^* \end{pmatrix} = \begin{pmatrix} 1 & 0 & 0 & 0 & 0 & 0 & 0 & 0 & 0 \\ 0 & 1 & 0 & 0 & 0 & 0 & 0 & 0 & 0 \\ 0 & 0 & 1 & 0 & 0 & 0 & 0 & 0 & 0 \\ 0 & 0 & 0 & w_{21} & 0 & 0 & w_{31} & 0 & 0 \\ 0 & 0 & 0 & 0 & w_{21} & 0 & 0 & w_{31} & 0 \\ 0 & 0 & 0 & 0 & 0 & w_{21} & 0 & 0 & w_{31} \end{pmatrix} \begin{pmatrix} y_{1t} \\ \Delta p_{1t} \\ stir_{1t} \\ y_{2t} \\ \Delta p_{2t} \\ stir_{2t} \\ y_{3t} \\ \Delta p_{3t} \\ stir_{3t} \end{pmatrix} = W_1 x_t \quad (5.12)$$

$x_t = (y_{1t}', \Delta p_{1t}', stir_{1t}', y_{2t}', \Delta p_{2t}', stir_{2t}', y_{3t}', \Delta p_{3t}', stir_{3t}')'$，$x_t$ 为所有国家的内生变量列叠加，式（5.12）给出了 z_{1t} 和 x_t 的关系，根据同样原理，可以写出 $z_{2t} = W_2 x_t$，$z_{3t} = W_3 x_t$，W_1、W_2、W_3 为 $(k_i + k_i^*) \times \sum k_i$ 维度连接矩阵。值得注意的是，由于数据缺失等原因，每个国家的 k_i 和 k_i^* 不一定完全一致，所以 W_1、W_2、W_3 也存在差别，将 $z_{it} = W_i x_t$ 代入式（5.8），得到：

$$A_i W_i x_t = \alpha_{i,0} + \alpha_{i,1} t + \alpha_{i,2} Dummy_{i,t} + \sum_{k=1}^{p_i} B_{i,k} W_i x_{t-k} + \sum_{k=0}^{l_i} \theta_{ik} d_{t-k} + \varepsilon_{i,t} \quad (5.13)$$

令 $G_i = A_i W_i$，$H_{i,k} = B_{i,k} W_i$，则式（5.13）可以表示为：

$$G_i x_t = \alpha_{i,0} + \alpha_{i,1} t + \alpha_{i,2} Dummy_{i,t} + \sum_{k=1}^{p_i} H_{i,k} x_{t-k} + \sum_{k=0}^{l_i} \theta_{ik} d_{t-k} + \varepsilon_{i,t} \quad (5.14)$$

将所有国家的 VARX 模型进行列叠加，组成全局向量自回归模型，可以表示为：

$$G x_t = \alpha_0 + \alpha_1 t + \alpha_2 Dummy_{i,t} + \sum_{k=1}^{p_i} H_k x_{t-k} + \sum_{k=0}^{l_i} \theta_k d_{t-k} + \varepsilon_t \quad (5.15)$$

此时，

$$G = \begin{pmatrix} G_0 \\ G_1 \\ \vdots \\ G_N \end{pmatrix}, \quad \alpha_0 = \begin{pmatrix} \alpha_{0,0} \\ \alpha_{1,0} \\ \vdots \\ \alpha_{N,0} \end{pmatrix}, \quad \alpha_1 = \begin{pmatrix} \alpha_{0,1} \\ \alpha_{1,1} \\ \vdots \\ \alpha_{N,1} \end{pmatrix}, \quad \alpha_2 = \begin{pmatrix} \alpha_{0,2} \\ \alpha_{1,2} \\ \vdots \\ \alpha_{N,2} \end{pmatrix}$$

$$H_k = \begin{pmatrix} H_{0,k} \\ H_{1,k} \\ \vdots \\ H_{N,k} \end{pmatrix}, \quad \theta_k = \begin{pmatrix} \theta_{0,k} \\ \theta_{1,k} \\ \vdots \\ \theta_{N,k} \end{pmatrix}$$

令 $K = \sum k_i$，则矩阵 G 和 H_k 均为 $K \times K$ 维系数矩阵，α_0、α_1、α_2 为 $K \times 1$ 维系数矩阵，θ_k 为 $K \times 3$ 维系数矩阵（3个全局变量），ε_t 为全局系统的误差项。由于矩阵 G 是非奇异矩阵，所以将式（5.15）左右两侧同时乘以 G^{-1}，可以得到全局向量自回归模型的标准式：

$$x_t = b_0 + b_1 t + b_2 \text{Dummy} + \sum_{k=1}^{p} F_k x_{t-1} + \sum_{k=0}^{L} \phi_k d_{t-k} + e_t \qquad (5.16)$$

其中：$b_0 = G^{-1}\alpha_0$，$b_1 = G^{-1}\alpha_1$，$b_2 = G^{-1}\alpha_2$，$F_k = G^{-1}H_k$，$\phi_k = G^{-1}\theta_k$，$e_t = G^{-1}\varepsilon_t$。在式（5.16）中，$F_k$ 是 $K \times K$ 维伴随矩阵，为了保证全局变量的稳定性，F_k 所有的特征值应位于单位圆内，即外部冲击不会对系统产生永久性影响。由于 $e_t = G^{-1}\varepsilon_t$，所以 e_t 的方差协方差矩阵 $\sum_e$ 可以表示为 $\sum_e = E(e_t e_t') = G^{-1}\sum G^{-1'}$，式（5.16）可以分析一个国家的其一冲击对其他国家国内变量的即期影响。

综上，全局 GVAR 模型的具体求解过程如下：（1）根据本书要分析的主题，确定模型的内生变量、国外变量和全局变量，在构建国外变量时，选择适当的权重矩阵；（2）求解每个国家的 VARX 方程，对于国家 i，所有变量均为可观测变量，通过回归可以得到系数矩阵 $\lambda_{i,k}$、$\eta_{i,k}$ 和 $\theta_{i,k}$；（3）选择合适的连接矩阵 W_i，W_i 可以选择构建模型时使用的权重矩阵（如上文所示），也可以根据研究问题，选择不同时点国家 i 和国家 j 的贸易权重矩阵（或资本权重矩阵）将 VARX 模型组合成全局系统，分析国家 j 对国家 i 的外部影响的动态变化过程（如分别选择2000年、2005年、2010年、2015年的双边贸易量分析某一因素的外溢效应在2000—2015年的变化情况）；（4）将所有国家的系数矩阵 G_i、H_i 进行列叠加得到全局系统的系数矩阵 G 和 H_k，并通过适当变形即可求解模型（式（5.16））。通过 GVAR 模型的具体求解过程可以发现，如果直接根据模型设定求解式（5.16）是不可取的，原因在于模型需要估计的参数过多，以本书样本国家为例，GVAR 系统中共有 43 个国家或地区，假设每个国家或地区有 6 个内生变量（美国的 VARX 模型设置与其他国家不同，详见后文）、5 个外生变量（贸易收支没有对应的国外变量）、3 个全局变量（石油价格、金属价格、原材料价格）以及常数项、时间趋势项和虚拟变量，那么整个系统中共有 731 个（43×（6+5+3+1+1+1））需要估计的参数，显然直接求解 GVAR 模型是不可取的。所以，Pesaran 等（2004）提出的求解 GVAR 模型核心思想是：首先求解单个国家的 VARX 方程，并将求解出的系数矩阵作为已知矩阵代入 GVAR 系统中，从而可以避免直接求解 GVAR 模型因变量数量过多导致模型不可识别的缺陷。根据求解出的式（5.16），可以进行某一国家冲击外溢效应的动态分析。

Koop 等（1996）、Pesaran 和 Shin（1998）提出的广义脉冲响应函数（Generalized Impulse Responses Function，GIRF）可以用于 GVAR 模型的动态分析，它弥补了传统的脉冲响应函数无法应用于多国多变量的 GVAR 模型的不足，广义脉冲响应函数的定义如下：

$$\text{GIRF}\left(x_t ; \ \varepsilon_{ijt}, \ n\right) = E\left(x_{t+n}\middle|\varepsilon_{ijt} = \sqrt{\sigma_{ii, \ jj}}, \ I_{t-1}\right) - E\left(x_{t+n}\middle|I_{t-1}\right) \tag{5.17}$$

其中：I_{t-1} 是 t − 1 时刻信息集；$\sigma_{ii, \ jj}$ 是方差协方差矩阵 $\sum_\varepsilon$ 中第 i 个国家的第 j 个变量所对应的对角元素；n 是冲击发生的期数。假设 ε_t 服从多元正态分布，则系统中第 j 个变量发生 1 个标准差的冲击后对系统内变量 l 在 t + n 时刻的影响可以表示为：

$$\text{GIRF}\left(x_t ; \ \varepsilon_{lt}, \ n\right) = \frac{e_l{}' F^s G^{-1} \sum_\varepsilon e_j}{\sqrt{e_j{}' \sum_\varepsilon e_j}} \tag{5.18}$$

其中：$e_j = (0, \ 0, \ \cdots, \ 0, \ 1, \ 0, \ \cdots 0)'$ 是冲击向量，第 j 个元素为 1，其余元素为 0。[①]本书采用广义脉冲响应函数分析了中国的实际产出

---

① 当然，e_i 也可以构建为区域冲击，使用购买力平价方式计算的国内生产总值进行加权，并保证区域内冲击向量加总之和为 1。

变动对东南亚国家实际产出的影响。

值得注意的是，GVAR 模型对国家排列的先后顺序、对国家内生变量排列的先后顺序均没有要求，这与 Sims 提出的 VAR 模型是截然不同的。因此，GVAR 模型的优点是涵盖多个国家或地区，充分考虑了国家之间的直接影响和间接影响，具有较高的灵活性，但正是由于GVAR 模型没有对变量的先后顺序进行约束，导致冲击是不可识别的，即冲击是非正交的，意味着每一个冲击都与其他冲击相关，无法准确地判断该冲击是供给冲击、需求冲击还是货币政策冲击，这也是大量文献采用广义脉冲响应函数分析变量的动态响应过程的重要原因。

为了更综合、全面、细致地分析中国政策对东南亚国家的外溢效应，本书定义的冲击类型是"结构式冲击"，关于结构式冲击的具体定义见任希丽等（2013），具体包括中国的供给冲击、需求冲击以及货币政策冲击，而不仅仅是中国的实际产出的上升或下降对东南亚国家的影响。鉴于此，本书参考 Canova（2005）、Chudik 和 Fratzscher（2011）、Eickmeier 和 Ng（2015）、Feldkircher 和 Huber（2016）、Fadejeva 等（2017）等学者的方法，通过对短期的脉冲响应值施加符号约束准确地识别出结构式冲击，进而分析不同的冲击形式对东南亚国家的影响，约束条件来自于被广泛认可的经济理论或经验事实。两种方法相结合的优势在于，既可以充分利用 GVAR 模型的灵活性、全面性等优点，也可以遵循"让数据说话"的原则，厘清了设定假设和实证结论的关系，最大程度地减轻了实证结果对于设定假设的依赖，弥补了传统的 GVAR 模型冲击不可识别的缺陷，为第6章分析中国政策的外溢效应奠定基础。下一节主要介绍符号约束方法的基本原理以及采用该方法识别出的中国的结构式冲击。

5.3 符号约束

Faust（1998）、Canova 和 Nicolo（2002）等最初使用符号约束方法识别货币政策冲击，而 Peersman（2005）则将这一方法扩充到更多的冲击向量集，包括货币政策冲击、石油价格变动冲击、需求冲击以及供给冲击，符号约束方法不需要对同期识别矩阵施加短期约束，使先验理论在模型中得到更好的设定。

5.3.1 基本模型

为方便说明，此处省略常数项、时间趋势项以及全局变量，并假设 $p_1 = q_1 = 1$，令 $i = 1$ 代表中国，则中国的简约式 VAR 模型可以表示为：

$$x_{1,t} = \psi_{1,1}x_{1,t-1} + \Lambda_{1,0}x^*_{1,t} + \Lambda_{1,1}x^*_{1,t-1} + \varepsilon_{1,t} \tag{5.19}$$

其对应的结构式 VAR 模型可以表示为：

$$Q_1^{-1}x_{1,t} = \psi'_{1,1}x_{1,t-1} + \Lambda'_{1,0}x^*_{1,t} + \Lambda'_{1,1}x^*_{1,t-1} + v_{1,t} \tag{5.20}$$

其中：$\varepsilon_{1,t}$ 是简约式方程的误差项，服从均值为 0、方差为 $\sum_{\varepsilon 1}$ 的正态分布 $\varepsilon_{1,t} \sim N(0, \sum_{\varepsilon 1})$；$v_{1,t}$ 是结构式方程误差项，服从均值为 0、方差为单位矩阵的标准正态分布 $v_{1,t} \sim N(0, I_{k1})$。在简约式方程中，不同的因素之间可能彼此相关，即 $\sum_{\varepsilon 1}$ 为非对角矩阵；在结构式方程中，假设随机扰动是相互独立的，即各结构式冲击是单位化且相互正交，这些独立的随机扰动项被看作是导致内生变量 $x_{1,t}$ 变动的最终因素。$\psi'_{1,1}$、$\Lambda'_{1,0}$ 及 $\Lambda'_{1,1}$ 是结构式参数，由式（5.19）和式（5.20）可知，$\psi'_{1,1} = Q_1^{-1}\psi_{1,1}$，$\Lambda'_{1,0} = Q_1^{-1}\Lambda_{1,0}$，$\Lambda'_{1,1} = Q_1^{-1}\Lambda_{1,1}$，$\varepsilon_{1,t} = Q_1 v_{1,t}$，即 $\varepsilon_{1,t}$ 的每个元素是 $v_{1,t}$ 的线性组合，矩阵 Q_1 被称为同期识别矩阵，Q_1 的第 m 列包含 k_i 个元素，衡量了第 m 个结构性因素对 $x_{1,t}$ 中每个内生变量产生的即期影响。

为找到满足符号约束条件的结构式冲击 $v_{1,t}$，则需要找到同期识别矩阵 Q_1，系统中 k_i 个变量共需要施加 $\dfrac{k_i(k_i-1)}{2}$ 个约束才能识别矩阵 Q_1（其余的 $\dfrac{k_i(k_i-1)}{2}$ 元素规定为 0，矩阵对角上的元素规定为 1）。由于 $\varepsilon_{1,t} = Q_1 v_{1,t}$，所以 $\sum_{\varepsilon 1} = E(\varepsilon_{1,t}\varepsilon_{1,t}') = E(Q_1 v_{1,t}v_{1,t}'Q_1') = Q_1 Q_1'$，因此，传统的识别 Q_1 的方法是通过限定结构式冲击之间的传递关系分解方差协方差矩阵，但这种方法施加的约束过强，回归的结果对于变量的顺序并不稳健，不同的排序方式会得到不同的脉冲响应函数。更为重要的是，如果两个内生变量对于同一冲击的脉冲响应同时发生、没有先后时间顺序，则该方法就无法适用，例如产出和价格水平同时对总需求冲击作出反应，此时产出和价格水平在模型中的先后顺序就不容易确定。另一种常用的分解方法是 BQ 分解法，其核心思想是将冲击分解为长期成分和暂时成分，通过施加短期约束和长期约束识别系数矩阵 Q_1。

符号约束识别方法与以上两种方法的原理不同，其基本思想是根据假设条件，设定某一个内生变量或多个内生变量在某一结构式冲击的作用下，脉冲响应在约束期内的符号方向，从而找到满足所有约束条件的结构式冲击，而施加符号约束的基础是普遍接受的经验事实，因而与乔列斯基分解相比，符号约束方法避免了对各变量之间的排列顺序施加硬性约束的困境，具体求解过程如下：（1）对简约式方程的方差协方差矩阵 $\sum_{\varepsilon1}$ 进行乔列斯基分解，令 P_1 代表分解得到的下三角矩阵，即 $P_1P_1' = \sum_{\varepsilon1}$。（2）令 R_1 表示单位正交矩阵，令 $Q_1 = P_1R_1$，$Q_1Q_1' = (P_1R_1)(P_1R_1)' = P_1P_1' = \sum_{\varepsilon1}$，由于 P_1 是 $\sum_{\varepsilon1}$ 进行乔列斯基分解得到的下三角矩阵，所以 P_1 为已知矩阵，寻找矩阵 Q_1 就等价于寻找单位正交矩阵 R_1。（3）本书在寻找 R_1 时参考 Rubio-Ramírez 等（2010）的方法，即从标准正态分布数据库中抽取 k_1^2 个随机数组成 $k_1 \times k_1$ 维随机矩阵 A，对矩阵 A 进行 QR 分解即可得到单位正交矩阵 R_1，由于 $Q_1 = P_1R_1$，所以 Q_1 已知，根据 Q_1 产生对应的脉冲响应函数。（4）如果上一步产生的脉冲响应函数满足约束条件，则 R_1 保留，否则返回第三步重新抽样。（5）不断重复此过程，直到找到 10 个满足条件的 R_1。（6）利用 Fry 和 Pagan（2011）提出的"最小距离法"得到中位数模型（Median Model），其核心思想是将所有脉冲响应进行标准化，然后挑选出距离点态中位数脉冲响应最近的脉冲响应样本，与该脉冲响应相对应的模型就是中位数模型，当计算出 Q_1 后，并基于中位数模型计算脉冲响应和方差分解，令：

$$Q = \begin{pmatrix} I_{k_0} & 0 & \cdots & 0 \\ 0 & Q_1^{-1} & & \vdots \\ \vdots & & \ddots & \vdots \\ \vdots & & & \ddots & 0 \\ 0 & \cdots & \cdots & 0 & I_{k_h} \end{pmatrix} \tag{5.21}$$

在式（5.16）两侧同时乘以 Q，则全局向量自回归模型的结构式为：

$$Qx_t = Qb_0 + Qb_1t + Qb_2Dummy + \sum_{k=1}^{p} QF_k x_{t-1} + \sum_{k=0}^{L} Q\phi_k d_{t-k} + \sigma_t \qquad (5.22)$$

σ_t 为全局结构式误差项，$\sigma_t = Qe_t$，所以 $E(\sigma_t\sigma_t') = \sum\sigma$，则：

$$\sum\sigma = (Qe_t)(Qe_t)' = Q\sum e\,Q' \qquad (5.23)$$

由于 $\sum e = G^{-1}\sum\sigma\,G^{-1}{}'$，所以 $\sum e$ 不是块对角矩阵，非主对角线的元素不等于 0，根据式（5.23），$\sum\sigma$ 也不是块对角矩阵，$\sum\sigma$ 的非主对角元素也不为 0，体现了一国冲击对其他国家国内变量的即期影响是存在的。

5.3.2　结果分析

符号约束识别方法的核心思想是通过各观测变量的"正确"反应识别冲击，结构式冲击是指外生的、未预期到的冲击，主要包括供给冲击、需求冲击以及货币政策冲击，其中供给冲击主要是指影响经济体生产能力的外在冲击，如技术进步、结构改革、制度完善、资源供给（沈可挺和郑易生，2006）、贸易转移等冲击；需求冲击是影响产品和服务需求变动的突发事件，如政府财政支出增加、政府突然减税、社会偏好变动等（任希丽等，2013）；货币政策冲击是指货币当局增加或降低货币供给、提高或降低基准利率等。

符号约束识别方法需要设定在基础冲击作用下，经济变量的脉冲响应函数在约束期内的符号方向。本书结合经济理论和国内的相关经验研究（详见表5-2），设定的符号方向如下：正向的需求冲击不会引起即期的实际产出下降、价格水平下降、短期利率下降；正向的供给冲击不会引起即期的实际产出下降、价格水平上升、短期利率上升；紧缩的货币政策冲击不会引起即期的实际产出上升、价格水平上升、短期利率下降（Peersman，2005），通过施加上述约束，可以有效避免"价格之谜""产出之谜"等悖论。

表5-2 符号约束与全局向量自回归相结合的具体应用

	研究问题	要识别的结构式冲击	施加约束
Canova (2005)	美国对拉丁美洲国家的影响	供给冲击、需求冲击和货币政策冲击	需求冲击使产出和价格同向变动，使价格和实际货币余额反向变动；供给冲击使产出和价格反向变动；货币政策冲击使产出和价格同向变动、使价格和实际货币余额同向变动
Feldkircher 和 Huber (2016)	美国的冲击对全球经济体的影响	供给冲击、需求冲击和货币政策冲击	正向的需求冲击使产出增加、价格水平上升、短期利率上升；正向的供给冲击使产出增加、价格水平下降、短期利率下降、实际汇率贬值；紧缩的货币政策使产出下降、价格水平下降、短期利率上升、长期利率水平下降
Eickmeier 和 Ng (2015)	美国信贷紧缩对全球经济体的影响	信贷供给冲击	信贷收紧使产出下降、信贷总量下降、债券利率水平上升
Chudik 和 Fratzscher (2011)	2007—2008 年全球金融危机对全球经济体的影响	流动性冲击和风险偏好冲击	风险偏好冲击使VIX指数上升，使股票的收益率下降、短期利率下降；流动性冲击使股票收益率下降、短期利率上升
Fadejeva 等 (2017)	美国和欧元区的信贷冲击、需求冲击对欧洲新兴经济体的影响	货币政策冲击、总供给冲击、总需求冲击以及信贷的供求冲击	紧缩的货币政策使产出下降、价格水平下降、信贷供给量下降以及贷款息差下降；负向的总供给冲击使产出下降、价格上升、信贷总量下降；负向的总需求冲击使产出下降、价格下降、短期利率下降、贷款利率下降以及信贷总量下降，实际产出的下降幅度大于信贷总量；负向的总需求冲击使产出下降、价格下降、短期利率下降、贷款利率下降以及信贷总量下降且信贷总量下降幅度大于产出；负向的贷款供给冲击使产出下降、贷款利率上升、信贷总量下降，而且信贷总量的下降幅度大于产出

由于正向的供给冲击使价格水平、短期利率下降，为防止"汇率之谜"，本书假设正向的供给冲击不会引起实际汇率即期升值，而需求冲

击、供给冲击以及货币政策冲击对系统内其他变量（长期利率、贸易收支）的影响，学界尚未得到一致的结论，所以未施加任何限制，具体的符号约束设定见表5-3。许多学者通常选择0期或1期作为限制期，即只考虑即期影响和第一期的影响，主要由于冲击的影响具有一定的传递性，即下一期的脉冲响应会追随当期的脉冲响应，两者的符号不会发生太大变化（Fadejeva等，2017），所以本书采用符号约束的限制期均为1期，识别的结构式冲击如图5-1所示。

表5-3 　　　　　　　　施加的符号约束

冲击	实际产出	价格水平	短期利率	实际有效汇率
需求冲击（+）	≥ 0	≥ 0	≥ 0	—
供给冲击（+）	≥ 0	≤ 0	≤ 0	≤ 0
货币政策冲击（−）	≤ 0	≤ 0	≥ 0	—

注：+代表正向冲击。−代表负向冲击。"≥ 0"表明在限制期内，经济变量在受到相应的冲击之后，脉冲响应函数不会下降；"≤ 0"则表明限制期内的脉冲响应函数不会上升；"—"表明未对变量的脉冲响应函数施加约束。

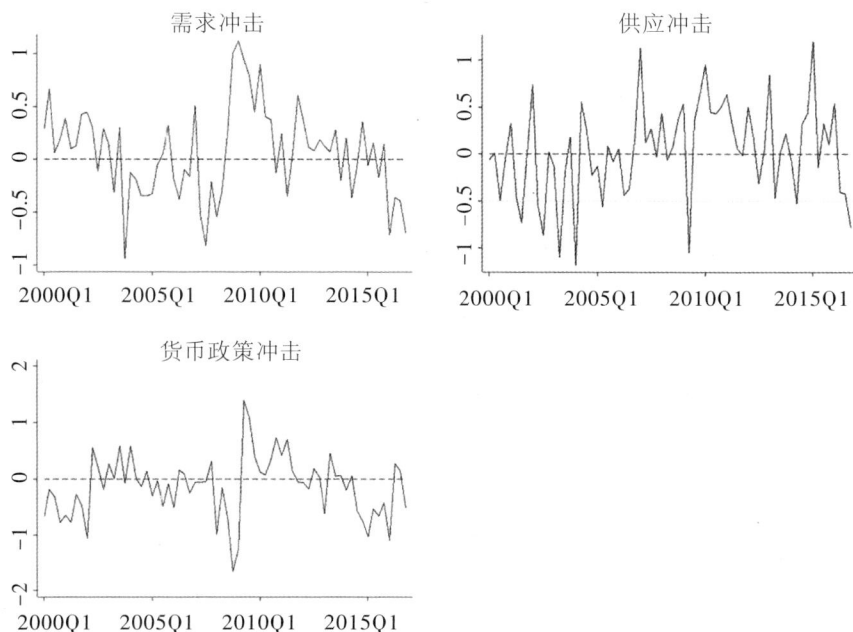

图5-1　符号约束方法识别出的中国结构式冲击的时序图

为了检验结构式冲击的准确性，我们关注几个时间段：2002—2003年、2007—2008年、2008—2009年、2015—2016年。在2002—2003年间，系统出现了一个显著的反向的需求冲击，主要由于中国在此期间出现了"非典"疫情。在2007—2008年，受全球金融危机的影响，外部需求急剧下降，沿海城市大量工厂关闭，失业人口增加，总出口下降，此时，系统出现显著的负向需求冲击，为了使中国经济迅速减少金融危机的负面影响，改变经济增速下滑的态势，我国政府采取了4万亿元的财政刺激计划，主要包括偏远山区的基建项目，大规模的铁路建设、道路和机场建设以及居民公共设施建设（Naughton，2009），因此，在2009—2010年，经济系统中出现了显著的正向需求冲击，但在2011年下半年，政策刺激效果减弱（田磊等，2017），所以系统内出现一个小幅的负向需求冲击。在2015年6月至8月，中国股市出现了断崖式下跌，所以系统中出现了显著的负向需求冲击。就货币政策而言，为缓解经济下行压力，增加市场的流动性，在2008年第三季度至第四季度期间，央行4次下调存款准备金率和基准利率，在2009—2010年间，货币供应量和信贷投放量迅猛增长，对整个经济系统形成了负向的货币政策冲击（负向是指货币供给量增加或利率下降，即实行宽松的货币政策）。随后，面对全球金融危机后期的外资回撤、价格水平上涨，国家统计局的数据表明，在2010—2011年间，中国的消费者价格指数年度变化率由-2%上升至6%，2010年第四季度至2011年第三季度，央行5次上调存款准备金率和基准利率来抵御价格水平上涨和资本净流出压力，此时，整个经济系统出现正向的货币政策冲击（与实行紧缩的货币政策相对应）。再看供给冲击，在2001—2005年间，要素配置效率下降（张军等，2009），不同效率的企业之间缺乏有效率的兼并和重组（聂辉华和贾瑞雪，2011），导致全要素生产率增长率下降，对系统形成了负向的供给冲击，在2010—2015年整个系统出现正向的供给冲击主要源于供给侧结构性改革、高铁等交通设施完善以及鼓励创新驱动经济增长等政策举措。综上可见，识别出的基本冲击的时间路径与中国经济的实际情况基本相符。

5.4 样本数据

本书构建的 GVAR 模型覆盖全球 54 个国家或地区，其中 12 个欧元区国家作为整体进入模型（奥地利、比利时、芬兰、法国、德国、希腊、爱尔兰、意大利、卢森堡、荷兰、葡萄牙、西班牙）[①]，因此模型由 43 个国家或地区构成，既包含发达国家，也包含新兴市场国家，既有石油的生产国，也有石油的主要消费国，根据世界银行 2015 年的统计数据，43 个国家或地区按购买力平价测算的 GDP 总和占全球 GDP 总量的 82.7%，因而能够反映全球经济的总体特征，具体分布详见表 5-4。

表5-4 样本中覆盖的国家或地区

发达经济体（11）	欧洲新兴国家（18）	亚洲（9）	拉丁美洲（5）
美国、欧元区、英国、加拿大、澳大利亚、新西兰、瑞士、瑞典、挪威、丹麦、冰岛	捷克、匈牙利、波兰、斯洛伐克、斯洛文尼亚、保加利亚、罗马尼亚、克罗地亚、阿尔巴尼亚、塞尔维亚、土耳其、拉脱维亚、立陶宛、爱沙尼亚、俄罗斯、乌克兰、白俄罗斯、格鲁吉亚	中国、韩国、日本、菲律宾、新加坡、泰国、印度尼西亚、印度、马来西亚	阿根廷、巴西、智利、秘鲁、墨西哥

样本区间是 1995 年第一季度至 2016 年第四季度，每个内生变量包含 88 个季度观测值，样本区间包含了全球金融危机时期及危机后全球经济的复苏过程。根据 GVAR 模型的基本设定，国家 i 的 VARX 模型中包括内生变量、国外变量和全局变量，下面依次介绍各变量的样本数据。

5.4.1 内生变量

国家 i（美国除外）的 VARX 模型中内生变量包括实际产出、通货

[①] 本书将 2001 年后加入欧元区的 5 个国家（斯洛文尼亚、斯洛伐克、爱沙尼亚、拉脱维亚、立陶宛）作为单个国家进入模型，将 2001 年前进入欧元区的 12 个国家作为整体进入模型，欧元区的内生变量是通过 12 个欧元区国家的内生变量按照 2013—2015 年的按购买力平价计算的 GDP 加权平均得到。

膨胀率、实际有效汇率、短期利率、长期利率和贸易收支，x_{it} 代表国家 i 的内生变量，则 $x_{it} = \left(y_{it},\ \Delta p_{it},\ ep_{it},\ stir_{it},\ ltir_{it},\ tb_{it}\right)'$，变量的具体构造方法如下：

$$y_{it} = \ln\frac{GDP_{it}}{CPI_{it}},\ \Delta p_{it} = \ln\frac{CPI_{it}}{CPI_{i,\,t-1}},\ tb_{it} = \ln\frac{Ex_{it}}{Im_{it}} \qquad (5.24)$$

其中：GDP_{it}、CPI_{it}、Ex_{it}、Im_{it} 是 t 时刻国家 i 的名义生产总值、消费者价格指数、出口总额以及进口总额；y_{it}、Δp_{it}、tb_{it} 是 t 时刻国家 i 的实际生产总值、通货膨胀率以及贸易收支；$stir_{it}$、$ltir_{it}$ 是 t 时刻国家 i 的短期利率和长期利率水平。本书使用实际有效汇率而不是与美元的双边汇率作为内生变量，主要有以下两点考虑：（1）实际有效汇率可以描述一种货币相对于一篮子货币的相对币值，相比于双边汇率包含更多的信息；（2）对于东南亚国家来说，主要采用出口导向型政策，部分东南亚国家以出口大宗商品为主（如印度尼西亚、泰国），还有部分（东亚）东南亚国家以资本品出口为主（如日本、韩国），所以实际有效汇率代表了东南亚国家在国际市场上的相对竞争力，相较于与美国的双边汇率更符合东南亚国家的特征。实际有效汇率的计算方法如下[1]：

$$ep_{it} = \sum_{j=0}^{N} w_{ij}\left(e_{it} - e_{jt}\right) - \sum_{j=0}^{N} w_{ij}\left(p_{it} - p_{jt}\right) \qquad (5.25)$$

其中：e_{it}、e_{jt} 是 t 时刻国家 i、j 与美元的双边汇率；p_{it}、p_{jt} 是 t 时刻国家 i、j 的价格水平；w_{ij} 是国家 j 在国家 i 的对外贸易量中所占的比重，以 2011—2013 年国家 j 占国家 i 的对外贸易量的比重衡量（国际清算银行发布的数据）。由于 $\sum w_{ij} = 1$，式（5.25）也可以表示为：

$$ep_{it} = e_{it} - p_{it} - \sum_{j=0}^{N} w_{ij}\left(e_{jt} - p_{jt}\right) \qquad (5.26)$$

令 $e_{it}^{*} = \sum_{j=1}^{43} w_{ij} e_{jt}$，$p_{it}^{*} = \sum_{j=1}^{43} w_{ij} p_{jt}$，则式（5.26）可以表示为：

$$ep_{it} = e_{it} - p_{it} - \left(e_{it}^{*} - p_{it}^{*}\right) \qquad (5.27)$$

---

[1] 实际有效汇率作为一种指标用来描述一种货币相对于一篮子货币的相对币值，许多学者讨论了关于计算实际有效汇率所使用的权重、价格指数以及样本选择，BIS 和 IMF 使用几何平均的方法计算实际有效汇率。

5.4.2 国外变量

国家 i 的国外变量是通过其他国家对应的内生变量进行加权平均得到，具体构造方法如下：

$$y_{it}^* = \sum_{j=0}^{N} w_{ij} y_{jt}, \quad \Delta p_{it}^* = \sum_{j=0}^{N} w_{ij} \pi_{jt}, \quad ep_{it}^* = \sum_{j=0}^{N} w_{ij} ep_{jt}$$

$$stir_{it}^* = \sum_{j=0}^{N} w_{ij} stir_{jt}, \quad ltir_{it}^* = \sum_{j=0}^{N} w_{ij} ltir_{jt}, \quad w_{ii} = 0 \tag{5.28}$$

对于在模型中是否加入实际有效汇率的外生变量，目前文献中存在两种处理方法。陈浪南等（2014）认为，实际有效汇率是运用世界范围内各国双边贸易份额计算而得，所以无须考虑实际有效汇率的国外变量；而 Feldkiecher 和 Huber（2016）研究发现，国外变量在实际有效汇率的方程中是重要的控制变量，其中实际有效汇率的国外变量 ep_{it}^* 的后验包含概率 PIP 大于 0.5。因此，在此实证部分，本书在模型中加入实际有效汇率 ep_{it} 对应的国外变量 ep_{it}^*，在稳健性检验部分考虑了不包括 ep_{it}^* 的情形（详见"7.7.2 改变方程形式"）。

5.4.3 全局变量

模型中的全局变量包括世界石油价格、金属价格和原材料价格，将所有数据经过季节性调整后进行指数化处理（2005=100）并取对数，即：

$$p_{oil} = \ln(P_{oil}), \quad p_{metal} = \ln(P_{metal}), \quad p_{mat} = \ln(P_{mat}) \tag{5.29}$$

其中：P_{oil}、P_{metal} 和 P_{mat} 分别为世界石油价格、金属价格和原材料价格。世界原油价格指数是通过对布伦特原油、西得克萨斯中质原油和迪拜原油现货价格取简单平均，并做指数化处理；金属价格指数中包括铜、铝、铁矿石、锡、镍、锌、铅和铀；原材料价格指数中包括木材、棉花、羊毛、橡胶和兽皮。

美国 VARX 模型中的内生变量与其他国家略有不同，具体如下：（1）美元作为各国汇率参考的基准货币，参考 Bussière 等（2009）、Feldkiecher 和 Huber（2016）的模型设定，美国的内生变量不包括实际有效汇率。（2）Dees 等（2007）提出美国作为世界上最大的石油消费国家，世界石油价格应作为美国的内生变量，对于其他国家，世界石油价格应作为全局变量。Cashin 等（2012）也提出，在 1979—2010 年间，美国的石油消耗量占全球消耗总量的 27%，将石油价格作为美国的内生变量更贴近现实，综上，$x_{US, t} = \left(y_{it}, \; \Delta p_{it}, \; stir_{it}, \; ltir_{it}, \; tb_{it}, \; p_{oil} \right)'$。（3）考虑到美国在全球资本市场中的核心地位，许多文献在构建美国的 VARX 模型时，将短期利率、长期利率对应的国外变量从模型中去除，但本书参考 Cesa-Bianchi 等（2012）的做法，将短期利率、长期利率对应的国外变量包含在美国的模型中，原因在于 $stir^*_{us, t}$、$ltir^*_{us, t}$ 通过了弱外生性检验，满足弱外生性要求，具体模型设定见表 5-5。

表5-5 　　　　　　　　　　VARX 模型的国内变量和国外变量

美国		其他国家	
内生变量	国外变量	内生变量	国外变量
y_{it}	y^*_{it}	y_{it}	y^*_{it}
Δp_{it}	Δp^*_{it}	Δp_{it}	Δp^*_{it}
—	ep^*_{it}	ep_{it}	ep^*_{it}
$stir_{it}$	$stir^*_{it}$	$stir_{it}$	$stir^*_{it}$
$ltir_{it}$	$ltir^*_{it}$	$ltir_{it}$	$ltir^*_{it}$
tb_{it}	—	tb_{it}	—
p_{oil}			p_{oil}
—	P_{metal}	—	P_{metal}
—	P_{mat}	—	P_{mat}

5.4.4　样本数据来源

5.4.4.1　中国的样本数据来源

IMF 数据库中关于中国的实际产出、货币市场利率等数据是缺失的，本书分别采用如下方法构建：

（1）实际产出：本书参考 Smith 和 Galesi（2014）的方法，以国家统计局发布的名义季度 GDP 数值为基础，对其进行季节性调整处理，并使用如下方式进行转换：

$$\ln\left(RGDP_t\right) = \ln\frac{GDP_1}{CPI_1}, \ t = 1 \qquad (5.30)$$

$$\ln\left(RGDP_t\right) = \ln\left(RGDP_{t-1}\right) + \ln\frac{GDP_t}{GDP_{t-1}} - \ln\frac{CPI_t}{CPI_{t-1}}, \ t > 1 \qquad (5.31)$$

（2）货币市场利率：我国的银行间同业拆借利率能迅速反映货币市场上资金的供求情况，央行可根据同业拆借利率适当调整政策利率，同时，银行间同业拆借市场也是中国利率市场化程度最高的货币市场，因此，本书参考郑挺国和刘金全（2010）的方法，使用7天银行间同业拆借利率作为短期利率的代理变量，由于该数据是月度频率，所以以银行间同业拆借交易量为权重，将月度数据转化为季度数据，具体方法如下：

$$r_t = r_{t1}\frac{f_{t1}}{\sum f} + r_{t2}\frac{f_{t2}}{\sum f} + r_{t3}\frac{f_{t3}}{\sum f} \qquad (5.32)$$

其中：r_t 表示季度加权的同业拆借平均利率；r_{tj} 表示 t 季度第 j 个月的同业拆借利率；f_{tj} 表示 t 季度第 j 个月的交易量；$\sum f$ 表示 t 季度的交易总量。

（3）通货膨胀率：本书使用消费者价格指数 CPI 计算通货膨胀率，具体方法如下：以 1995 年 1 月为基期，将月度同比 CPI 转化为月度环比 CPI，再由月度环比 CPI 转化为月度定基 CPI，最后将月度定基 CPI 通过几何平均转化为季度定基 CPI，并计算出季度 CPI 环比通胀率。此外，中国的贸易收支数据来源于 DOTS 数据库，实际有效汇率来源于国际清算银行。[①]

5.4.4.2 其他国家的数据来源

除中国外，其他国家的样本数据主要来源于国际金融统计 IFS 数据库、经合组织 OECD 数据库、国际清算银行 BIS 数据库、对外投资调查 CDIS 数据库、美联储经济数据库 FRED 以及贸易方向统计 DOTS 数据库，具体如下：

实际产出数据主要来源于 IFS 数据库（条目名称：Gross Domestic

---

① 中国的 VARX 模型中没有包括长期利率，主要是因为我国目前对于长期利率还没有很好的衡量指标。

Product，Real，Index，2010=100），根据数据的可获得性，主要分为三类：（1）数据完整，且经过季节性调整处理，共27个国家或地区，主要包括欧元区、美国、英国、日本、捷克、匈牙利、波兰、斯洛文尼亚、保加利亚、罗马尼亚、爱沙尼亚、拉脱维亚、立陶宛、克罗地亚（1997Q1—2016Q4）、阿尔巴尼亚（2005Q1—2016Q4）、塞尔维亚、格鲁吉亚（1996Q1—2016Q4）、墨西哥、泰国、澳大利亚、新西兰、加拿大、瑞士、挪威、瑞典、丹麦、冰岛，其中阿尔巴尼亚、克罗地亚和格鲁吉亚样本初期数据缺失，因此借鉴Smith和Galesi（2014）的方法补齐数据；（2）数据完整，但未经季节性调整处理，包括12个国家或地区，具体为斯洛伐克、俄罗斯、阿根廷、巴西、智利、秘鲁、韩国、菲律宾、新加坡、印度尼西亚（1997Q1—2016Q4）、马来西亚、土耳其，首先使用EViews进行X-12季节性调整，再借鉴Smith和Galesi（2014）的方法补齐印度尼西亚数据；（3）数据缺失，包括3个国家，分别为印度、乌克兰、白俄罗斯，其中印度的数据来源于Bloomberg数据库，代码为INQGGDPY Index，乌克兰和白俄罗斯的实际产出数据来源于Feldkircher和Huber（2016），并根据IFS数据库中的增长率数据推算至2016年第四季度。

消费者价格指数来源于IFS数据库（条目名称：Price，Consumer Price Index，All Items，Index），其中，阿根廷的消费者价格指数数据缺失，使用生产者价格指数代替。短期利率使用货币市场利率衡量，数据来源于IFS数据库（条目名称：Money Market Rate），其中斯洛伐克、爱沙尼亚的货币市场利率数据来源于美联储经济数据库FRED，拉脱维亚、新西兰、挪威的货币市场利率数据来源于OECD数据库，匈牙利、阿尔巴尼亚、白俄罗斯、土耳其的货币市场利率缺失，使用存款利率替代。长期利率的数据来源于IFS数据库，使用政府债券收益率衡量（条目名称：Government Bonds），IFS数据库中关于政府债券收益率的定义经过了数次修订，这里采用2011年IFS数据库对政府债券收益率的定义作为标准。整体来看，政府债券收益率的数据缺失严重，只有澳大利亚、加拿大、丹麦、保加利亚、冰岛、日本、韩国、泰国、马来西亚、墨西哥、挪威、新西兰、瑞典、瑞士、英国、美国以及欧元区国家有相对完整的长期利率数据，其他国家的数据缺失严重。实际有效汇率的数据来源于 BIS 数据库，贸易收支数据来源于 DOTS 数据库。关于数据来源及处理过程见表 5-6。

表5-6 　　　　　　　　**样本数据描述及数据来源**

变量	样本描述	数据来源
y	实际生产总值指数（2010=100），X12季节性调整	IFS、Bloomberg、Feldkircher 和 Huber（2016）
Δp	由消费者价格指数（所有商品和服务）计算，指数化处理（2010=100），X12季节性调整	IFS
stir	货币市场利率、存款利率	IFS、FRED、OECD
ltir	政府债券收益率（5～15年）	IFS
ep	以 2011—2013 年的双边贸易量加权	BIS
tb	出口贸易额与进口贸易额之比，X12季节性调整	DOTS
P_{oil}	布伦特原油、西得克萨斯中质原油和迪拜原油现货价格取简单平均，并做指数化处理（2005=100）	IMF
P_{metal}	金属价格指数（2005=100），包括铜、铝、铁矿石、锡、镍、锌、铅和铀	IMF
P_{mat}	原材料价格指数（2005=100），包括木材、棉花、羊毛、橡胶和兽皮	IMF

5.5 数据检验

在进行实证分析之前，需要对 GVAR 模型中的各变量进行必要的统计检验，包括平稳性检验、协整关系检验、弱外生性检验、同期效应检验以及结构性断点检验，具体如下：

（1）平稳性检验

剔除缺失数据，本模型包括 226 个内生变量、215 个外生变量和 3

个全局变量,共计444个变量。GVAR模型可运用于系统中同时存在平稳变量和单整变量的情况,可以分析变量的短期关系和长期均衡关系。本书采用 ADF 单位根检验对模型中全部变量进行水平值及一阶差分检验。曰于单位根检验统计量的势通常较低,本书同时辅助 WS 方法对模型中所有变量进行单位根检验,结果表明除了通货膨胀为平稳序列外,其他变量均为一阶单整序列 I(1)。

（2）协整关系检验

协整关系主要检测变量之间的长期均衡关系,由于除通货膨胀外,其他变量均为一阶单整序列,变量之间可能会存在长期均衡关系,在估计式（5.1）之前,首先,需要确定国内变量、国外变量以及全局变量的滞后阶数,受限于观测值数量的影响,设定最大滞后阶数为 $p_i = q_i = l_i = 2$,通过 Johansen 的最大特征根检验,给出在 95% 的置信区间下协整关系的数量,具体结果见表 5–7。

表5–7　　　　　单个VAR模型的滞后阶数和协整关系

国家或地区	模型滞后阶数		协整	国家或地区	模型滞后阶数		协整
	p	q			p	q	
阿尔巴尼亚	2	1	3	立陶宛	1	1	4
阿根廷	2	1	2	马来西亚	2	1	5
澳大利亚	2	1	2	墨西哥	2	1	3
白俄罗斯	1	1	3	挪威	2	1	3
巴西	2	1	3	新西兰	2	1	3
保加利亚	2	1	6	秘鲁	2	1	2
加拿大	1	1	5	菲律宾	2	1	2
中国	1	1	2	波兰	1	1	4
智利	1	1	2	罗马尼亚	2	1	3
克罗地亚	2	1	2	俄罗斯	2	1	4
捷克	2	1	3	塞尔维亚	1	1	3
丹麦	1	1	5	新加坡	2	1	3

续表

国家或地区	模型滞后阶数		协整	国家或地区	模型滞后阶数		协整
	p	q			p	q	
爱沙尼亚	2	1	4	斯洛伐克	2	1	3
欧元区	2	1	4	斯洛文尼亚	2	1	3
格鲁吉亚	2	1	4	瑞典	2	1	3
匈牙利	1	1	4	瑞士	1	1	3
冰岛	2	1	5	泰国	2	1	4
印度	2	1	4	土耳其	2	1	3
印度尼西亚	2	1	2	英国	1	1	2
日本	2	1	4	乌克兰	2	1	3
韩国	2	1	5	美国	2	1	2
拉脱维亚	1	1	5				

注：p 和 q 分别代表基于 AIC 准则选取的国内变量和国外变量的最优滞后阶数，并设置最大滞后阶数为 2，协整关系是根据 95% 的置信区间确定的。

（3）弱外生性检验

关于模型估计一个最重要的假设是 x_{it}^* 满足弱外生性，它可以使每个国家的 VARX 方程独立于其他国家单独估计。在协整模型的框架下，x_{it}^* 满足弱外生性意味着长期中 x_{it} 对 x_{it}^* 没有反馈影响，但这一假设并不排除短期内 x_{it} 和 x_{it}^* 之间的相互影响。如果 x_{it}^* 满足弱外生性，则意味着 x_{it}^* 的决定方程中误差修正项 $[z_{i,t-1} - \gamma_i(t-1)]$ 并不显著，因此，x_{it}^* 中的第 l 个变量的弱外生性检验方程如下：

$$\Delta x_{it,l}^* = \alpha_{il} + \sum_{j=1}^{r_i} \delta_{ij,l} ECM_{ij,t-1} + \sum_{s=1}^{p_i^*} \phi_{is,l}' \Delta x_{i,t-s} + \sum_{s=1}^{q_i^*} \varphi_{is,l}' \Delta x_{i,t-s}^* + \vartheta_{it,l} \quad (5.33)$$

其中：$ECM_{ij,t-1}$ 是国家 i 的协整方程中第 j 个协整关系对应的误差修正项。p_i^* 和 q_i^* 分别为内生变量和国外变量的滞后阶数，通过 AIC 准则选取，并设置最大滞后阶数 $p_i^* = q_i^* = 2$。若对于 $j = 1, 2, \cdots, r_i$，$\delta_{ij,l}$ 均不显著，则 x_{it}^* 满足弱外生性假设，所以需要通过 F 检验验证 $j = 1, 2, \cdots, r_i$ 时 $\delta_{ij,l}$ 的联合显著性，具体外生性检验结果见表 5–8。从

表5-8可知，在343（43×8-1）个检验中仅有20个检验在5%的显著性
水平上拒绝原假设，拒绝率为5.81%，有94.19%的变量不能拒绝该变
量为外生性的原假设，符合模型的设定规则。在所有的东南亚国家中，
除了印度尼西亚的短期利率不满足弱外生性外，其余东南亚国家的国外
变量均满足弱外生性。

表5-8   **国外变量和全局变量的弱外生性检验**

国家或地区	F检验	5%临界值	y	Δp	ep	$stir$	$ltir$	P_{oil}	P_{metal}	P_{mat}
阿尔巴尼亚	F（3，69）	2.74	0.90	0.57	**3.55**	0.15	0.25	0.24	0.87	0.23
阿根廷	F（2，69）	3.13	0.02	0.98	2.05	0.54	0.57	1.41	0.01	0.46
澳大利亚	F（2，68）	3.13	0.75	0.93	0.34	0.17	0.08	0.60	0.79	1.16
白俄罗斯	F（3，64）	2.75	0.81	**2.79**	1.84	0.77	0.21	0.28	0.46	1.13
巴西	F（3，68）	2.74	1.09	0.95	0.48	0.97	0.67	0.31	0.23	0.49
保加利亚	F（6，57）	2.26	1.30	0.47	0.57	**4.52**	0.75	0.66	1.53	1.50
加拿大	F（5，65）	2.36	1.50	**2.93**	0.61	1.62	0.74	2.09	1.38	1.49
中国	F（2，69）	3.13	1.09	0.12	0.09	0.14	0.27	0.43	0.88	0.67
智利	F（2，69）	3.13	0.23	0.22	2.02	0.25	1.82	0.55	0.50	0.60
克罗地亚	F（2，69）	3.13	2.10	0.53	1.66	0.92	1.59	**3.25**	2.01	2.48
捷克	F（3，68）	2.74	1.01	2.41	0.11	1.43	2.06	1.28	2.44	**2.81**
丹麦	F（5，65）	2.36	0.21	0.71	1.38	**2.96**	1.71	0.36	0.67	0.67
爱沙尼亚	F（4，61）	2.52	0.45	1.42	1.55	1.14	1.20	0.54	0.77	0.87
欧元区	F（4，66）	2.51	1.03	0.89	0.14	**4.91**	0.61	0.54	0.31	0.37
格鲁吉亚	F（4，58）	2.53	0.65	1.76	0.39	**5.45**	**3.58**	0.46	0.13	1.50
匈牙利	F（4，67）	2.51	0.57	0.26	0.43	2.39	0.48	1.17	1.66	0.48
冰岛	F（5，65）	2.36	0.48	**2.49**	0.41	1.29	0.50	1.51	**2.58**	0.85
印度	F（4，67）	2.51	1.64	1.31	0.34	0.77	1.69	0.92	**4.65**	0.75
印度尼西亚	F（2，69）	3.13	0.18	1.19	2.20	**3.48**	2.87	1.18	1.18	0.85
日本	F（4，66）	2.51	1.03	1.33	0.99	0.67	0.31	0.32	0.19	0.85

续表

国家或地区	F检验	5%临界值	y	Δp	ep	stir	ltir	P_{oil}	P_{metal}	P_{mat}
韩国	F（5，65）	2.36	0.85	1.90	1.55	1.65	2.00	1.58	1.27	1.55
拉脱维亚	F（5，60）	2.37	0.35	0.85	0.21	0.75	0.67	0.36	1.04	0.25
立陶宛	F（4，61）	2.52	0.36	**3.26**	0.94	0.66	2.49	0.31	0.83	0.21
马来西亚	F（5，65）	2.36	0.89	2.27	1.32	2.24	1.52	1.91	1.09	1.45
墨西哥	F（3，67）	2.74	0.61	0.24	1.44	**3.56**	1.77	1.12	0.39	1.27
挪威	F（3，67）	2.74	0.41	0.37	0.22	2.13	0.46	1.10	0.39	0.63
新西兰	F（3，67）	2.74	1.34	1.24	0.96	1.91	0.54	0.94	0.82	1.23
秘鲁	F（2，69）	3.13	0.90	0.51	1.42	1.87	0.15	3.01	1.10	2.34
菲律宾	F（2，69）	3.13	0.35	0.14	2.52	0.68	0.27	0.40	0.27	0.73
波兰	F（4，67）	2.51	0.97	**3.54**	0.48	1.50	0.30	0.74	0.50	0.48
罗马尼亚	F（3，68）	2.74	**4.13**	0.26	0.36	0.13	2.35	0.19	1.36	0.79
俄罗斯	F（4，67）	2.51	1.89	1.64	0.11	1.83	1.41	0.81	1.57	0.68
塞尔维亚	F（1，70）	3.98	1.08	0.02	0.74	2.55	0.66	0.21	0.77	1.05
新加坡	F（3，68）	2.74	0.67	0.51	0.99	0.55	0.46	0.25	0.85	1.39
斯洛伐克	F（3，68）	2.74	0.15	1.02	0.42	0.45	0.69	0.13	0.29	0.92
斯洛文尼亚	F（3，68）	2.74	0.17	0.04	0.07	**10.84**	1.27	0.64	0.20	0.50
瑞典	F（3，60）	2.76	1.08	1.72	1.26	0.14	0.79	1.92	0.26	0.56
瑞士	F（3，67）	2.74	0.55	1.00	0.19	0.11	0.45	1.75	1.60	2.20
泰国	F（4，66）	2.51	1.05	1.58	1.35	1.88	1.06	0.61	0.54	0.31
土耳其	F（3，62）	2.75	0.19	0.70	0.08	1.60	1.03	0.26	0.37	0.18
英国	F（2，68）	3.13	0.80	1.36	0.07	0.92	1.29	1.68	0.93	0.52
乌克兰	F（3，59）	2.76	0.98	1.21	**3.23**	0.24	0.86	0.57	0.51	0.24
美国	F（2，69）	3.13	0.61	1.09	0.32	0.70	0.12	—	0.08	0.22

注：弱外生性检验的原假设为变量满足弱外生性条件、临界值为5%显著性水平下的临界值水平，加粗字体为5%的显著性水平下拒绝原假设。

（4）同期效应检验

同期效应体现了国外变量变动对国内变量的同期影响，可以理解为两个变量之间的弹性，该指标衡量了国内变量和国外变量之间的相互联系紧密度，可以为变量之间的协同变动提供参考。从表5-9可知，大部分国家的经济增长、价格水平的系数为正，且在5%水平下显著，说明随着经济一体化程度的提高，国家之间经济增长的相关性显著提高，存在经济增长的外溢效应。但短期利率和长期利率的同期效应系数相差较大，其中东南亚国家中的菲律宾、马来西亚、泰国、印度尼西亚、韩国受国外影响的同期效应比较大，而日本由于长时期保持低利率，所以国外利率对其国内利率的同期影响相对较弱。

表5-9   同期效应检验

国家	实际产出	价格水平	实际有效汇率	短期利率	长期利率
阿尔巴尼亚	0.875** (2.195)	1.914*** (6.125)		−0.898** (−2.155)	
阿根廷	0.581* (1.730)	0.600 (0.875)	−1.098*** (−4.802)	0.469 (0.619)	
澳大利亚	0.434** (2.607)	0.273 (1.492)	−0.274 (−0.578)	0.360*** (3.404)	1.034*** (10.241)
白俄罗斯	0.765*** (2.681)	1.395*** (6.653)		−0.249*** (−4.457)	
巴西	−0.409 (−0.987)	0.307** (2.042)	−2.474*** (−3.448)	2.919*** (3.166)	
保加利亚	0.983*** (7.327)	2.469** (2.445)	0.087 (0.431)	−2.095*** (−5.492)	0.830 (0.766)
加拿大	0.363*** (5.904)	0.716*** (6.407)	−0.114 (−0.270)	1.045*** (10.181)	0.728*** (8.029)
中国	0.042 (0.407)	0.380** (2.483)	−1.579*** (−8.201)	0.127 (0.783)	
智利	0.604*** (3.684)	0.317** (2.252)	0.966** (2.296)	1.420*** (3.785)	

续表

国家	实际产出	价格水平	实际有效汇率	短期利率	长期利率
克罗地亚	1.041*** (3.539)	0.460** (2.354)	0.915*** (7.089)	2.589** (2.195)	
捷克	0.260*** (2.681)	0.248 (1.329)	0.881*** (3.059)	−0.822 (−0.989)	
丹麦	0.628*** (4.049)	0.759*** (8.273)	1.204*** (9.585)	0.813*** (9.626)	1.097*** (21.273)
爱沙尼亚	2.415*** (8.877)	0.726*** (3.643)	0.046 (0.270)	0.622*** (3.023)	
欧元区	0.602*** (6.479)	0.230*** (4.854)	−0.595*** (−4.729)	0.134*** (2.631)	0.720*** (9.415)
格鲁吉亚	−0.138 (−0.883)	0.130 (0.785)	0.481** (2.321)	−0.726* (−1.778)	
匈牙利	0.766*** (6.738)	0.447*** (2.767)	1.213*** (3.802)	0.139 (0.788)	
冰岛	−0.320 (−0.508)	0.525 (1.604)	0.173 (0.203)	1.334** (2.482)	−0.131 (−1.200)
印度	−1.182*** (−4.331)	1.927*** (2.908)	0.022 (0.066)	−3.314** (−1.941)	
印度尼西亚	0.757*** (2.620)	1.624 (1.454)	1.347 (1.030)	5.041*** (2.584)	
日本	0.441 (1.575)	0.013 (0.146)	−2.531*** (−6.540)	0.023 (1.016)	0.360*** (6.717)
韩国	1.300*** (4.231)	1.088*** (4.195)	−0.957 (−1.357)	1.641** (2.569)	0.848*** (2.807)
拉脱维亚	0.612*** (3.664)	0.557*** (4.712)	−0.313** (−2.358)	−0.026 (−0.501)	
立陶宛	2.088*** (4.154)	0.221** (2.238)	−0.267** (−1.924)	0.329*** (8.247)	

续表

国家	实际产出	价格水平	实际有效汇率	短期利率	长期利率
马来西亚	1.335*** (5.907)	0.071 (0.276)	1.326* (1.698)	0.323** (2.574)	0.787*** (3.707)
墨西哥	0.558* (1.705)	0.058 (0.285)	−0.172 (−0.186)	0.831 (1.098)	−0.710 (−1.250)
挪威	0.898*** (3.368)	1.653*** (4.145)	−0.113 (−0.287)	0.645*** (3.357)	1.021*** (13.292)
新西兰	1.098*** (3.067)	0.558*** (3.836)	1.441**** (3.895)	1.449*** (3.878)	1.236*** (11.587)
秘鲁	0.678** (1.966)	0.296** (2.030)	0.282 (0.747)	2.209*** (4.134)	
菲律宾	0.906*** (6.046)	0.921*** (4.333)	0.164 (0.455)	2.096** (1.942)	
波兰	−0.073 (−0.356)	−0.092 (−0.594)	0.494* (1.868)	0.308 (0.611)	
罗马尼亚	1.726*** (6.644)	5.483*** (4.827)	1.225** (1.981)	8.926** (2.234)	
俄罗斯	0.867*** (3.620)	2.477** (2.571)	−0.195 (−0.149)	−1.150 (−0.491)	
塞尔维亚	0.253 (0.382)	0.025 (0.089)			
新加坡	1.611*** (5.259)	0.044 (0.206)	0.397*** (5.128)	0.228 (1.227)	
斯洛伐克	−0.010 (−0.016)	0.311 (1.417)	0.589*** (3.073)	1.250** (2.438)	
斯洛文尼亚	0.709*** (5.024)	0.546** (2.459)	0.693*** (6.144)	0.151 (1.160)	
瑞典	1.232*** (9.292)	0.790*** (5.396)	1.308*** (2.630)	0.093 (0.963)	1.023*** (13.193)

续表

国家	实际产出	价格水平	实际有效汇率	短期利率	长期利率
瑞士	**0.482***** （5.125）	**0.342***** （4.791）	0.200 （0.500）	−0.050 （−0.354）	**0.797***** （7.980）
泰国	0.435 （1.228）	**0.933***** （3.093）	**1.052*** （1.857）	**3.799***** （2.827）	**1.180***** （3.530）
土耳其		0.454 （1.037）	−1.312*** （−3.760）	−1.239*** （−3.828）	
英国	**0.994****** （5.025）	**0.576***** （10.296）	−1.079*** （−2.758）	0.603*** （2.901）	**0.902***** （8.751）
乌克兰	**1.099**** （2.292）	**0.814***** （3.158）	**1.302***** （5.240）	0.987 （1.827）	
美国	**0.295**** （2.113）	**0.303***** （3.683）		**0.464****** （3.916）	**0.873***** （6.095）

注：括号内为稳健性 t 值，***、**、* 分别代表在 1%、5% 和 10% 水平下显著。

（5）结构性断点检验

由于本书的样本时间跨度为 1995—2016 年，可能会面临结构性断点问题。为保证估计结果的稳健性，本书采用以下统计量检验是否存在结构性断点：Ploberger 和 Kramer（1992）的最大 OLS 累积和统计量 PK_{sup} 以及其均方 PK_{msq}、Nyblom 的检验统计量 NY、Quandt 的似然比统计量 QLR、Hansen（1992）均值 Wald 统计量 MW 以及 Andrews 和 Ploberger（1994）基于指数平均的 Wald 统计量 APW，同时也给出了经过异方差调整的 NY、QLR、MW、APW 统计量。检验的原假设是模型中参数稳定，不存在结构性断点，拒绝原假设意味着模型可能存在结构突变，这种结构突变可能是由政治、社会结构变迁等因素导致的。检验的临界值是通过 Bootstrap 方法生成的。由表 5-10 可知，PK_{sup} 和 PK_{msq} 统计量分别有 6.64% 和 5.31% 拒绝原假设，NY、QLR、MW、APW 统计量分别有 13.72%、15.93%、27.43% 和 16.81% 的比例拒绝原假设，拒绝率较高，但通过调整异方差后，其拒绝率均小于 5%，所以，尽管检验统计结果发现了一些结构不稳定的证据，但主要是由异方差所致，而非参数的不稳定导致。为了保证结构的稳健性，本书在模型中加入时间虚拟变量减轻政治或经济危机对估计结果的影响。

表5-10 结构性断点检验

检验统计量	y	Δp	ep	stir	ltir	tb	总计（%）
PK_{sup}	4	4	2	5	0	0	15（6.64）
PK_{msq}	5	1	2	4	0	0	12（5.31）
NY	3	7	3	13	3	2	31（13.72）
NY_robust	1	2	0	3	0	0	6（2.65）
QLR	3	5	4	19	2	3	36（15.93）
QLR_robust	1	1	0	0	0	0	2（0.88）
MW	6	15	8	23	6	4	62（27.43）
MW_robust	4	2	0	2	0	0	8（3.54）
APW	3	6	4	19	3	3	38（16.81）
APW_robust	1	1	0	0	0	0	2（0.88）

注：结构性断点检验是在1%的显著性水平下进行，原假设为结构参数稳定，表中给出的数值为拒绝原假设的个数，临界值是通过Bootstrap方法生成的。

6 我国政策外溢效应的实证分析

6.1 我国政策变动对国内经济的影响

传统的 GVAR 模型无法使用正交化的脉冲响应函数，但由于本书采用符号约束和 GVAR 模型相结合的方法，因此可以准确地识别出正交化的需求冲击、供给冲击以及货币政策冲击。由于满足符号约束的脉冲函数不止一个，本书通过多次估计，找到 550 个满足条件的脉冲函数，通过设定分位数 25% 和 75%，表达脉冲响应函数的变动范围。图 6-1 从左至右分别显示了需求冲击、供给冲击及货币政策冲击对国内宏观经济变量的影响，其中实线是基于 550 次估计得到的脉冲响应的中值，虚线分别是脉冲响应的 25% 和 75% 分位区间，横轴显示 20 个季度的时间范围，纵轴显示各变量对各冲击的脉冲响应值（单位是百分比）。

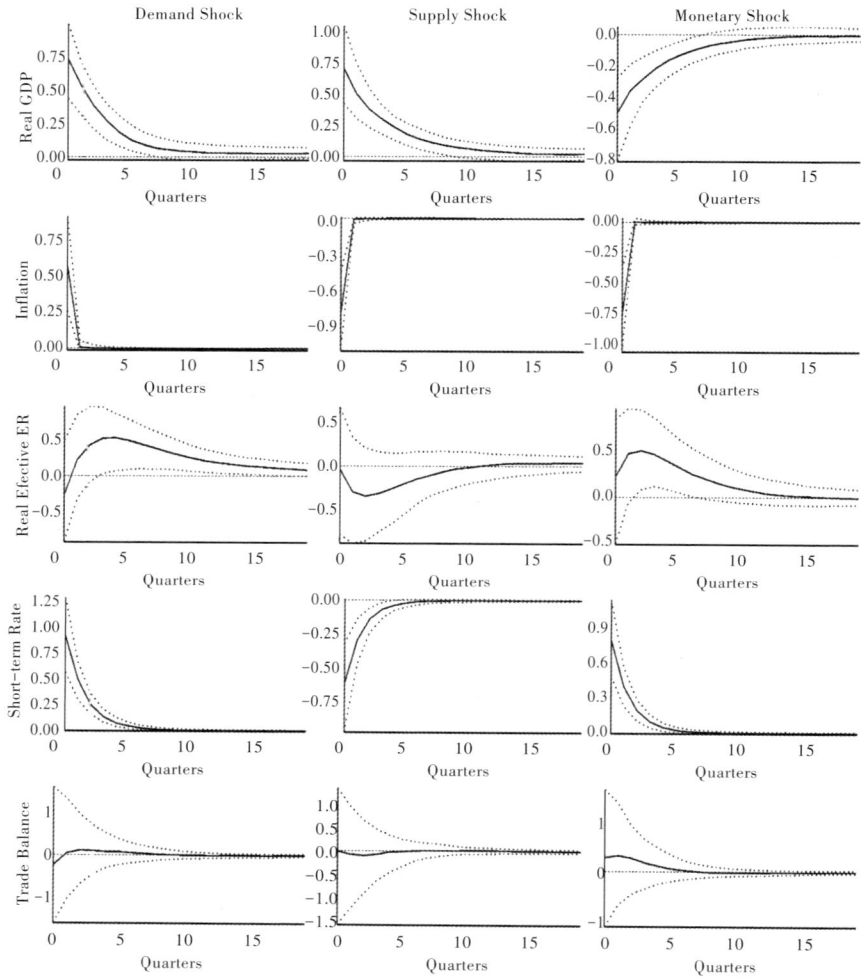

注：图中的实线部分为冲击反应函数的中位数，虚线部分代表了25%和75%的分位区间，所有的动态响应均使用Bootstrap的方法通过550次模拟生成，图上方显示了冲击类型，从左至右分别为需求冲击、供给冲击和货币政策冲击，图左侧为变量名称，从上到下依次为实际产出、通货膨胀、实际有效汇率、短期利率和贸易收支，以2000—2016年国家间进出口贸易量的平均值作为权重矩阵和连接矩阵。

图6-1　需求冲击、供给冲击以及货币政策冲击对国内经济的影响

图6-1第一列显示了1个标准差正向的需求冲击对国内的实际产出、通货膨胀、实际有效汇率、短期利率以及贸易收支影响的脉冲响

应过程。由图 6-1 可知，需求冲击对实际产出、通货膨胀、短期利率有正向的促进作用，在正向的需求冲击的作用下，实际产出即期上升 0.73%，之后呈下降趋势，在前 4 个季度平均上升 0.49%，在第二年内平均增加 0.12%，20 个季度后稳定在 0.03% 的水平上。同时，正向的需求冲击使通货膨胀在即期上升 0.57%，为了应对通货膨胀上行的压力，短期利率在即期上升 0.91%，但脉冲值衰减速度较快，并于 5 个季度后恢复至初始状态，短期利率的上升引起本币升值，所以实际有效汇率呈现正的脉冲响应过程，在前 5 个季度内升值幅度约为 0.53%，随着价格水平下降以及短期利率下降，实际有效汇率的升值压力逐渐减弱，所以整体呈现"驼峰形"的脉冲响应，这与 Erceg 等（2005）的研究结果较为一致。Erceg 等（2005）研究发现，政府支出的增加会导致本国的实际汇率上升，使进口商品价格下降、出口商品价格上升。Forbes 等（2018）在识别英国国内的需求冲击时，将本币升值作为符号约束的限制条件。本书在识别需求冲击时，没有限定汇率的变动方向，但实证结果表明，在国内正向的需求冲击的作用下，人民币存在一定的升值压力，导致贸易竞争力下降，同时需求冲击导致进口上升，从而引发贸易收支在即期下降 0.23%，在第 2 个季度恢复至初始状态，但总体来看，需求冲击对贸易收支的影响相对较弱。Erceg 等（2005）研究发现，政府支出占 GDP 的比重每增加 1 个百分点，贸易收支占 GDP 的比重在 2~3 年后下降 0.2 个百分点，但影响相对较弱，原因在于政府支出增加会提高实际利率，从而降低私人消费及对国外产品的需求，减少贸易收支持续下降的压力。

图 6-1 第二列显示了 1 个标准差正向的供给冲击对国内的实际产出、通货膨胀、实际有效汇率、短期利率以及贸易收支影响的脉冲响应过程。从图 6-1 第二列可以看出，供给冲击对实际产出有正向的促进作用，在供给冲击的作用下，实际产出即期增加 0.70%，在前 4 个季度平均上升 0.47%，20 个季度后稳定在 0.02% 的水平上。正向的供给冲击对通货膨胀产生负向冲击作用，使通货膨胀在当期下降 0.82%，之后迅速回升，在第 3 个季度时恢复至初始状态。为了抑制通胀下行压力，短期利率即期下降 0.63%，随后缓慢回升，在冲击发生后的第 7 个季度时恢

复至初始状态。短期利率下降使本币出现贬值压力，所以实际有效汇率呈现负的脉冲响应过程，在前3个季度贬值幅度达到0.36%，在冲击发生后的第10个季度时恢复至初始状态。

图6-1第三列显示了1个标准差的紧缩的货币政策冲击对国内实际产出、通货膨胀、实际有效汇率、短期利率以及贸易收支的影响。在紧缩的货币政策作用下，短期利率水平即期上升0.80%，在第5个季度时恢复至初始水平。实际产出即期下降0.50%，随后缓慢上升，在第7个季度时不再显著，与需求冲击和供给冲击相比，货币政策冲击对实际产出的影响持续时间较短。同时，紧缩的货币政策使通胀水平即期下降0.76%，随后迅速回升，在第3个季度左右恢复至初始状态。当短期利率上升时，国内资产的收益率上升，资本内流，外汇市场上本币需求增加，从而导致本币升值，其中实际有效汇率即期升值0.22%，在前4个季度平均升值0.42%。在长期中，价格水平的下降使实际货币供应上升，利率下降，人民币有效汇率从初期升值转向逐渐贬值，在第15个季度时恢复至初始水平。再看货币政策对贸易收支的影响。当央行实施加息的货币政策时，一方面，本币升值使进口商品和劳务的价格相对较低，从而中国将增加进口、降低出口，使贸易收支恶化；另一方面，央行实行紧缩的货币政策使居民的可支配收入下降，从而降低进口需求，贸易收支改善。从图6-1可知，两种机制共同作用使国内贸易收支在0~4个季度平均上升0.27%，在第6个季度时恢复至初始状态。

已有文献发现，在采用递归向量自回归模型分析货币政策的效果时经常出现"产出之谜"（Output Puzzle）和"价格之谜"（Price Puzzle）等问题。"产出之谜"是指在紧缩的货币政策下，实际产出不仅没有下降，反而呈现上升趋势。"价格之谜"是指在紧缩的货币政策下，价格水平没有下降反而上升，与经济理论不相符。有学者指出，出现"价格之谜"和"产出之谜"的根源在于模型的设定不正确。从本章的实际产出和价格水平的脉冲响应可以看出，采用符号约束方法，即预先设定变量的"正确反应"可以有效地避免"产出之谜"和"价格之谜"等悖论。

　　从以上分析可以得到以下几个结论：（1）符号约束识别方法与递归向量自回归模型相比，可以有效避免"价格之谜"等悖论，虽然本书设定符号约束的限制期均为1期，由于冲击的影响具有一定的传递性，因此对符号的限制期做适当调整不会使结果产生明显变化。（2）货币政策冲击对实际产出的影响幅度要弱于需求冲击、供给冲击。（3）从影响的持续性角度分析，供给冲击、需求冲击对实际产出的影响持续性最高，货币政策冲击的影响持续性较弱，在冲击发生后的第7个季度不再显著，支持长期货币中性。

　　关于中国的经济是由供给冲击、需求冲击驱动还是由货币政策冲击驱动，国内已有大量文献进行了相关分析，主要有以下四类观点：第一类观点认为，在驱动中国实际产出波动的所有冲击中，供给冲击起到主导作用，如陈昆亭等（2004）、黄赜琳（2005）、陈鹏（2011）等；第二类观点认为，需求冲击是驱动中国实际产出波动的重要冲击，如李春吉和孟晓宏（2006）；第三类观点认为，频繁的货币政策变动造成国内经济不是过冷就是过热的局面，如刘霞辉（2004）；第四类观点认为，预期冲击与中国的经济波动是分不开的，如庄子罐等（2012）。鉴于此，本书通过预测误差方差分解度量了需求冲击、供给冲击、货币政策冲击在解释经济变量波动中的相对重要性（详见表6-1）。从表6-1可以看出，中国的实际产出波动主要由供给冲击主导，供给冲击对实际产出波动的贡献为80%~85%，需求冲击对实际产出波动的贡献为10%~15%，货币政策冲击对实际产出波动的贡献为5%。从通货膨胀的预测误差方差分解可以看出，需求冲击对通货膨胀的影响最大，在第1季度，需求冲击可以解释92.3%的通货膨胀波动，在第20季度，需求冲击对通货膨胀的解释能力仍超过90%，而供给冲击和货币政策冲击对价格水平变动的解释能力有限。从短期利率的预测误差方差分解可以看出，货币政策冲击是引发短期利率波动的重要因素，其次是需求冲击，需求冲击对短期利率波动的解释能力在8%~15%之间。

表6-1   国内变量的预测误差方差分解

变量	Q	需求冲击	供给冲击	货币政策冲击
实际产出	1	0.102	0.848	0.050
	4	0.117	0.832	0.050
	8	0.126	0.824	0.050
	12	0.132	0.818	0.050
	16	0.135	0.814	0.051
	20	0.137	0.812	0.051
通货膨胀	1	0.923	0.017	0.061
	4	0.929	0.014	0.056
	8	0.933	0.013	0.054
	12	0.935	0.013	0.052
	16	0.935	0.013	0.052
	20	0.923	0.017	0.061
短期利率	1	0.141	0.020	0.840
	4	0.126	0.017	0.857
	8	0.113	0.015	0.873
	12	0.103	0.013	0.884
	16	0.096	0.012	0.892
	20	0.092	0.011	0.897

6.2 我国政策对东南亚国家的外溢效应

  本小节主要分析中国的实际产出冲击、需求冲击、供给冲击以及货币政策冲击对东南亚国家实际产出、通货膨胀以及短期利率的外溢效应。图6-2是中国实际产出受到1个标准差的正向冲击（以对数形式表示的实际产出指数上升0.1~0.2）对东南亚各国的实际产出的广义脉冲响应结果。

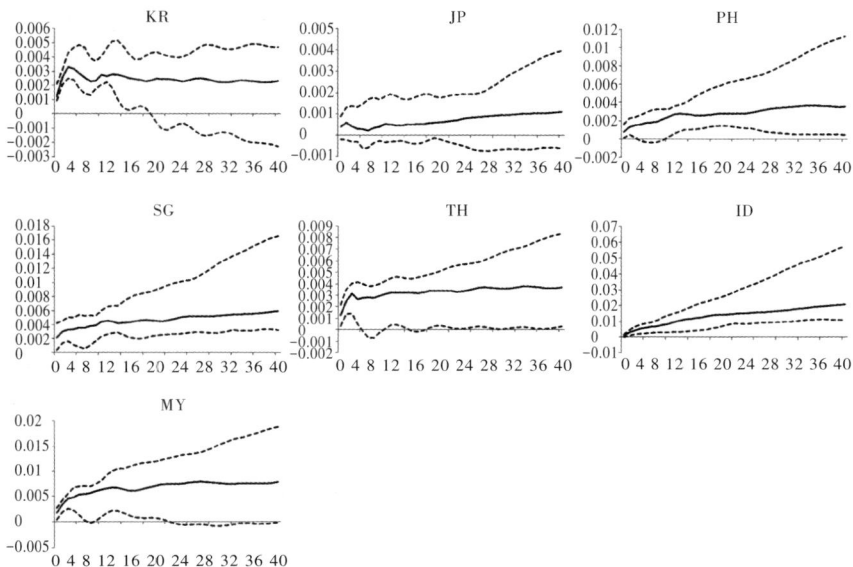

注：上图是中国的实际产出1个标准差变动对东南亚国家实际产出的影响。以
2000—2016年国家间进出口贸易量的平均值作为加权矩阵，图中的实线部分为冲击
反应函数的中位数，虚线部分代表了90%的置信区间，所有的动态响应均是使用
Bootstrap方法通过500次模拟生成的，国家顺序依次是韩国、日本、菲律宾、新加
坡、泰国、印度尼西亚和马来西亚。

图6-2　中国的实际产出对东南亚国家实际产出的影响

从图6-2可以看出，在中国1个标准差的正向实际产出的作用下，
各东南亚国家的实际产出会上升0.1~0.2个百分点，且该影响具有持续
性，在第20季度时仍然显著。为了更清楚地说明问题，本书列出了第0
期、第4期、第8期、第12期、第16期的脉冲影响的实际数值（详见表
6-2），其中Q_0系数反映了该变量对于外部冲击的即期反应，Q_4、Q_8、
Q_{12}、Q_{16}系数分别为冲击发生4季度、8季度、12季度以及16季度后的
累积响应，包括随机冲击的直接效应和随机冲击经过国家间的相互传导
后的间接效应。从表6-2可以看出，在中国实际产出1个标准差正向冲
击的作用下，所有东南亚国家的实际产出均出现不同程度的正向响应过
程，其中，新加坡、泰国、马来西亚的实际产出即期增加0.214%、
0.125%、0.168%，高于其他国家。为了更清晰地刻画国家间经济周期

变化的深层次原因，本节首先分析了中国1个标准差正向的需求冲击对东南亚国家实际产出、通货膨胀和短期利率的影响（详见图6-3）。由图6-3可知，中国正向的需求冲击对东南亚各经济体的实际产出有积极的促进作用，且绝大多数国家的脉冲响应置信区间与稳态线（y＝0）界限分明，体现出良好的统计性。在中国正向的需求冲击作用下，各东南亚国家的实际产出呈现不同程度的正向响应过程，其中，在冲击发生当期，韩国、泰国和马来西亚的产出水平在即期分别上升0.030%、0.022%和0.024%。在冲击发生3个季度后，韩国的实际产出达到最大脉冲响应值（0.072%），在冲击发生7个季度后，日本的实际产出达到最大脉冲响应值（0.098%），在冲击发生15个季度后，其他东南亚国家的实际产出达到最大脉冲响应值（0.041%~0.065%）。从整体来看，各东南亚国家实际产出的最大脉冲响应值约为中国自身最大脉冲响应值（0.733%）的1/20~1/7。从影响的持续性角度分析，中国的需求冲击对东南亚国家的实际产出具有长期影响，在冲击发生后的15个季度后依然显著。

表6-2　中国正向的实际产出对东南亚国家实际产出影响的脉冲响应值

国家	Q_0	Q_4	Q_8	Q_{12}	Q_{16}
韩国	0.124	0.288	0.276	0.265	0.231
日本	0.040	0.029	0.052	0.050	0.058
菲律宾	0.079	0.178	0.244	0.267	0.272
新加坡	0.214	0.351	0.443	0.426	0.470
泰国	0.125	0.276	0.312	0.322	0.337
印度尼西亚	0.095	0.599	0.840	1.159	1.380
马来西亚	0.168	0.536	0.631	0.633	0.660

注：以2000—2016年国家间进出口贸易量的平均值作为加权矩阵，所有的动态响应均是使用Bootstrap方法通过500次模拟生成的，国家顺序依次是韩国、日本、菲律宾、新加坡、泰国、印度尼西亚和马来西亚，Q_0表示冲击产生的即期影响，Q_4表示冲击发生4期后的累积影响，Q_8、Q_{12}、Q_{16}同理。

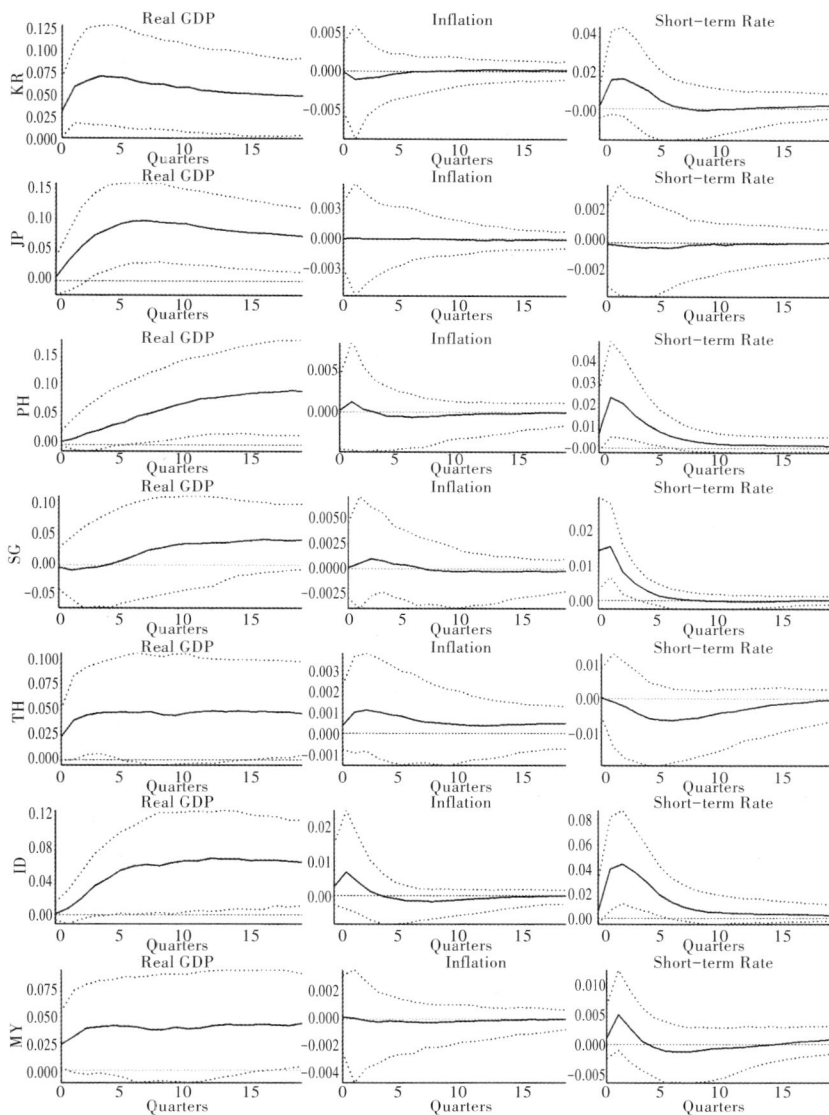

注：图中的实线部分为冲击反应函数的中位数，虚线部分代表了25%和75%的分位区间，所有的动态响应均是使用Bootstrap方法通过550次模拟生成的，左侧字母为国家代码，从上到下依次为韩国、日本、菲律宾、新加坡、泰国、印度尼西亚和马来西亚，以2000—2016年国家间进出口贸易量的平均值作为权重矩阵、连接矩阵，下同。

图6-3　中国正向的需求变动对东南亚国家的外溢效应

同时，由于外部需求增加，各东南亚国家的价格水平面临上涨压力

（Osorio 和 Unsal，2013）。但由于韩国、菲律宾、印度尼西亚等东南亚国家将维持价格稳定作为货币政策目标（通胀目标制），通过提高短期利率缓解通胀上涨的压力，因此，东南亚国家的短期利率呈现正向的脉冲响应过程，其中，韩国、菲律宾、印度尼西亚的短期利率在冲击发生2个季度后分别上升0.017%、0.020%、0.044%；新加坡、马来西亚的短期利率在冲击发生1个季度后分别上升0.015%、0.005%；泰国的短期利率在冲击当期上升0.0004个百分点，影响较弱，随后由正转为负；由于日本一直在实行扩张的货币政策带动国内经济，从1996年开始，其短期利率始终处于小于0.5%的区间，所以，短期利率受到外部冲击影响的程度要弱于其他经济体。重要的是，由于各东南亚国家通过提高短期利率缓解价格水平上涨的压力，所以通胀水平虽然在冲击发生初期呈现正向的脉冲响应过程，但很快恢复至初始状态，显著性较弱。

图6-4为中国1个标准差的正向的供给冲击对东南亚国家实际产出、通货膨胀和短期利率影响的脉冲响应分析。从图6-4可知，中国正向的供给冲击使东南亚国家的实际产出呈现正向的脉冲响应过程，其中，韩国、菲律宾、泰国和马来西亚脉冲响应的置信区间与稳态线界限分明，体现出良好的显著性。在冲击发生2个季度后，马来西亚的实际产出上升0.076%；在冲击发生3个季度后，日本、新加坡的实际产出上升0.051%、0.029%，达到最大脉冲响应值；在冲击发生4个季度后，韩国、泰国的实际产出分别上升0.127%、0.064%，达到最大脉冲响应值；菲律宾的实际产出在冲击发生20个季度时仍然呈上升趋势；印度尼西亚则表现出一定的"时滞性"，这可能是由于印度尼西亚主要出口大宗商品，所以中国技术外溢通过贸易渠道对其影响相对较弱。从整体来看，各东南亚国家实际产出的最大脉冲响应值为中国自身最大脉冲响应值（0.700%）的1/20~1/6。中国正向的供给冲击使东南亚国家的价格水平呈现下行趋势，各东南亚国家通过降低国内的短期利率水平缓解外部冲击对国内价格水平的影响，进而导致各国的短期利率呈现负的脉冲响应过程。其中，冲击发生1个季度后，菲律宾、新加坡、泰国、马来西亚的短期利率分别下降0.013%、0.009%、0.002%、0.006%；冲击发生2个季度后，韩国、印度尼西亚的短期利率分别下降0.022%、

0.029%；同样地，由于日本长期保持低利率，外部冲击对其影响有限，但持续宽松的货币政策会导致经济过热，所以短期利率迅速调整，在5个季度内恢复至均衡状态。由于短期利率的缓冲作用，东南亚国家的价格水平并没有发生显著变化。

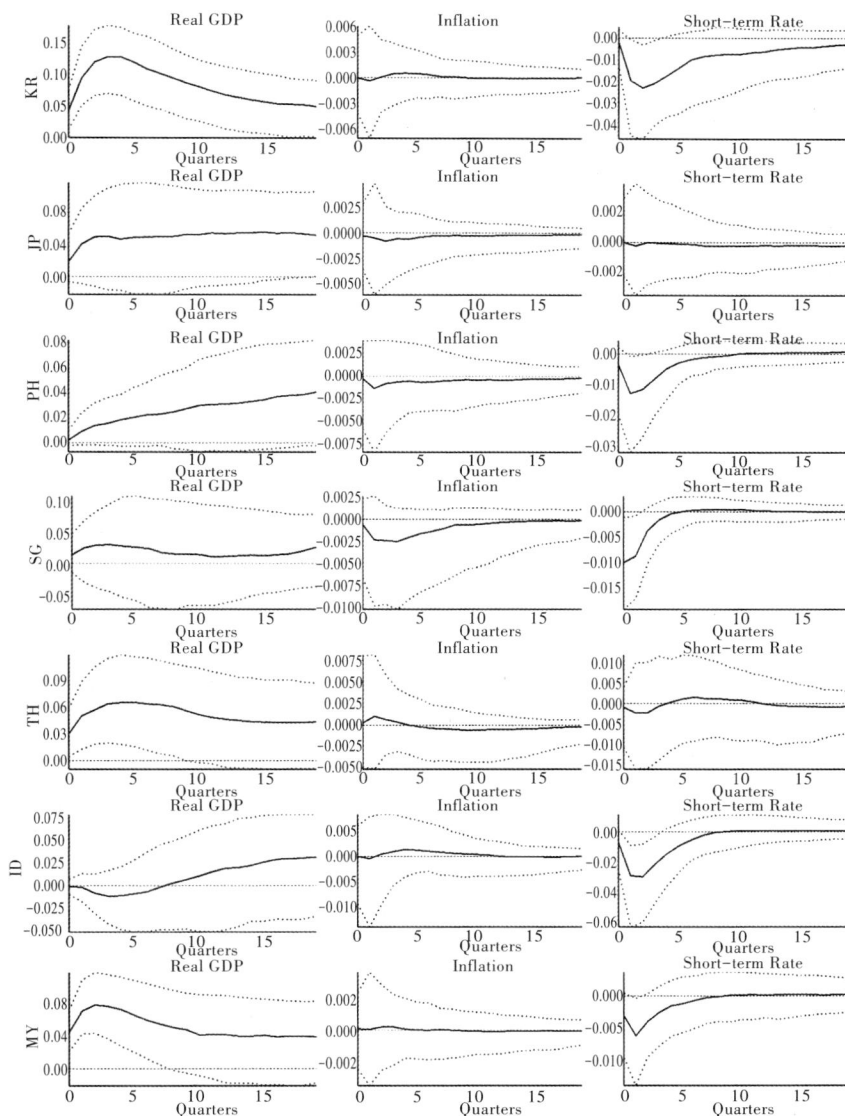

图6-4　中国正向的供给冲击变动对东南亚国家的外溢效应

国家间的贸易联系会对进口国家劳动生产率产生影响，进口上升会通过竞争效应和要素替换效应提升进口国的劳动生产率（Koyuncu 和 Yilmaz，2010）。由于本书在理论部分参考的文献在国内技术冲击的方程中考虑了国外技术冲击的影响，所以本书在这一节也检验了中国的供给冲击对东南亚国家劳动生产率的影响。劳动生产率的数据来源于 OECD 数据库，经过季节性调整，并转化为指数（2015=100），然后取对数处理。此外，由于部分东南亚国家的劳动生产率数据缺失，本书使用实际产出（以购买力平价计算）除以就业人数，经过季节性调整，并转化为指数，然后取对数。东南亚国家的实际产出、就业的季度数据来源于 CEIC 数据库，样本区间是 1995 年第一季度至 2016 年第四季度，马来西亚、印度尼西亚的就业季度数据缺失，所以无法计算劳动生产率，具体结果见图 6-5。从图 6-5 可知，中国正向的供给冲击使东南亚国家的劳动生产率呈上升趋势，其中，冲击发生 4 个季度后，日本、韩国的劳动生产率分别上升 0.145%、0.299%，其影响要高于菲律宾（0.015%）和泰国（0.041%），由此可知中国的供给冲击会通过促进东南亚国家劳动生产率的提高，带动其经济增长。

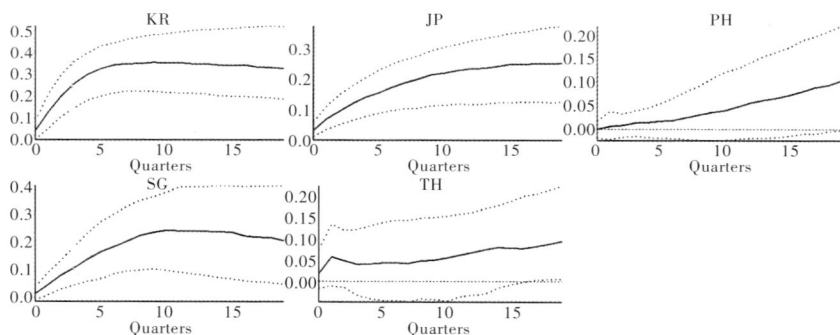

图 6-5　中国正向的供给冲击对东南亚国家劳动生产率的影响

图 6-6 是中国紧缩的货币政策冲击对东南亚国家实际产出、通货膨胀以及短期利率的影响的脉冲响应图。从图 6-6 可知，在中国紧缩的货币政策的作用下，各国的实际产出出现不同程度的下降（印度尼西亚除外），在冲击发生 2 个季度后，日本、新加坡、泰国、马来西亚的实际产出分别下降 0.027、0.014、0.051、0.059 个百分点；在冲击发

生3个季度后，韩国的实际产出下降0.093个百分点。从影响的显著性角度分析，韩国、泰国和马来西亚三个国家的实际产出是显著性下降的，其余四个国家的实际产出虽然呈现负的响应过程，但置信区间较宽，包含稳态线。从影响的持续性角度分析，泰国和马来西亚的实际产出在5个季度后失去显著性，韩国实际产出在10个季度后失去显著性，所以货币政策冲击对东南亚国家的实际产出只有短期影响，其影响的持续性要弱于需求冲击和供给冲击，这与 Kozluk 和 Mehrotra（2009）的研究结论一致。

Kozluk 和 Mehrotra（2009）研究发现，中国的货币供应量的增加对东南亚国家的实际产出仅有短期影响，在长期中的影响不显著，支持货币中性的原则。Canova（2005）分析美国结构式冲击对拉丁美洲国家的外溢效应时发现，货币政策冲击的影响要大于供给冲击和需求冲击，与本书结论存在明显差别，这主要是由美国在全球资本市场中的核心地位决定的。

中国的货币政策会通过贸易渠道和资本渠道传导对东南亚国家产生影响。首先，考虑贸易渠道。根据蒙代尔–弗莱明–多恩布什模型，货币政策通过贸易渠道对外溢出主要有两种机制，以紧缩的货币政策为例，一方面，中国紧缩的货币政策降低了国内的收入水平，从而降低了对东南亚国家进口产品的需求，导致东南亚国家的出口下降、产出下降，这种影响机制称为"收入吸收效应"（Income Absorption Effect）；另一方面，中国紧缩的货币政策使人民币升值（如图6-6所示），进口商品的价格更低，因此消费需求从本地转向进口，东南亚国家的出口增加、产出增加，这种机制被称为"支出转换效应"（Expenditure Switching Effect）。

同时，对于在第三方市场与中国存在竞争关系的东南亚国家，实际汇率贬值对出口的促进作用更加突出。所以，中国的货币政策对东南亚国家实际产出的影响主要取决于两种作用机制的相对强弱。从图6-6可知，中国紧缩的货币政策使东南亚各国的实际产出出现不同程度的下降，这意味着"收入吸收效应"的边际影响要高于"支出转换效应"，后面会进行相关检验。

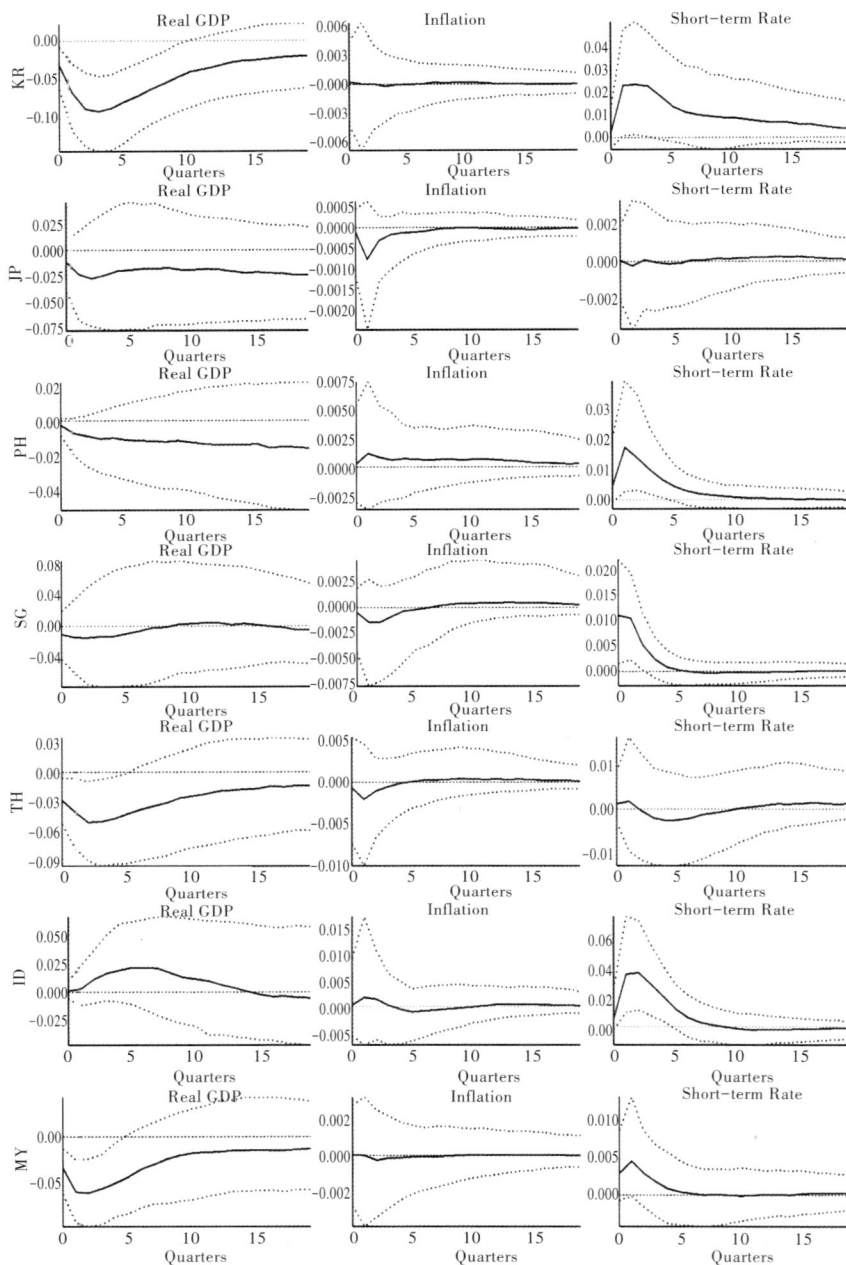

图6-6 中国紧缩的货币政策对东南亚国家的外溢效应

其次，考虑资本渠道。Kozluk 和 Mehrotra（2009）提出，由于中国存在严格的资本管制，所以中国货币政策冲击的外溢效应只能通过贸易渠道传导。但黄宪和杨子荣（2016）持不同观点，他们认为中国的资本管制程度已经大大放松，中国的货币政策冲击会引发跨国资本流动（但作者并未进行实证检验），从而使其他国家的短期利率发生同向变化。本书研究发现，中国紧缩的货币政策使东南亚国家的短期利率呈现不同程度的上升，在冲击发生当期，新加坡的短期利率上升0.011 个百分点；在冲击发生 1 个季度后，菲律宾的短期利率上升0.018 个百分点；在冲击发生 2 个季度后，韩国、印度尼西亚、马来西亚的短期利率分别上升 0.023、0.037、0.003 个百分点，所以研究结果支持黄宪和杨子荣（2016）的观点，本书在第 7 章具体分析了短期利率变动的深层次原因。从图 6-6 可以发现，中国的货币政策变动对东南亚国家的通货膨胀水平影响较弱。

6.3　我国政策外溢效应的时间演变趋势分析

1978 年，中国实施改革开放政策，经过 40 多年的发展，中国的对外贸易总额显著增长，但从贸易比重和贸易地位来看，中国在国际贸易舞台上的角色在 20 世纪 90 年代中期还没有发生根本性的变化（王超萃和林桂军，2018）。从表 6-3 可以看出，在 1982—1995 年间，在改革开放政策下，中国在东南亚国家对外贸易活动中的重要程度虽有所提高，但仍然弱于美国和欧盟等发达经济体，直到 2001 年中国加入了世界贸易组织，中国的经济增长才发生了显著变化，全球的贸易活动也受到了极大的影响。经过 10 年发展，我国已经超过美国和欧盟，成为东南亚国家的第一大贸易伙伴国家。如果贸易渠道是因素外溢的渠道之一，那么我国政策在 2015 年的国际溢出效应与 1995 年存在怎样的差别？本书将重点分析这种贸易关系的改变对我国政策外溢效应的影响。

表6-3 中国贸易地位的变化

国家	1982年	1995年	2005年	2015年
韩国	24	4	1	1
日本	7	3	2	1
菲律宾	8	10	4	2
新加坡	10	7	3	1
泰国	7	6	3	1
印度尼西亚	12	7	4	1
马来西亚	10	8	4	1

数据来源：国际货币基金组织DOTS数据库（2018）。

Cesa-Bianchi 等（2012）采用GVAR模型分析了中国的GDP因素在 1985—2009年间对拉丁美洲国家外溢效应的变化过程，具体建模过程如下：首先，在GVAR模型建模的第一阶段，作者采用时变的贸易权重矩阵构建国外变量 x_{it}^*，并估计系数矩阵 λ_{it}、η_{it} 和 θ_{it}；其次，作者将第一阶段估计出的系数矩阵作为已知参数，并分别采用1985年、1995年、2005年以及2009年的国家间的进出口总额构建连接矩阵，将单个国家的VARX模型连接为全局系统，分析1985年至今，中国GDP因素对拉丁美洲国家的外溢效应的变化过程。这种"时变的权重矩阵—时变的连接矩阵"的优点在于考虑了全球贸易关系在20多年间的变化过程，并将国家存在的结构性断点考虑在其中，增加了参数的稳定性，可以为脉冲响应分析提供更坚固的模型基础。Inoue 等（2015）参考 Cesa-Bianchi 等（2012）的方法分析了1985—2013年间，中国经济增长下降1个百分点对亚洲各国的影响。本书参考 Cesa-Bianchi 等（2012）的方法分析了1995—2015年中国的结构式因素对东南亚国家的外溢效应随时间的变化过程。

首先，在构建单个国家的国外变量时，采用时变权重矩阵，具体为：

$$x_{it}^*\left(W_{i,\ \tau(t)}\right) = \sum_{i=0}^{N} W_{ij,\ \tau(t)} x_{jt} \tag{6.1}$$

其中：$W_{ij,\ \tau(t)}$ 是t时刻国家j的权重系数，是随着时间t的变化而变化的。τ_t 是关于权重系数的计算方式，本书计算了三种不同形式的

$W_{ij, \tau(t)}$，第一种形式是以 t－2 年、t－1 年、t 年国家 j 与国家 i 的贸易额占国家 i 对外贸易的比重作为权重系数 $W_{ij, \tau(t)}$（滚动的窗口期为 3 年）；第二种形式是以 t－1 年、t 年国家 j 与国家 i 的贸易额占国家 i 对外贸易的比重作为权重系数 $W_{ij, \tau(t)}$（滚动的窗口期为 2 年）；第三种形式是以第 t 年国家 j 与国家 i 的贸易额占国家 i 对外贸易的比重作为权重系数 $W_{ij, \tau(t)}$。研究结果发现，这三种方式得到的脉冲响应结果没有显著差别，本书主要汇报以第三种方式计算权重系数得到的结果。

其次，本书选择 1995 年、2010 年和 2015 年国家间的进出口总额构建连接矩阵，分析 1995—2015 年，中国结构式冲击对东南亚国家外溢效应的变化过程，具体脉冲响应结果见图 6-7、图 6-8。图 6-7 是 1995—2015 年间中国需求冲击外溢效应的变化过程。

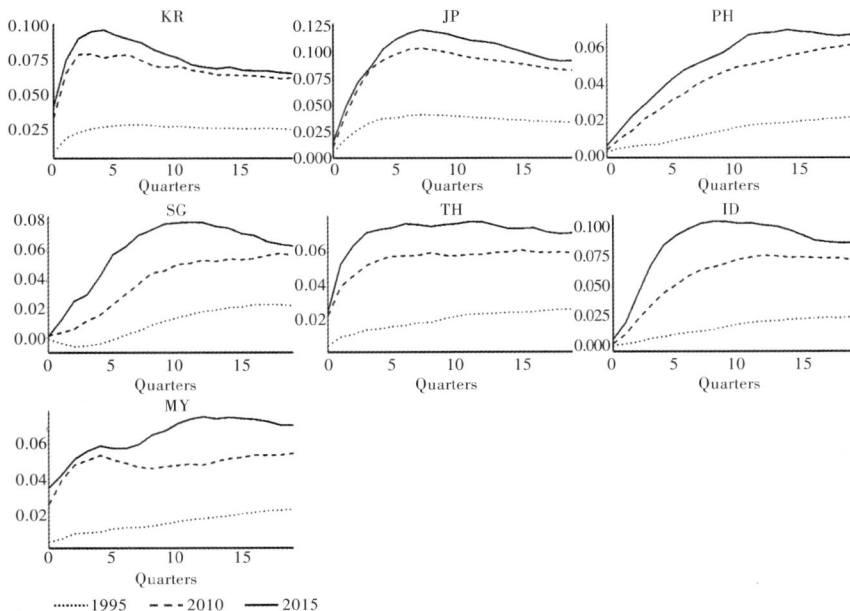

注：图中的实线、虚线、点线分别是以 1995—2015 年间每一年的贸易量构建时变权重矩阵（滚动窗口为 1 年），以 2015 年、2010 年、1995 年国家间双边贸易份额构建连接矩阵得到脉冲响应函数的中位数，所有的动态响应均是使用 Bootstrap 方法通过 550 次模拟生成的，上方字母为国家代码，依次为韩国、日本、菲律宾、新加坡、泰国、印度尼西亚和马来西亚。

图 6-7　1995—2015 年间中国需求冲击外溢效应的变化过程

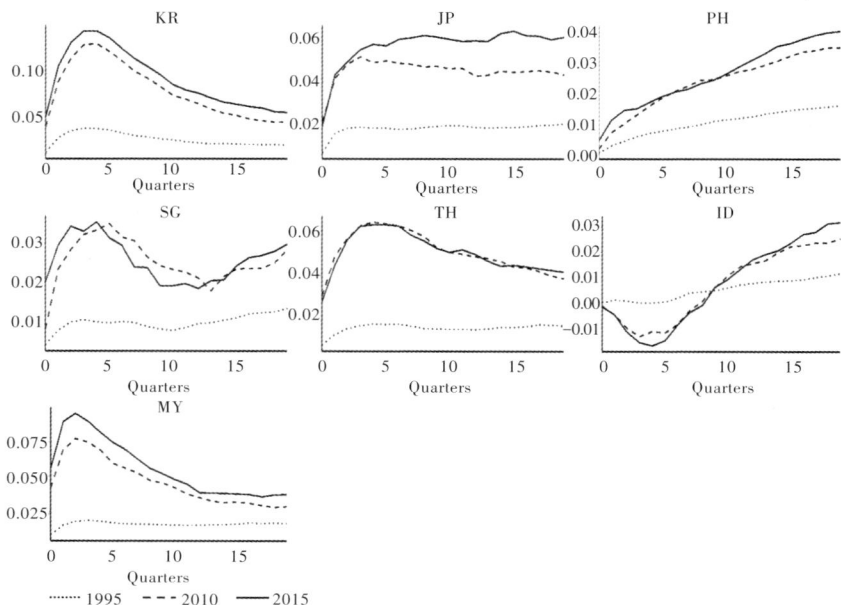

注：图中点线、虚线和实线分别是将各国家在1995年、2010年以及2015年的双边贸易份额作为连接矩阵代入模型并基于550次模拟得到的实际产出的脉冲响应结果。上方字母为国家代码，依次为韩国、日本、菲律宾、新加坡、泰国、印度尼西亚和马来西亚。

图6-8 1995—2015年间中国供给冲击外溢效应的变化过程

为了更清楚地说明问题，表6-4给出了不同权重矩阵条件下，3个滞后期的脉冲响应系数值。其中，Q_0代表因素产生的即期影响，即$t = 0$时刻的脉冲响应值，Q_4、Q_8分别代表冲击发生4个季度以及8个季度后的脉冲响应结果，表6-4的最后一行给出了区域整体的脉冲响应值。考虑到经济总量不同的国家对区域经济增长会产生不同的贡献，所以在计算区域整体的脉冲响应值时，使用的是加权平均的方法，具体做法是以2013—2015年间各东南亚国家以购买力平价计算的国内生产总值的平均值计算权重系数，其中，韩国、日本、菲律宾、新加坡、泰国、印度尼西亚和马来西亚占区域生产总值的比重分别为0.138、0.405、0.056、0.037、0.086、0.216、0.062，将权重系数与每个国家的脉冲响应值相乘即可得到区域整体的脉冲响应值。从图6-7可以看出，中国在加入世界贸易组织之前（基于 1995 年贸易权重矩阵），我国的需求冲击对东南亚国家实际产出的外溢效应比较微弱，具体来说，中国 1 个标准差的正向需求冲击对东南亚国家实际产出的即期影响小于 0.010%（表6-4）。但中国加入世界贸易组织后，经过 10 年的发展，我国的需求冲击对东南亚国家实际产出的影响明显提高。从表 6-4 的 5 ～ 7 列（基于 2010 年贸易权重矩阵）可以看出，在冲击发生 4 个季度后，韩国、日本、菲律宾、新加坡、泰国、印度尼西亚和马来西亚的实际产出分别上升 0.079%、0.084%、0.020%、0.011%、0.050%、0.033%、0.050%，其影响是加入世界贸易组织之前的 2~5 倍，区域整体影响是加入世贸组织之前的 3 倍，说明中国加入世界贸易组织不仅对中国经济影响深远，同时对周边国家的辐射作用也随之发生深刻变化，本书的研究结果与 Cesa-Bianchi 等（2012）的结果较为接近。表 6-4 的最后三列是基于 2015 年贸易权重矩阵得到的脉冲响应结果。从表 6-4 可知，虽然中国需求冲击的外溢效应在 2010—2015 年间有所提高，但提高的幅度弱于 1995—2010 年，如果以各东南亚国家的经济总量作为权重系数，区域整体的实际产出在即期增加 0.017%，与 2010 年相比，提高了 41.67%（（0.017%-0.012%）÷0.012%）。

表6-4　1995—2015年间中国需求冲击外溢效应的演变过程（%）

国家	基于 1995 年贸易权重矩阵			基于 2010 年贸易权重矩阵			基于 2015 年贸易权重矩阵		
	Q_0	Q_4	Q_8	Q_0	Q_4	Q_8	Q_0	Q_4	Q_8
韩国	0.009	0.026	0.029	0.033	0.079	0.075	0.042	0.095	0.087
日本	0.005	0.033	0.040	0.009	0.084	0.103	0.014	0.085	0.121
菲律宾	0.001	0.005	0.010	0.002	0.020	0.039	0.004	0.028	0.050
新加坡	-0.001	-0.005	0.005	0.002	0.011	0.036	0.001	0.029	0.069
泰国	0.005	0.014	0.018	0.021	0.050	0.056	0.024	0.069	0.073
印度尼西亚	0.000	0.006	0.012	0.002	0.033	0.063	0.005	0.067	0.102
马来西亚	0.005	0.010	0.013	0.026	0.050	0.047	0.035	0.055	0.059
区域整体	0.004	0.020	0.026	0.012	0.061	0.077	0.017	0.074	0.098

图6-8是中国供给冲击对东南亚国家实际产出的影响在1995—2015年间的变化情况。在中国加入世界贸易组织之前，中国供给冲击对东南亚国家实际产出的外溢效应相对较弱，1个标准差的正向供给冲击使东南亚国家的实际产出在即期上升0~0.012%（见表6-5），在冲击发生4个季度后，其影响在0~0.038%之间，区域整体的实际产出在即期增加0.006%；在中国加入世界贸易组织后，中国供给冲击对东南亚国家实际产出的影响相比于加入世贸组织之前增加了1~4倍，区域整体影响增加了3.2倍，但在2010—2015年，虽然供给冲击的外溢效应有所提高（区域实际产出的即期影响由0.019%上升至0.021%），但提高的幅度弱于1995—2010年。

表6-5　　　1995—2015年间中国供给冲击外溢效应的演变过程

国家	基于1995年 贸易权重矩阵			基于2010年 贸易权重矩阵			基于2015年 贸易权重矩阵		
	Q_0	Q_4	Q_8	Q_0	Q_4	Q_8	Q_0	Q_4	Q_8
韩国	0.012	0.038	0.031	0.040	0.128	0.100	0.050	0.143	0.114
日本	0.007	0.019	0.018	0.021	0.051	0.048	0.019	0.055	0.060
菲律宾	0.001	0.006	0.009	0.002	0.013	0.022	0.005	0.015	0.021
新加坡	0.004	0.010	0.010	0.008	0.032	0.030	0.020	0.033	0.024
泰国	0.006	0.015	0.015	0.029	0.062	0.060	0.027	0.062	0.058
印度尼西亚	0.000	0.000	0.004	−0.001	−0.014	−0.003	−0.002	−0.016	−0.004
马来西亚	0.009	0.019	0.016	0.041	0.073	0.052	0.054	0.087	0.061
区域整体	0.006	0.016	0.016	0.019	0.047	0.043	0.021	0.051	0.050

由于货币政策冲击对实际产出影响的显著性弱于需求冲击和供给冲击，为直观表明变动趋势，本书给出了三种不同权重下，使用Bootstrap的方法重复550次模拟生成的脉冲响应函数的中位数，以及25%和75%置信区间（为节省正文空间，将其置于附录2）。从附录2可知，在1995—2015年间，对于金融市场开放程度比较高的国家，如韩国、马来西亚，中国货币政策对其实际产出的影响逐步加深，以1995年双边的贸易份额作为连接矩阵，则中国1个标准差的紧缩的货币政策会使韩国、马来西亚的实际产出在即期分别下降0.009%、0.007%；如果以

2010年双边的贸易份额作为连接矩阵，则中国1个标准差的紧缩的货币政策会使韩国的实际产出在即期下降0.031%和0.032%，货币政策的影响分别扩大了2.4倍和3.6倍。而对于其他东南亚国家，中国货币政策冲击的外溢效应并没有发生实质性变化。

　　本节的研究结果表明：（1）本节的研究结果可以解释为什么东南亚国家从全球金融危机中复苏速度要比预期中快，这主要是因为中国在全球金融危机期间实施了4万亿元的财政刺激计划，不仅带动了中国国内经济的增长，同时也使东南亚国家受益。如果东南亚国家和中国维持着20世纪90年代中期的贸易模式，即对美国的贸易依存度高于中国，那么金融危机给其带来的负面影响会远远超出现在，这与 Brooks 和 Hua（2008）的研究结果是一致的。Brooks 和 Hua（2008）提出，东南亚国家之所以从全球金融危机中快速复苏，主要是因为区域内贸易在此期间仍然保持较高份额。（2）国际经济学界认为，新兴市场国家的商业周期与发达国家的商业周期已经脱钩，本章的研究结果表明这种说法可能并不成立，以往文献中发现的脱钩现象可能源于中国的经济增长带动了世界产出水平的增长，同时也带动了其他新兴经济体国家的经济增长，但并不意味着新兴市场国家的商业周期已经与发达国家脱钩，这还需要进一步验证。（3）本章的研究结果发现绝大多数的东南亚国家是中小型开放国家，其宏观经济比较容易受到外部因素的影响，在金融危机期间，中国扩张性的财政刺激政策对其起到了正向的、稳定经济增长的作用，那么，中国经济增速在近年来的下降也无疑会对东南亚国家的经济增长形成新的挑战。

6.4　直接效应还是间接效应？

　　中国对东南亚国家的影响可以分为直接效应和间接效应。直接效应是指中国与东南亚国家直接的贸易联系的增加导致外溢效应增强，这种传导渠道相对直接，如中国扩张的需求变动→东南亚国家的外部需求增加→东南亚国家的产出增加。间接效应是指中国与东南亚国家重要的贸易伙伴（如美国、欧盟等）的贸易联系增加会导致东南亚国家更容易受到中国政策的影响，但这种传导渠道是间接的，如中国扩张的需求变动→美国、欧盟等东南亚国家重要的贸易伙伴的外部需求增加→贸易伙伴国家的经济增长→东南亚国家对外贸易、实际产出增加等。本章6.3节的实证结果表明，在1995—2015年间，中国政策变动对东南亚国家实际产出的影响明显提高，所以，6.4节主要分析1995—2015年间溢出效应的增加有多少比例是由于中国与东南亚国家直接的贸易联系的增加导致的（直接效应）？有多少比例是源于中国与美国、欧盟等经济体的联系增加，进而导致中国对东南亚国家的外溢效应提高（间接效应）？回答上述问题将有利于对中国政策外溢效应有更清晰的认识。

我国对东南亚国家影响的直接效应比较容易理解，主要是由于我国在东南亚各国的对外贸易中的份额较高，所以我国的某一政策变动直接通过贸易渠道对其产生影响，下面主要分析我国对东南亚国家影响的间接效应。我国对东南亚国家影响的间接效应不容忽略，主要源于以下两点：（1）我国在美国、欧盟等发达经济体中的对外贸易份额逐年上升，我国的经济形势的变化会对这些国家产生一定的影响，图6-9给出了我国1个标准差的正向的实际产出变动对发达经济体、欧元区、欧洲新兴市场国家实际产出的外溢效应，[①]区域整体的脉冲响应值是以2013—2015年间各国以购买力平价计算的国内生产总值的平均值计算权重系数，乘以区域内每个国家在不同水平上的脉冲响应值得到。从图6-9可知，发达经济体、欧元区、欧洲新兴市场国家的实际产出在即期分别上升0.040%、0.040%和0.060%，冲击发生4个季度后，实际产出分别增加0.090%、0.110%和0.130%，这与Bataa等（2018）、Tsionas等（2016）的研究结论相一致，即中国的经济增长可以促进世界产出水平的提高，所以间接效应传导的第一阶段成立，即我国政策对美国、欧盟等东南亚重要贸易伙伴国家存在溢出效应。（2）DOTS数据库调查数据表明，在1995—2015年，美国、欧盟等经济体在东南亚国家对外贸易中的比重始终为35%~60%，处于重要位置，所以美国、欧盟等经济体国内经济的变动

---

① 其中，发达经济体主要包括澳大利亚、加拿大、丹麦、冰岛、挪威、新西兰、瑞典、英国、美国、瑞士；欧元区国家包括奥地利、比利时、芬兰、法国、德国、希腊、爱尔兰、意大利、卢森堡、荷兰、葡萄牙和西班牙；欧洲新兴市场国家包括捷克、匈牙利、波兰、斯洛伐克、斯洛文尼亚、保加利亚、罗马尼亚、爱沙尼亚、立陶宛、拉脱维亚、克罗地亚、阿尔巴尼亚、塞尔维亚、俄罗斯、乌克兰、白俄罗斯、保加利亚和土耳其。

对东南亚国家的影响也是不容忽视的。综合考虑以上两点，本书认为中国
→美国、欧盟等经济体→东南亚国家的间接传导效应是存在的，下面将用
实证结果对上述结论进行检验。

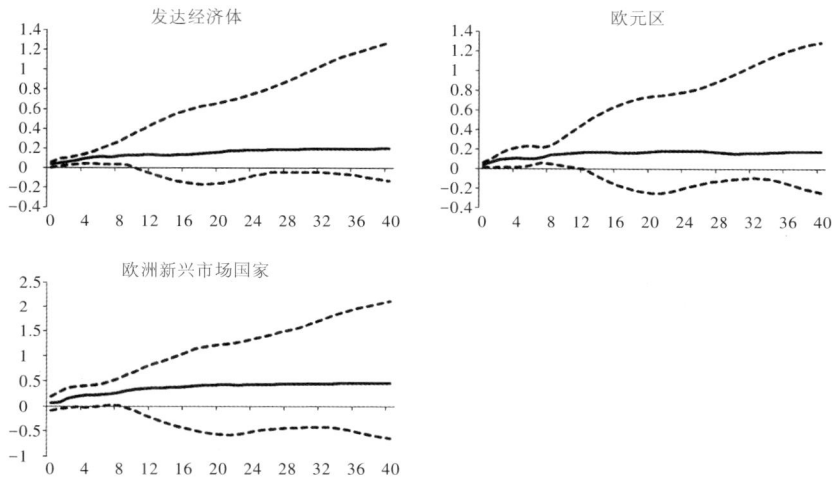

注：以2000—2016年国家之间的双边贸易量的平均值构建的权重矩阵，图中
的实线部分为冲击反应函数的中位数，虚线部分代表了90%的置信区间，所有的动
态响应均是使用Bootstrap方法通过550次模拟生成的。

图6-9　中国实际产出增加对世界主要经济体的外溢效应

值得强调的是，本书只考虑了"美国和欧元区"在间接效应传导中
的作用，而没有考虑世界其他国家和经济体，所以本书估计的结果是间
接效应的下限值，具体求解过程如下：（1）选取2015年东南亚国家对
外进出口数据，计算世界各国在东南亚国家对外贸易中的比重；（2）将
其他国家的贸易份额保持不变，将中国的贸易份额替换为1995年中国
占其对外贸易总额的比重，这也意味着将中国与东南亚国家的直接效应
固定在1995年；（3）将中国在2015年与1995年的贸易份额差额根据各
国在2015年的贸易份额占比重新分配给各个国家，但不包括美国和欧
元区，将美国和欧元区的对外贸易份额仍保持2015年的水平，这样做
的目的是使通过美国和欧元区进行传导的间接效应保持不变；（4）将上
述矩阵作为连接矩阵代入模型，进行脉冲响应分析，此时得到的脉冲响
应结果是中国对东南亚国家影响的间接效应。

为了清晰描述上述计算间接效应所需权重矩阵的构建过程，表6-6a至表6-6c给出了计算过程的简单示意图。假设整个经济系统中有6个经济体，分别是欧元区、美国、英国、印度尼西亚、马来西亚和中国，W_1是基于2015年国家之间的贸易额计算的权重矩阵，其中，$w_{ij,2015}$代表2015年国家j与国家i的双边贸易额占国家i对外贸易总额的比重，$w_{ii,2015}=0$，所以表格每一行的数据加总之和为1。W_3是基于1995年国家之间的贸易额计算的权重矩阵，也可以称为参照矩阵，同样地，表格每一行的数据加总之和为1。表6-6b是计算1995—2015年间接效应所需的连接矩阵，记为W_2。

表6-6a　　　基于2015年双边贸易计算的贸易权重矩阵W_1

	EA	US	UK	ID	MY	CN
EA	0	$w_{12,2015}$	$w_{13,2015}$	$w_{14,2015}$	$w_{15,2015}$	$w_{16,2015}$
US	$w_{21,2015}$	0	$w_{23,2015}$	$w_{24,2015}$	$w_{25,2015}$	$w_{26,2015}$
UK	$w_{31,2015}$	$w_{32,2015}$	0	$w_{34,2015}$	$w_{35,2015}$	$w_{36,2015}$
ID	$w_{41,2015}$	$w_{42,2015}$	$w_{43,2015}$	0	$w_{45,2015}$	$w_{46,2015}$
MY	$w_{51,2015}$	$w_{52,2015}$	$w_{53,2015}$	$w_{54,2015}$	0	$w_{56,2015}$
CN	$w_{61,2015}$	$w_{62,2015}$	$w_{63,2015}$	$w_{64,2015}$	$w_{65,2015}$	0

表6-6b　　　计算1995—2015年间接效应所需的连接矩阵W_2

	EA	US	UK	ID	MY	CN
EA	0	$w_{12,2015}$	$w_{13,2015}$	$w_{14,2015}$	$w_{15,2015}$	$w_{16,2015}$
US	$w_{21,2015}$	0	$w_{23,2015}$	$w_{24,2015}$	$w_{25,2015}$	$w_{26,2015}$
UK	$w_{31,2015}$	$w_{32,2015}$	0	$w_{34,2015}$	$w_{35,2015}$	$w_{36,2015}$
ID	$w_{41,2015}$	$w_{42,2015}$	$w_{43,2015}+\tau_{43}$	0	$w_{45,2015}+\tau_{45}$	$\mathbf{w_{46,1995}}$
MY	$w_{51,2015}$	$w_{52,2015}$	$w_{53,2015}+\tau_{53}$	$w_{54,2015}+\tau_{54}$	0	$\mathbf{w_{56,1995}}$
CN	$w_{61,2015}$	$w_{62,2015}$	$w_{63,2015}$	$w_{64,2015}$	$w_{65,2015}$	0

表6-6c　　　基于1995年贸易权重矩阵（参照矩阵）W_3

	EA	US	UK	ID	MY	CN
EA	0	$w_{12,1995}$	$w_{13,1995}$	$w_{14,1995}$	$w_{15,1995}$	$w_{16,1995}$
US	$w_{21,1995}$	0	$w_{23,1995}$	$w_{24,1995}$	$w_{25,1995}$	$w_{26,1995}$
UK	$w_{31,1995}$	$w_{32,1995}$	0	$w_{34,1995}$	$w_{35,1995}$	$w_{36,1995}$
ID	$w_{41,1995}$	$w_{42,1995}$	$w_{43,1995}$	0	$w_{45,1995}$	$w_{46,1995}$
MY	$w_{51,1995}$	$w_{52,1995}$	$w_{53,1995}$	$w_{54,1995}$	0	$w_{56,1995}$
CN	$w_{61,1995}$	$w_{62,1995}$	$w_{63,1995}$	$w_{64,1995}$	$w_{65,1995}$	0

对于印度尼西亚和马来西亚两个东南亚国家，将中国的贸易份额替换为1995年中国在其对外贸易中所占的比重（表6-6b中加粗字体），将中国在2015年和1995年的贸易份额差额按比例分配给除美国和欧元区外的其他国家，使每个国家的贸易比重相比于2015年分别增加τ_{ij}，美国和欧元区的贸易份额仍然保持在2015年水平。对于其他的非东南亚国家，各国在其对外贸易总额中所占比重仍然保持在2015年水平。以W_1和W_3作为连接矩阵，分别代入模型进行脉冲响应分析，得到脉冲序列ζ_1和ζ_2。ζ_1和ζ_2之间的"距离"体现了1995—2015年间，中国政策变动对东南亚国家外溢效应的总的变化，包括直接效应和间接效应；W_2和W_3相比，东南亚国家与中国的直接联系是不变的，将W_2和W_3作为连接矩阵分别代入模型进行脉冲响应分析，得到脉冲序列ζ_2和ζ_3，则ζ_2和ζ_3之间的"距离"体现了1995—2015年间，中国政策变动对东南亚国家溢出效应变化中的间接影响。同样地，ζ_1和ζ_2之间的"距离"体现了1995—2015年间，中国政策变动对东南亚国家溢出效应变化中的直接影响，用公式表达，即为：

$$(\zeta_1 - \zeta_3) = \underbrace{(\zeta_1 - \zeta_2)}_{\text{直接效应}} + \underbrace{(\zeta_2 - \zeta_3)}_{\text{间接效应}} \qquad (6.2)$$

图6-10给出了1995—2015年间，中国需求冲击对东南亚国家影响的直接效应和间接效应。从图6-10可以得到以下几个结论：（1）对于所有的东南亚国家来说，ζ_1和ζ_2之间的"距离"均超过ζ_2和ζ_3之间的"距离"，即直接效应的影响要高于间接效应。在冲击发生当期，韩国、菲律宾、泰国、印度尼西亚和马来西亚的直接效应在总效应中的比重超过90%；冲击发生4个季度后，韩国、菲律宾、新加坡、泰国、印度尼西亚和马来西亚的直接效应分别是间接效应的3.6倍、9.6倍、26.1倍、10.9倍、6.9倍以及8.2倍，说明中国的需求冲击对东南亚国家的外溢效应以直接效应为主。（2）虽然直接效应中的比重高于间接效应，但随着时间的推移，间接效应在总效应中的比重越来越高，直接效应占比相对下降，两者之间差距在逐渐缩小。这主要是由于本书采用了全局向量自回归模型，其特点是充分考虑了国家之间的交互影响和反馈机制，在冲击发生初期，国家之间的交互作用还没有凸显，所以此时总效应中以直接效应为主；但在冲击发生一段时间后，

国家之间的贸易联系导致冲击多次传播，此时通过第三方国家对东南亚国家的间接传导机制逐渐增强，所以，在冲击发生的中后期，直接效应与间接效应的差距在逐渐缩小。（3）对于韩国、日本这种经济发展水平和对外开放程度比较高的国家，间接效应上升的速度快于其他东南亚国家。

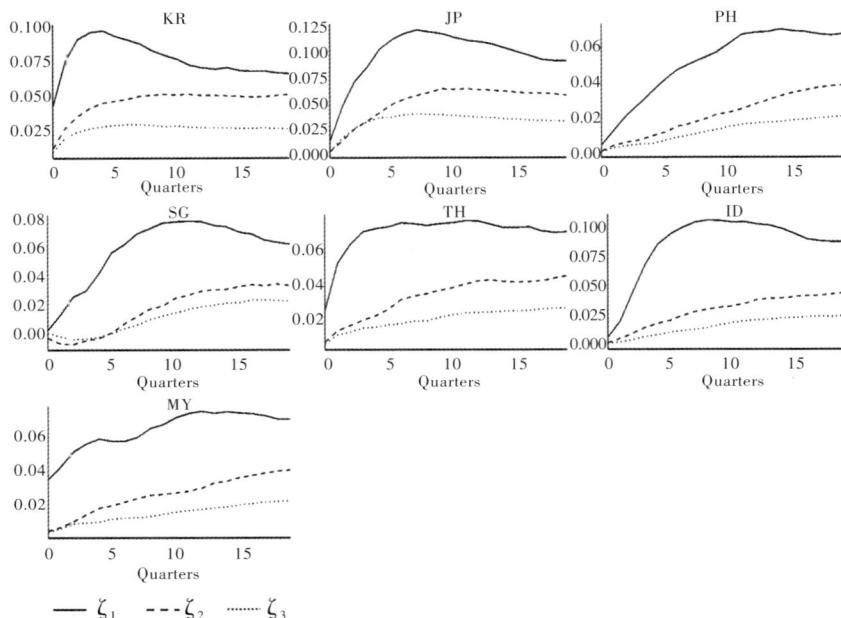

注：图中的实线、虚线、点线分别是基于 W_1、W_2、W_3 作为连接矩阵的实际产出的脉冲响应结果，ξ_1 和 ξ_3 之间的距离是总效应，其中 ξ_1 与 ξ_2 之间的距离体现了直接效应大小，ξ_2 和 ξ_3 之间的距离体现了间接效应大小，所有的动态响应均是使用 Bootstrap 方法通过 550 次模拟生成的，图中给出的是冲击反应的中位数，图上方为国家代码，依次为韩国、日本、菲律宾、新加坡、泰国、印度尼西亚和马来西亚，下同。

图6-10 需求冲击外溢效应分解：直接效应和间接效应

图6-11给出了中国供给冲击对东南亚国家实际产出影响的直接效应和间接效应[①]，从图6-11可以看出：（1）对于绝大多数的东南亚国家来说，在冲击发生初期，直接效应的影响大于间接效应，说明在冲击发生当期，外溢效应以直接效应为主，其中，韩国、日本、菲律宾、新加坡、泰国和马来西亚直接效应占比分别为 93.0%、63.0%、95.3%、

[①] 对于印度尼西亚，中国的供给冲击对其实际产出的影响在1995—2015年间没有发生实质性变化，这里不做探讨。

66.0%、86.1%以及88.2%。（2）随着时间的推移，间接效应在总效应中的比重迅速提高，在冲击发生后的5个季度，日本、菲律宾的间接效应超过直接效应；在冲击发生后的10个季度，韩国、泰国和马来西亚的间接效应也超过了直接效应，并在此后区间内，一直保持着间接效应为主的模式。通过对比图6-10和图6-11可以发现，供给冲击与需求冲击的外溢效应模式存在差别，虽然在初期，两者均以直接贸易联系为主要的外溢机制，但在冲击发生的中后期，需求冲击仍保持直接效应为主，但供给冲击发生了变化，在总效应中间接效应的占比超过了直接效应，成为冲击外溢的主要影响机制。

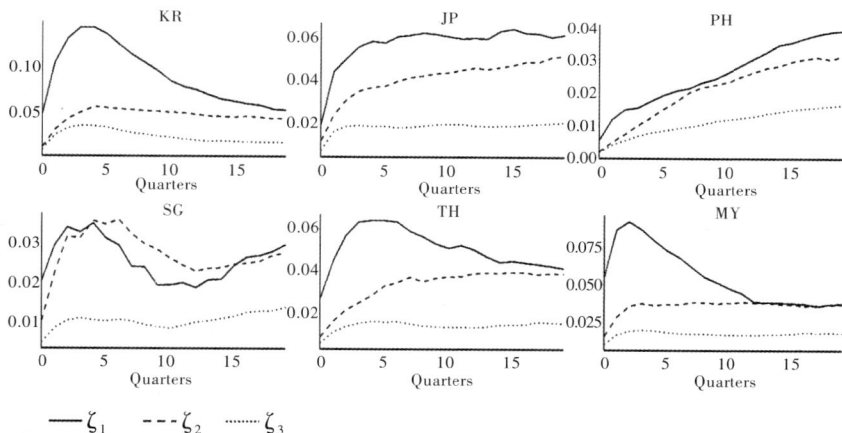

图6-11 供给冲击外溢效应分解：直接效应和间接效应

为什么供给冲击和需求冲击中两种机制占比会出现明显不同呢？一个可能的原因是，GVAR模型考虑了国家之间的间接联系和反馈机制，对于供给冲击来说，某国的供给冲击对全局系统造成"一次性"冲击后，冲击在国家之间进行反复碰撞和传播。该国作为冲击的"发生源"，通过国家间的贸易联系传导至与该国有紧密联系的国家（或地区）（如美国、欧盟），此国家（或地区）又通过贸易联系进一步传导至更多的经济体，其中包含东南亚国家，因此，以国家间的交互作用和间接联系为主的间接效应的影响可能会超过直接效应，在总效应中居主导地位。如果以技术冲击作为供给冲击的代理变量，上述研究结果意味着，中国的技术创新主要是通过影响全球经济体技术创新进而对东南亚国家的经济增长产生促进作用，而中国政府支出增加（比如基建项目投资增加）等形式的需求冲击则直接作用于东南亚国家，通过增加东南亚国家的外部需求对其经济产生拉动效应，所以技术的外溢效应对经济增长的冲击促进具有长期性，随着时间的推移，其影响逐步增强，而需求冲击具有直接的作用效果，但随着时间推移，其时间累积效应变动不明显，因此，本节的研究结果与实际经济的情况也较为接近。

Cesa-Bianchi 等（2012）研究发现，中国的GDP增长对拉丁美洲国家的影响始终以间接效应为主，与本书的研究结论存在较大差别，可能是由于以下几个原因造成的：首先，样本区间不同。Cesa-Bianchi 等（2012）的样本区间是1979年第一季度至2011年第四季度，本书的样本区间是1995年第一季度至2016年第四季度，中国加入世界贸易组织后，中国在东南亚国家中的贸易份额逐渐升高，美国的贸易份额逐年下降，虽然直接效应和间接效应均会提高，但由于中国在东南亚国家对外贸易的比重高于其他国家，因此中国政策对东南亚国家的初期影响还是以直接效应为主。其次，冲击类型不同。Cesa-Bianchi 等（2012）分析的是中国1个标准差的正向的实际产出冲击对拉丁美洲国家的外溢效应，而本书将冲击细化，分析的是中国1个标准差的需求冲击、供给冲击对东南亚国家的外溢效应，厘清不同形式的冲击外溢效应有助于管理当局更清晰地掌握经济周期联动的作用机理。最后，分析的主体不同，Cesa-Bianchi 等（2012）以拉丁美洲国家为研究对象，而本书以东南亚国家为研究对象，拉丁美洲国家与美国的贸易紧密程度要高于东南亚国家，尤其是墨西哥，是北美自贸区的重要成员国，DOTS 数据库的数据表明，从1995年至今，墨西哥向美国的出口额占其出口总额的比例达到80%，如此紧密的贸易联系使中国通过美国进而对拉丁美洲国家产生影响的间接效应会进一步扩大。此外，由于在1995—2015年间，中国紧缩的货币政策对绝大多数东南亚国家的实际产出的影响没有发生实质性变化，故没有展示货币政策冲击外溢效应的分解结果。

6.5　中美两国比较分析

　　Kinfack 和 Bonga-Bonga（2015）研究发现，在 19 世纪 20 年代后期，美国对非洲的影响逐渐减弱，而中国的经济增长对非洲的外溢效应逐渐增强，中非两个经济体商业周期的协同性不断提高。回到本书，在 1995—2016 年间，中美两国在东南亚各国的对外贸易中的比重呈反向变动（详见表 1-1、表 1-2），因此，本书在这一节试图回答以下几个问题：（1）中美贸易格局的变化是否导致两国对东南亚国家的溢出效应也随之变化？其变化的方向是怎么样的？（2）中国对东南亚国家的影响是否已经超过了美国，成为东南亚国家重要的外部力量？（3）在 1995—2016 年，中美两国不同的结构式冲击的时间变化过程是否一致？与本章节的研究较为接近的是 Inoue（2015）。Inoue（2015）分析比较了中国和美国经济增速下降对亚洲国家的影响，并发现美国的影响要高于中国，但 Inoue（2015）将冲击向量设置为"1 个标准差的实际产出冲击"，与本书研究问题存在实质性差别。

　　首先，考虑需求冲击。图 6-12 是 2005—2015 年间，中国、美国从东南亚各国进口的最终产品占进口总额的比重。从图 6-12 可以看出，美国进口贸易中最终产品的份额呈保持不变或者下降趋势，但从绝对数量上看，美国进口贸易中最终产品的份额仍高于中国，因此，美国仍然是东南亚国家最终产品的重要吸纳者，其国内消费习惯的变化、政府财政支出的变化、政府减税政策等需求冲击会通过出口需求变动对东南亚国家的国内经济产生重要影响。对于中国而言，中国从东南亚国家进口的最终产品整体呈现震荡式上升趋势，但从数值上看，贸易构成还是以中间品贸易为主，这主要是由于中国与东南亚国家同处于全球生产网络之中，利用本国的比较优势嵌入到全球化生产的某一环节。值得一提的是，在全球金融危机期间，欧美等发达经济体的对外贸易处于低迷状态，中国从东南亚各国进口的最终产品却居于高位。在以上背景下，本书着重分析中美两国的需求因素变动对东南亚国家影响的相对强弱。

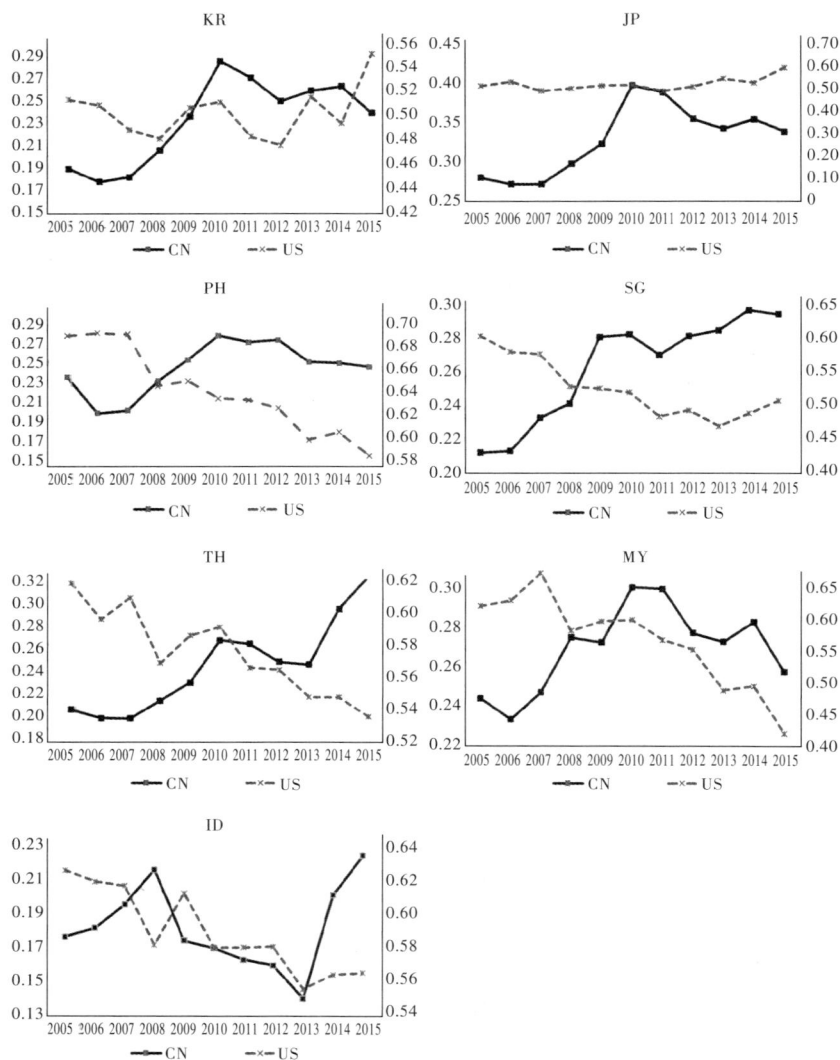

注：实线是中国从东南亚国家进口的最终产品占进口总额的比重，虚线是美国从东南亚国家进口的最终产品占进口总额的比重，数据来源于 OECD 数据库，经过作者计算，中国参照左侧坐标轴，美国参照右侧坐标轴。

图6-12　中国、美国从东南亚国家进口贸易中最终产品占比

其次，考虑供给冲击。技术创新是供给冲击的重要组成部分。美国作为世界技术研发大国，R&D 投入占世界研发投入的 50% 左右，一直处于世界领先位置，同时日本、德国、英国和法国的研发投入也相对较

高，因此，大量文献在分析技术因素的外溢效应时主要以上述五个国家为中心，简称为 G5，在世界经济增长的同时 G5 国家也发生了变化。Luh 等（2016）提出，中国、韩国在技术创新领域也有突出表现，因此中国和韩国也应该纳入 G5 之列。在 1990—2009 年间，中国在 G7 国家中的 R&D 投入份额由 2.3% 上升至 11.5%，在 2005 年，中国已经超过德国，成为 R&D 投入前三的国家。从图 6-13 左图可以看出，在 1996—2016 年间中国的 R&D 投入占国内生产总值的比重由 0.563% 上升至 2.107%，虽然中国的 R&D 投入增长迅速，但如果中国的出口贸易中高技术含量、中高技术含量出口品份额较低，则中国的技术溢出对全球的影响就会大幅度削弱。Zhu 等（2011）将制造业商品依据其技术密集度分为四个等级：高技术含量出口品、中高技术含量出口品、中低技术含量出口品以及低技术含量出口品。[①]图 6-13 右图是 1996—2016 年间，高技术含量出口品占制造业总出口的比重。从图 6-13 右图可知，在 1996 年，高技术含量出口品占制造业出口的比重为 6.43%，到 2006 年，高技术含量出口品占制造业出口的比重为 30.51%，高技术产品出口增加为中国技术创新的外溢提供了渠道。

中国 R&D 投入占 GDP 的比重　　　　中国高技术含量出口品占制造业出口的比重

注：数据来源于世界银行 WDI 数据库。

图 6-13　中国 R&D 投入占 GDP 的比重以及高技术含量出口品占制造业出口的比重

最后，考虑货币政策冲击。美国在世界金融市场上的地位决定了美国的货币政策冲击对全球经济的影响是严重的，因此，有大量研究集中

---

① 其中，高技术含量行业主要包括飞机和航天器制造（ISIC Rev.3 353），药品、医药化学剂和植物药材的制造（ISIC Rev.3 2423），办公室、会计和计算机械的制造（ISIC Rev.3 30），无线电、电视和通信设备及装置的制造（ISIC Rev.3 32），医疗器械、精密仪器和光学仪器、钟表的制造（ISIC Rev.3 33）；中高技术含量行业主要包括未另分类的电力机械和装置的制造（ISIC Rev.3 31），汽车、挂车和半挂车的制造（ISIC Rev.3 34），化学品及化学制品的制造（不包括药品）（ISIC Rev.3 24），铁道机车和轨道交通机车及其拖曳车辆的制造（ISIC Rev.3 352），未另分类的运输设备的制造（ISIC Rev.3 359），未另分类的机械和设备的制造（ISIC Rev.3 29）。

分析美国的货币政策变化对某一个国家或者某一区域的影响，如 Canova（2005）、Mackowiak（2007）等。随着全球金融危机的爆发，美国实行了四轮量化宽松的货币政策，进而有大量文献集中分析金融危机后期美国量化宽松的货币政策对全球的影响。中国自 2005 年汇率改革后，也在不断地放松对资本市场的管制，许多学者使用指数刻画资本市场管制的程度，多数研究均发现中国的资本管制呈现下降趋势，自由化程度提高（Chen 和 Qian，2016）。2016 年中国股市震荡引起了世界资本市场风险规避指数 VIX 急剧上升，这也表明，随着全球一体化程度的不断提高，中国资本市场变动、货币政策变动也可能会通过贸易和资本渠道对周边国家产生一定的外溢效应。鉴于此，本书在这一节将比较分析中国和美国的需求冲击、供给冲击以及货币政策冲击对东南亚国家影响的相对强弱，在构建每个国家的国外变量时，使用国家 i 和国家 j 在 2000—2016 年进出口贸易量的平均值构建权重矩阵，所以分析的是整个区间的平均影响。

图 6-14 给出了中国和美国 1 个标准差的正向的需求冲击对东南亚国家实际产出影响的脉冲响应图。从图 6-14 可知，对于绝大多数东南亚国家来说，美国的需求冲击对其实际产出的影响要高于中国或与中国大致相同，具体来说：（1）对于新加坡、泰国和马来西亚，美国正向的需求冲击的影响超过中国，其中，美国正向的需求冲击使新加坡、泰国和马来西亚的实际产出在即期分别上升 0.052%、0.022%、0.047%，中国正向的需求冲击使泰国和马来西亚的实际产出在即期上升 0.022%、0.024%，影响约为美国的 70%，对新加坡的影响在前 4 个季度不显著。（2）对于菲律宾、韩国，中国需求冲击和美国需求冲击的影响大致相同，没有明显区别，其中中国和美国 1 个标准差的需求冲击使菲律宾的实际产出在 4 个季度内分别增加 0.014%、0.018%，使韩国的实际产出在 4 个季度内分别增加 0.072%、0.067%，所以中美两国影响大致相同。（3）对于日本和印度尼西亚，由于中国从印度尼西亚进口了大量的天然橡胶、合成橡胶等原材料，从日本进口了大量的机器设备投入生产，包括电机设备、控制设备、专用设备等，所以中国需求冲击对日本、印度尼西亚的平均影响相对较高。

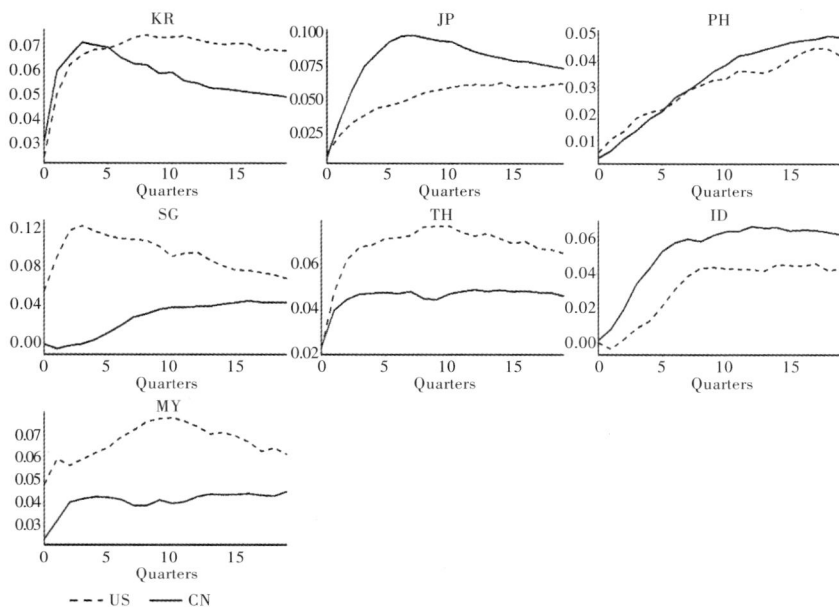

注：横轴为时期，纵轴为实际产出变化的百分比。图中的实线和虚线分别代表
中国、美国的需求冲击对东南亚国家实际产出的外溢效应，所有的动态响应均是使
用Bootstrap方法通过550次模拟生成的，图中给出的是550次模拟的中位数，下同。

图6-14　中国和美国的需求冲击对东南亚国家实际产出影响的比较分析

上述研究结果表明，美国需求冲击对东南亚实体经济具有较大的影
响，这主要是由于美国是最终消费品的重要需求国家，在2005年，美
国从新加坡进口的最终消费品是中国的3.14倍，在2015年，美国从新
加坡进口的最终消费品是中国的1.02倍，差距有所缩小，但考虑到本书
的样本区间是开始于1995年第一季度，所以使用整个区间的数据进行
估计，美国需求冲击的影响仍高于中国。Sato 等（2009）研究发现，美
国需求冲击在东南亚国家的产出波动中仍然居于主导地位，主要通过贸
易和投资渠道影响东南亚国家。为了探究中美两国需求冲击在2000—
2015年的变动情况，本书进行了反事实检验，即如果在2000—2015年
间中美两国始终保持着2000年的贸易模式，那两国之间需求冲击外溢
效应的相对强弱会发生变化吗？为此，本书以2000年国家之间的双边
贸易额构建了连接矩阵代入模型，并进行了脉冲响应分析，研究结果如
图6-15所示。

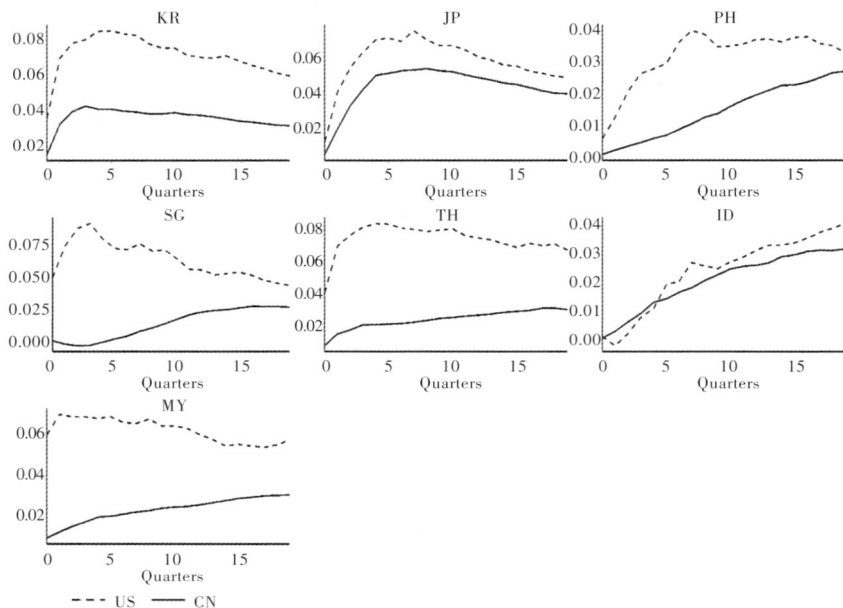

图6-15 反事实检验——中美两国的需求冲击对东南亚国家外溢效应比较分析

从图6-15可知，如果中美两国始终保持着2000年的贸易模式，则美国需求冲击的影响在所有的东南亚国家中均是超过中国的，虽然在印度尼西亚的实际产出中，中美两国需求冲击的作用程度相当，但在冲击发生初期，脉冲响应的置信区间较宽而且包含稳态线（y = 0），缺乏显著性。因此，通过对比图6-14和图6-15可以发现，中国的需求冲击对东南亚国家的外溢效应在逐步提高，其中，加入世界贸易组织是中国政策外溢效应提高的重要推动因素。

图6-16是中国和美国1个标准差的正向的供给冲击对东南亚国家实际产出影响的脉冲响应图。从图6-16可知，从整体来看，在冲击发生的初期，中国的供给冲击对东南亚国家实际产出的促进作用已经超过了美国或者与美国影响程度相当，具体来看，对于韩国、新加坡、泰国和马来西亚来说，中国1个标准差的正向的供给冲击使其国内的实际产出水平在即期上升0.043%、0.014%、0.029%和0.043%，在冲击发生后的4个季度分别上升0.128%、0.029%、0.062%和0.075%；美国1个标准差的正向的供给冲击使韩国、泰国和马来西亚国内的实际产出水平在

即期上升0.014%、0.008%、0.013%，在冲击发生后的4个季度内分别上升0.041%、0.008%、0.039%。但在冲击发生的中后期（10个季度），美国供给冲击的外溢效应逐渐超过中国，并一直保持着稳步上升的趋势，而中国却呈现出维持原状或逐渐下降的趋势，由此可知，美国的供给冲击对东南亚国家的实际产出具有长期的促进作用，而中国的供给冲击的影响的持续性要弱于美国，这与Feldkircher和Huber（2016）的研究发现较为一致。Feldkircher和Huber（2016）研究表明，美国的供给冲击对全球经济体的实际产出有长期的促进作用，其影响在冲击发生后的20个季度依然显著。

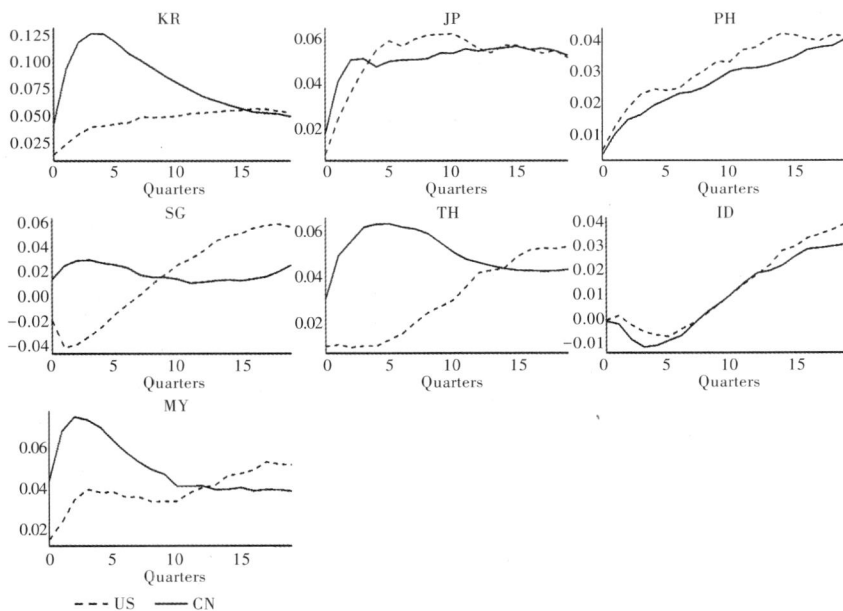

图6-16　中国和美国的供给冲击对东南亚国家实际产出影响的比较分析

图6-17是中国和美国1个标准差的紧缩的货币政策对东南亚国家实际产出影响的脉冲响应图。从图6-17可知，美国货币政策对东南亚国家实际产出的影响是显著的而且具有持续性。Canova（2005）分析美国冲击对拉丁美洲国家的外溢效应时发现，货币政策冲击的影响要高于需求冲击和供给冲击。本书的研究结果也发现，美国紧缩的货币政策会使东南亚国家的实际产出出现持续性下降，在冲击发生20个季度后依然显

著。再分析中国，中国紧缩的货币政策也会使东南亚国家的实际产出出现不同程度的下降，但从脉冲响应图可以看出，这种影响是短暂的，在冲击发生后的5个季度左右开始向稳态回归，这是中美货币政策最明显的区别。同时，在所有的东南亚国家中，新加坡和马来西亚这两个与美国资本市场联系比较紧密的国家受到的冲击影响最为严重，其中，新加坡和马来西亚的实际产出在4个季度内累计下降0.065%和0.065%，在8个季度内累计下降0.086%和0.072%，高于区域整体的平均值。

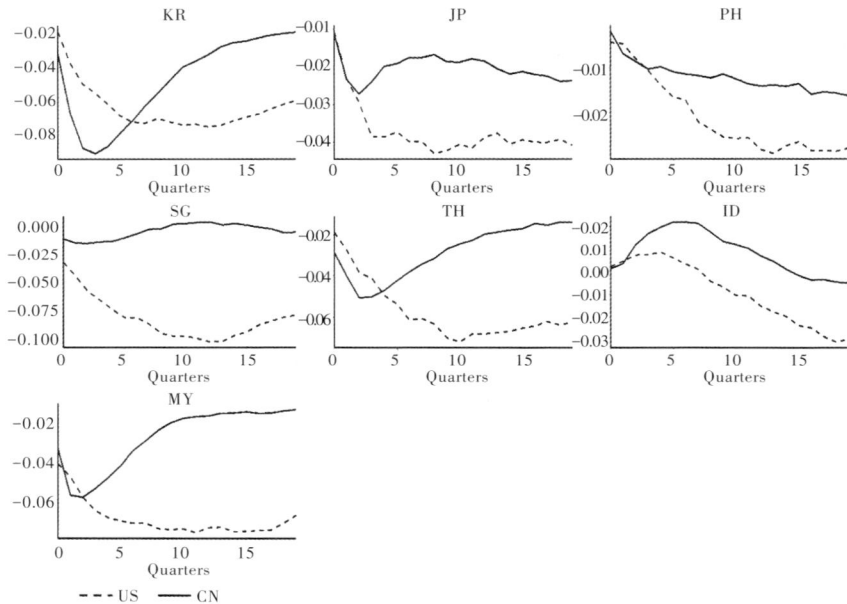

图6-17 中国和美国的货币政策冲击对东南亚国家实际产出影响的比较分析

通过以上分析可以得到以下几个结论：（1）美国的货币政策对东南亚国家的实际产出的影响高于中国，而且美国紧缩的货币政策会使东南亚国家的实际产出产生持续性的负向冲击，这主要是因为东南亚国家是新兴市场国家，大量研究表明新兴市场国家的国内经济容易受到欧美等发达经济体的影响，考虑到美国在全球经济中的核心地位，美国的货币政策可以通过贸易和资本渠道对东南亚国家的实体经济产生负向冲击。（2）美国作为最终产品的需求国家，其国内的需求冲击对东南亚国家实际产出的影响要高于中国（或与中国相当），但中国的影响力在逐渐凸显。Sethapramote

（2015）研究发现，美国、欧盟、中国作为东南亚国家重要的贸易伙伴国家，其国内的经济活动对东南亚国家的实际产出具有重要影响，同时作者还发现东南亚国家与美国的金融联系是美国冲击传播的主要渠道，因此东南亚国家的金融合作（清迈协议）应充分考虑美国货币市场的影响，本书的研究支持这一结论。（3）冲击发生初期，中国的供给冲击对东南亚国家的实际产出具有较强的促进作用，但持续时间较短；在冲击发生的中后期，美国的供给冲击对东南亚国家的实际产出产生持续性的促进作用。综上，美国和中国作为东南亚各国重要的贸易伙伴国家，其国内的结构式冲击会通过资本和贸易渠道传导至东南亚国家，对东南亚国家国内的实体经济产生冲击，综合来看，中国对东南亚国家的影响还是弱于美国，但模拟分析结果表明，中国影响力正在逐步上升，随着中国由"世界工厂""制造业大国"逐渐转向最终产品需求国，我们有理由推测，中国的需求冲击对东南亚国家的外溢效应会进一步提高。

6.6　预测误差方差分解

脉冲响应分析体现了结构式冲击对宏观经济变量的平均影响，而预测误差方差分解可以量化国内冲击、国外冲击在驱动经济波动方面的相对重要性。结构向量自回归模型 SVAR 是基于正交的结构式冲击，将 x_t 在 $t + n$ 时期的预测误差分解为每一个正交的结构式冲击的解释份额，但 SVAR 模型要求国家的数量或者变量的数量不能过多，因此不能分析在全球化的背景下，某个国家的结构式冲击对其他国家经济波动的解释能力。

鉴于此，学界倾向于使用全局向量自回归模型进行脉冲响应分析后，应用广义的预测误差方差分解（Generalised Forecast Error Variance Decomposition）来刻画不同冲击的相对重要程度，其计算公式为：

$$\text{GFEVD}\left(x_{(1)t} ; \ v_{(j)t}, \ n\right) = \frac{\sigma_{jj}^{-1} \sum_{s=0}^{n}\left(e_1{}'F^sG^{-1}\sum_e e_j\right)^2}{\sum_{s=0}^{h}\left\{e_1{}'F^sG^{-1}\sum_e G^{-1}{}'F^s{}'e_1\right\}} \qquad h = 0, \ 1, \ 2, \ \cdots \qquad (6.3)$$

其中：$l = 1, 2, 3, \cdots, k$；e_1 为 $k \times 1$ 的冲击向量；σ_{jj} 是方差协方差矩阵 $\sum_e$ 第 j 行第 j 列的元素。上式为系统中第 l 个变量在 h 季度中由

第 j 个冲击所解释的比例。但由于国家之间的冲击彼此相关，即 $\text{cov}(\varepsilon_{it}, \varepsilon_{it}) \neq 0$，所以系统内所有冲击对某一变量波动的解释比例之和不等于 1，而且多数情况下，冲击之间是正相关的，即 $\text{cov}(\varepsilon_{it}, \varepsilon_{it}) > 0$，所以系统内所有冲击对某一变量波动的解释比例之和大于 1。本书主要分析在全球化背景下，中国的需求冲击、供给冲击以及货币政策冲击对东南亚国家的实际产出、价格水平以及短期利率波动的解释能力，所以根据 Smith 和 Galesi（2014）的方法将式（6.3）进一步改写为：

$$\text{SGFEVD}\Big(x_{(l)t};\ v_{(j)t},\ n\Big) = \frac{\sigma_{jj}^{-1} \sum_{s=0}^{n} \Big(e_1' F^*(QG)^{-1} \sum_e e_j\Big)^2}{\sum_{s=0}^{h} \Big\{e_1' F^*(QG)^{-1} \sum_e (QG)^{-1'} F^{*'} e_1\Big\}} \tag{6.4}$$

其中：Q 是由 Q_1 和单位矩阵 I_{k_i} 构成的块对角矩阵。相较于式（6.3），式（6.4）的优点在于可以将冲击细化，从而分析不同形式的冲击对东南亚国家国内变量波动的解释能力。但由于除中国以外，其他国家的冲击是非正交的，这意味着所有冲击的解释能力之和不等于 1，所以本书做了标准化处理，使冲击之和为 1。

下文将探究世界冲击、区域冲击、中国冲击、国内冲击对东南亚国家实际产出、价格水平以及短期利率波动的解释能力。其中，世界冲击是指区域以外其他国家的影响，包括美国、欧元区国家、拉丁美洲国家、欧洲新兴市场国家；区域冲击是指东南亚区域内所有国家的影响；国内冲击是指东南亚本国冲击的影响。具体如图 6-18 所示。图 6-19 给出了不同水平下，国内冲击、中国需求冲击、中国供给冲击、中国货币政策冲击、区域冲击以及世界冲击对各东南亚国家实际产出波动的解释能力。

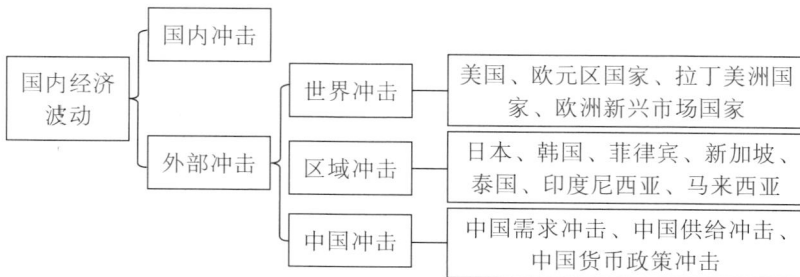

图 6-18　冲击构成的简单示意图

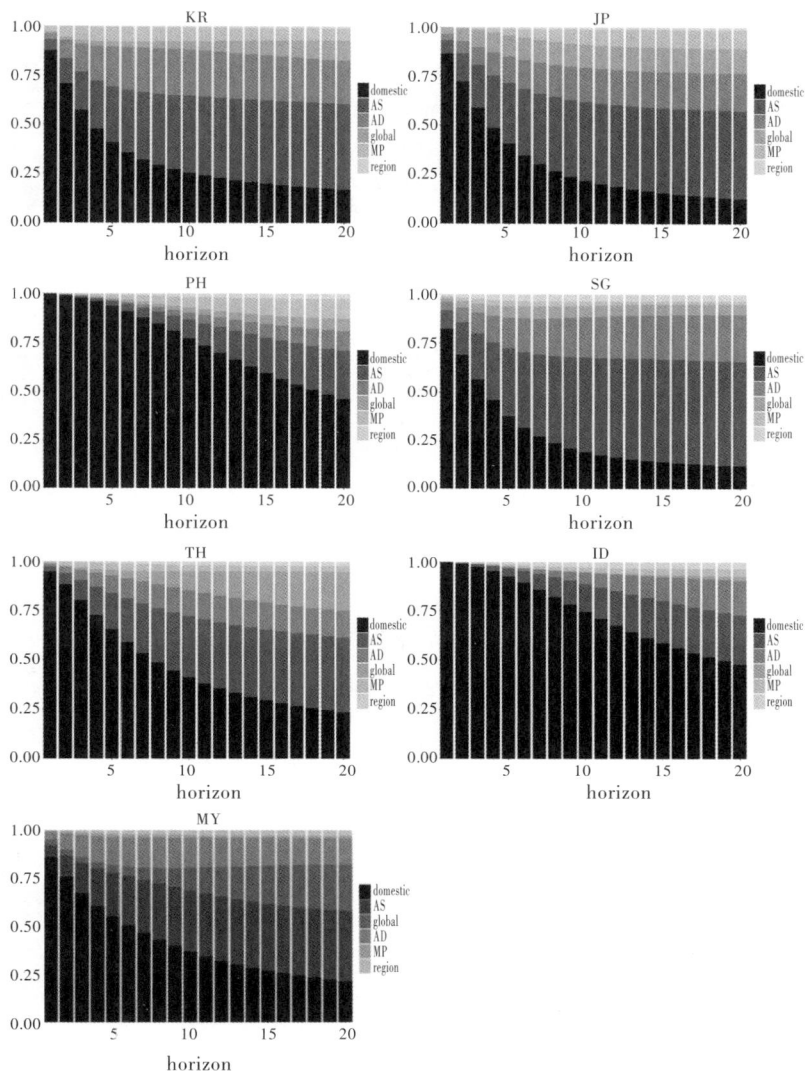

注："AD""AS""MP""domestic""region""global"分别是中国需求冲击、供给冲击、货币政策冲击、东南亚国家的国内冲击、东南亚其他国家加总区域冲击以及世界冲击对东南亚国家实际产出波动的解释能力。右侧图例的顺序体现了解释能力由高到低。图上方字母为国家代码，依次为韩国、日本、菲律宾、新加坡、泰国、印度尼西亚和马来西亚。

图6-19　东南亚国家实际产出的预测误差方差分解

首先，分析内部冲击和外部冲击在驱动实际产出波动中的相对力量。由图 6-19 可以得到以下结论：

（1）东南亚国家的实际产出波动主要由内部冲击和外部冲击共同作用，对于绝大多数东南亚国家来说，外部冲击对于实际产出波动的解释能力高于国内冲击。具体来讲，在第 4 个季度，外部冲击分别解释了韩国、日本、新加坡、泰国、马来西亚实际产出波动的 52.56%、51.55%、54.00%、27.51%、39.97%；在第 8 个季度，外部冲击对上述国家实际产出波动的解释能力分别上升至 70.72%、73.49%、76.06%、51.56%、57.56%。再看国内冲击，除了菲律宾和印度尼西亚，东南亚国家的国内冲击在第 4 个季度对实际产出的解释能力在 46%~73% 之间，在第 8 季度，国内冲击对实际产出的解释能力均小于 50%，通过简单对比可以发现，外部冲击对东南亚国家实际产出的解释能力与国内冲击相当，甚至高于国内冲击，这是小型开放国家的普遍特征，即国内经济增长比较容易受到外部冲击的影响。

（2）不同的国家表现出一定的异质性，其中对外贸易、资本市场开放程度比较高的国家，如韩国、日本、新加坡、马来西亚，外部冲击对实际产出的解释能力比较高，说明国内的实际产出水平更容易受到外部冲击的影响。本书主要从对外贸易开放度和金融市场整合度两个角度进行分析。首先，分析对外贸易开放度。参考以往文献常用的方法，使用进出口总额与 GDP 之比衡量对外贸易开放度，从图 6-20 可知，新加坡、马来西亚的对外贸易开放度比较高，尤其是新加坡，在 2000—2011 年，进出口总额为国内生产总值的 3.50~4.50 倍，远远高于其他国家，同样，对于马来西亚来说，其进出口总额与国内产出之比为 1.50~2.20。再看金融市场整合程度，Lane 和 Milesi-Ferretti（2007）提出可以使用一个国家的外部资产和负债总和占 GDP 的比重衡量各国的金融市场整合程度，收集并整理了 1970—2011 年 188 个国家的外部资产和负债情况，其中外部资产和负债主要包括证券投资（负债）、直接投资资产（负债）、债务资产（负债）、金融衍生品资产（负债）以及外汇储备。图 6-20 给出了东南亚国家对外贸易开放度和金融市场整合程度，其中，日本、新加坡、马来西亚与全球金融市场的整合程度高于其他国家，在 2011 年，新加坡、马来西亚外部资产和负债约为国内生产总值的 17.23 倍和 2.34

倍，同时，日本的金融市场整合程度也较高，尤其在 2005 年以后，其外部资产和负债与 GDP 之比已经超过了 1.50，在 2011 年，日本外部资产和负债总额是国内生产总值的 1.95 倍。由此可以看出，对外贸易开放度越高、金融市场与全球金融市场的整合程度越高的国家，外部冲击对实际产出波动的解释能力越强，实际产出越容易受到外部冲击的影响。对于印度尼西亚和菲律宾两个经济总量相对较小、对外贸易和资本开放度比较低的国家，实际产出波动主要由国内冲击主导，在第 1 季度，国内冲击分别解释了菲律宾和印度尼西亚实际产出波动的 99.63%、99.77%，在第 10 季度，国内冲击对实际产出的解释能力仍高于 70%。

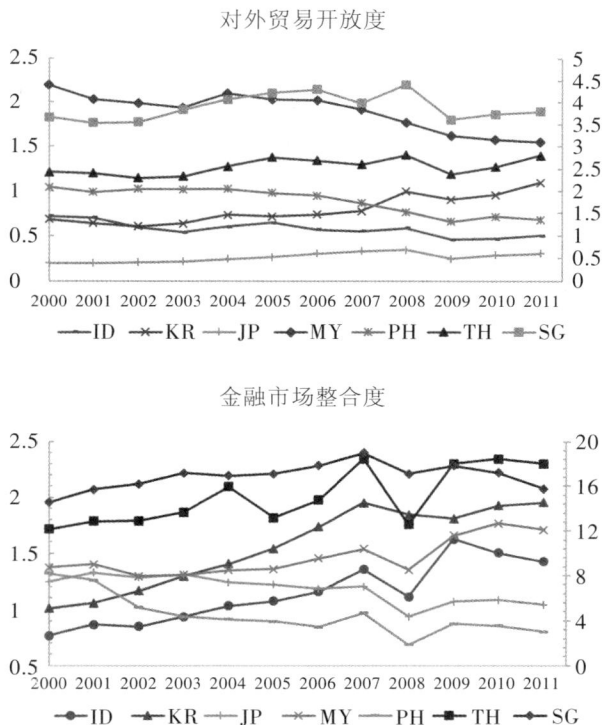

对外贸易开放度

金融市场整合度

注：新加坡的数值对应的是右侧坐标轴，而其他东南亚国家对应的是左侧坐标轴，数据来源于世界银行 WDI 数据库以及 Lane 和 Milesi-Ferretti（2007）构建的 External Wealth of Nations Mark Ⅱ Database。

图 6-20　东南亚国家对外贸易开放度和金融市场整合程度

其次，分析在外部冲击中中国政策、区域冲击以及世界冲击的构成，其中世界冲击共包括25个国家，即全局模型中除了东南亚国家及中国，其余25个国家统称为世界冲击，区域冲击共包括6个国家（对于每一个东南亚国家，区域冲击是指区域内其他6个国家的影响之和），由于菲律宾和印度尼西亚的实际产出主要由国内冲击主导，这里不多做探讨。研究结果表明，对于对外贸易开放度与金融开放度均比较高的新加坡，其实际产出波动主要由世界冲击主导，在第1季度，世界冲击对其实际产出的解释能力约为10%，在第4季度，世界冲击对国内实际产出的解释能力就接近30%；对于其他东南亚国家，中国政策对其实际产出的解释能力相对较高，在第1季度，中国政策可以解释韩国、日本、马来西亚实际产出波动的10%左右，在第4季度，中国政策可以解释的能力提升至35%~50%。区域冲击对东南亚国家实际产出的解释能力相对较弱，可以解释2%~3%的实际产出波动。Chow和Kim（2003）以日本作为区域冲击的代理变量，研究发现区域冲击对东亚经济体实际产出波动的解释能力相对较弱，与本书结论一致；但Hoffmaister和Roldos（1997）、Chow和Kim（2003）同时研究发现，国内冲击是驱动东南亚国家经济波动的主要冲击，与本书结论存在较大差别，一个可能的原因是Hoffmaister和Roldos（1997）、Chow和Kim（2003）选取1997年以前的宏观数据为样本，而在此区间，各东南亚国家的对外贸易开放度、金融市场整合度相对较低，所以国家的经济波动主要由国内冲击主导，随着经济全球化程度不断提高，国家间的经贸联系日益密切，外部冲击的影响逐步提高，成为驱动经济波动的重要力量。He和Liao（2012）将1981—2008年的样本以1995年为界划分为两个子样本，研究发现，全球冲击在1995—2008年间对亚洲各国实际产出的解释能力高于1981—1995年，但作者未考虑中国的影响。

最后，分析我国供给冲击、需求冲击以及货币政策冲击的影响。从图6-19可以看出，对东南亚国家实际产出波动解释能力最强的是供给冲击，冲击发生4个季度后，供给冲击可以解释韩国、日本、新加坡、泰国和马来西亚实际产出波动的13%~25%，冲击发生8个季度后，供给冲击的解释能力上升至19%~38%^①；需求冲击对实际产出的解释能力约为供给冲击的1/2，在第4季度，需求冲击对实际产出的解释能力为5%~18%，在第8季度，需求冲击对实际产出的解释能力上升至6%~23%^②；货币政策冲击对东南亚国家实际产出的影响相对较弱，解释能力均小于10%，对新加坡、泰国和马来西亚的实际产出的解释能力小于5%。综上所述，供给冲击对东南亚国家实际产出波动的解释能力最强，其次是需求冲击，货币政策冲击对东南亚国家实际产出波动的解释能力最弱。

从以上分析可以得到以下几个结论：（1）东南亚国家作为中小型开放国家，国内的实际产出波动主要由外部冲击和内部冲击同时驱动，但不同的国家体现出一定的异质性，其中对于对外贸易开放度、金融市场整合度比较高的国家，如日本、韩国、马来西亚和新加坡，外部冲击对实际产出的影响会高于内部冲击。（2）在外部冲击中，中国政策对实际产出的解释能力相对较高，区域冲击的解释能力相对较弱，但新加坡除外，新加坡的进出口总额为国内生产总值的3~4倍，外部资产和负债总额约为国内生产总值的17倍，高度的对外贸易开放度和金融市场整合度决定了新加坡的实际产出受全球冲击的影响要高于中国。（3）进一步地，我国供给冲击、需求冲击以及货币政策冲击对东南亚国家实际产出的驱动作用存在明显差别，三者相比，供给冲击驱动作用最强，需求冲击居中，而货币政策冲击的影响最弱。

图6-21是各东南亚国家通胀率的预测误差方差分解。从图6-21可知，在所有的东南亚国家中，国内冲击是驱动价格水平波动的重要冲击，外部冲击对价格水平波动的解释能力有限。具体来讲，在第1个季度，国内冲击可以解释99%的价格水平波动，在第20个季度时，国内冲击对价格水平波动的解释能力仍超过95%；外部冲击在第1个季度对价格水平波动的解释能力相当微弱，在第20个季度，外部冲击对菲律

---

① 在第4季度，中国的供给冲击可以解释韩国、日本、新加坡、泰国和马来西亚实际产出波动的24.61%、24.85%、13.45%、14.20%、19.60%；在第8季度，中国的供给冲击可以解释韩国、日本、新加坡、泰国和马来西亚实际产出波动的36.17%、37.77%、19.27%、27.44%、29.33%。
② 在第4季度，中国的需求冲击可以解释韩国、日本、新加坡、泰国和马来西亚实际产出波动的17.61%、10.22%、5.36%、7.14%、13.56%；在第8季度，中国的需求冲击可以解释韩国、日本、新加坡、泰国和马来西亚实际产出波动的23.09%、11.63%、6.09%、12.17%、15.92%。

宾、新加坡、泰国和印度尼西亚通货膨胀波动的解释能力虽有所提高，但仍小于5%，所以，东南亚国家的价格水平主要由国内冲击主导，外部冲击对其解释能力相当有限，这与Morita（2014）的研究结论相一致。Morita（2014）研究发现，风险溢价和外部需求可以解释实际产出波动的30%～50%，同时外部需求冲击对实际出口变动也存在较高的解释能力，但上述外部冲击对通货膨胀的解释能力有限，通胀因素主要由国内冲击主导。Feldkicher和Huber（2016）发现，美国的结构式冲击对发达经济体、欧洲新兴市场国家、亚洲以及拉丁美洲国家的价格水平波动的解释能力均小于15%，各经济体的价格波动主要由国内冲击主导，与本书结论一致。Osorio和Unsal（2013）采用GVAR模型分析了驱动东南亚国家价格水平波动的内部冲击和外部冲击，研究发现，国内冲击是价格水平波动的主要原因。为什么外部冲击对价格水平的解释能力有限呢？一个可能的原因是东南亚国家普遍采用通胀目标制（Inflation Targeting），根据世界货币基金组织数据，印度尼西亚、日本、菲律宾、韩国、泰国均采用通胀目标制的货币政策，通胀目标分别设定如下（2017年）：印度尼西亚（4.00% +/-1.0%）、日本（2%）、菲律宾（3.00% +/- 1.0%）、韩国（2%）、泰国（2.50% +/-1.50%）。因此，货币当局在制定货币政策时，主要考虑国内的通胀水平，将通胀水平控制在合理的区间是货币政策的主要目标，当然，稳定的价格水平与灵活的汇率制度也是分不开的。

图6-22是东南亚国家短期利率的预测误差方差分解。从图6-22可知，与价格水平的方差分解结果类似，在所有的东南亚国家中，国内冲击是驱动短期利率波动的重要冲击，外部冲击对短期利率波动的解释能力有限。具体来讲，在第1个季度，国内冲击对短期利率的解释能力为98%~99%，在第20个季度，对于日本、新加坡、泰国、马来西亚国内冲击对短期利率的解释能力仍超过90%。但值得注意的是，我国的货币政策冲击对东南亚国家（韩国、菲律宾、泰国和印度尼西亚）的短期利率的影响高于需求冲击、供给冲击，在第20个季度，中国的货币政策冲击可以分别解释韩国、新加坡、泰国、印度尼西亚国内短期利率1.84%、2.11%、2.03%、8.25%的波动。

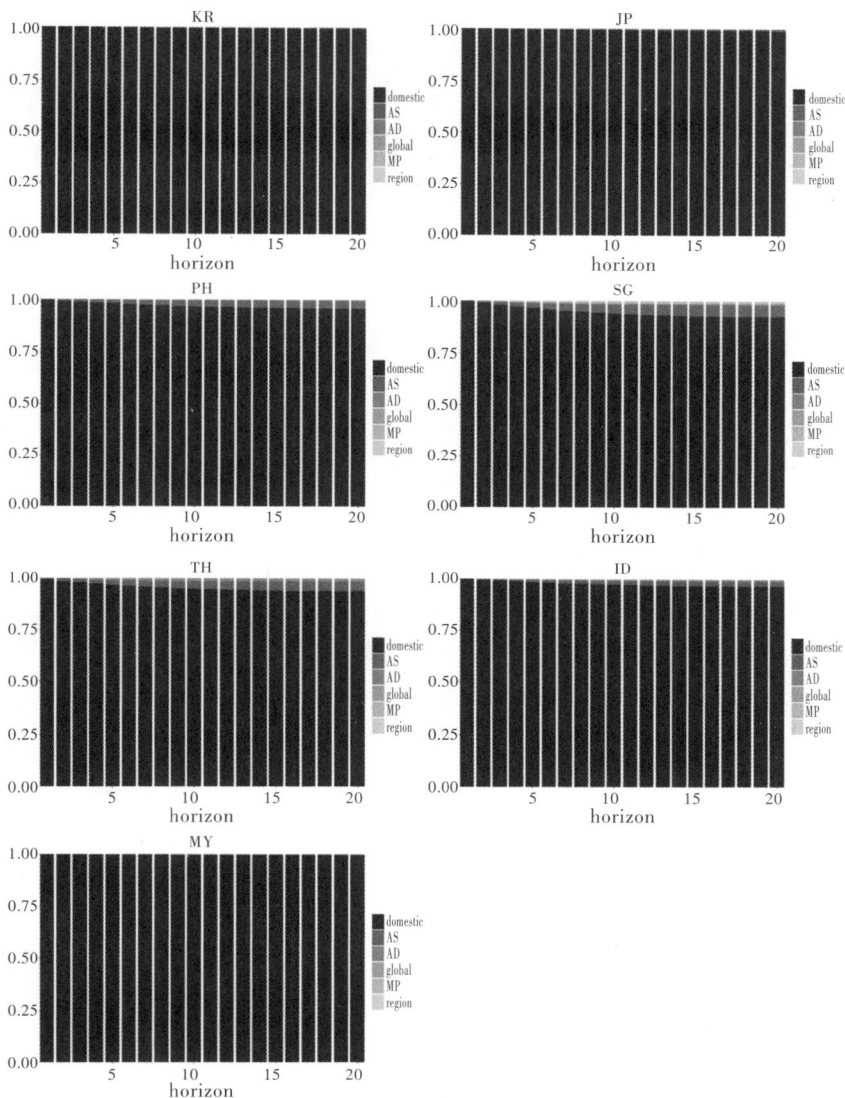

注："AD""AS""MP""domestic""region""global"分别是中国需求冲击、供给冲击、货币政策冲击、东南亚国家的国内冲击、东南亚其他国家加总区域冲击以及世界冲击对东南亚国家通货膨胀波动的解释能力，右侧图例的顺序体现了解释能力由高到低。图上方字母为国家代码，依次为韩国、日本、菲律宾、新加坡、泰国、印度尼西亚和马来西亚。

图6-21 东南亚国家通胀率的预测误差方差分解

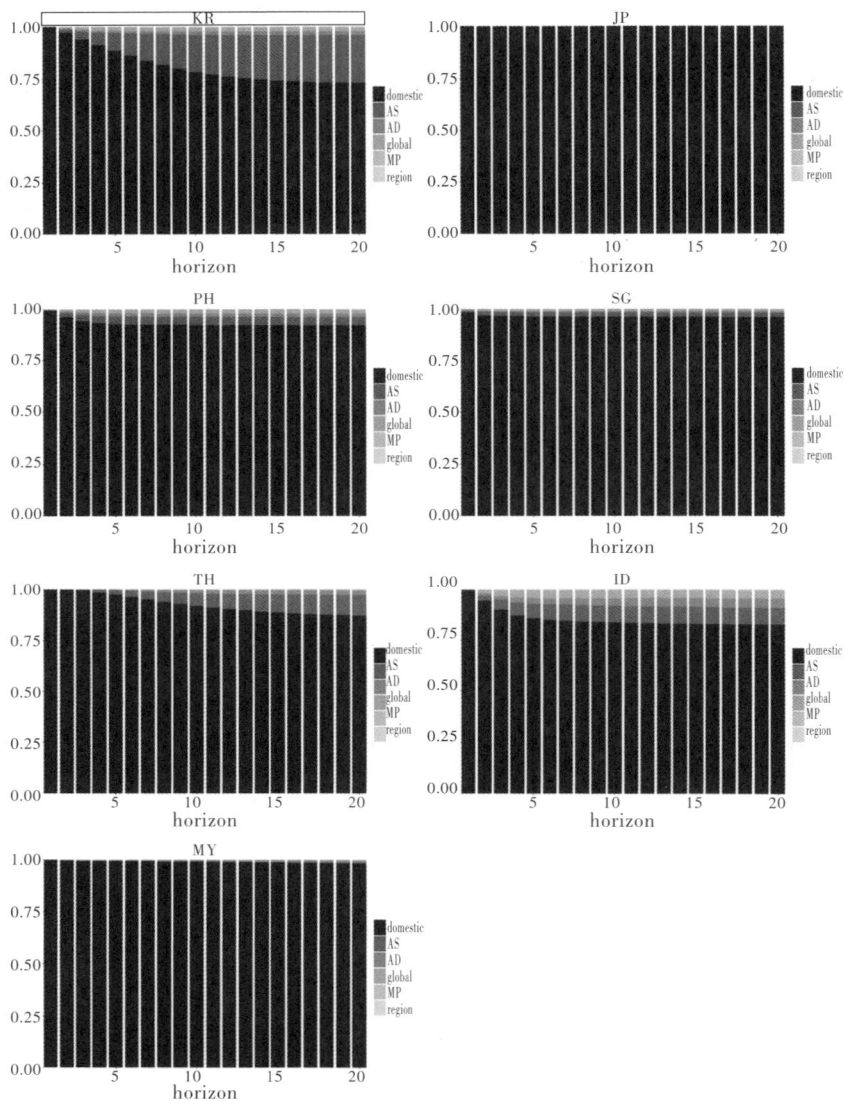

注："AD""AS""MP""domestic""region""global"分别是中国需求冲击、供给冲击、货币政策冲击、东南亚国家的国内冲击、东南亚其他国家加总区域冲击以及世界冲击对东南亚国家短期利率波动的解释能力，右侧图例的顺序体现了解释能力由高到低。图上方字母为国家代码，依次为韩国、日本、菲律宾、新加坡、泰国、印度尼西亚和马来西亚。

图6-22　东南亚国家短期利率的预测误差方差分解

6.7 本章小结

本章首先分析了我国的需求冲击、供给冲击及货币政策冲击对国内经济的影响，继而分析其对东南亚国家的外溢效应以及在1995—2015年之间外溢效应随时间的演变趋势，然后将1995—2015年间外溢效应总的变化分解为"直接效应"和"间接效应"，分析比较不同的影响机制及其背后的经济意义。鉴于中国和美国两国在20年间在东南亚外部市场中所占的贸易比重发生了剧烈变化，本章6.5节以相同的样本数据、相同的样本区间、相同的识别方法分析比较两国外溢效应的相对强弱，考虑到东南亚国家是小型开放国家，其国内的经济波动可能会受到外部冲击的影响，所以在本章最后采用预测误差方差分解将各东南亚国家的实际产出波动、价格水平波动以及短期利率波动分解为内部冲击和外部冲击，从内部和外部两个方面回答东南亚国家经济波动的根源。

本章的具体发现可以归纳为以下几点：（1）通过对中国国内的实际产出、价格水平以及短期利率进行预测误差方差分解，可以发现，供给冲击对实际产出的解释能力最强，其次是需求冲击，货币政策对实际产出波动的解释能力有限。在冲击发生1个季度后，实际产出的变化中有84.8%是由供给冲击所致，货币政策变动仅贡献实际产出波动的5%左右。通过对价格水平进行预测误差方差分解，可以发现，需求冲击对价格水平的影响最大，在冲击发生1个季度后，需求冲击可以解释92.3%的价格水平波动。同样地，对短期利率进行预测误差方差分解，可以发现，货币政策是引发短期利率波动的重要冲击，可以解释80%～90%的短期利率波动，其次是需求冲击，需求冲击可以解释约10%的利率波动。（2）本章分析了上述冲击对东南亚国家的外溢效应，发现我国正向需求冲击、供给冲击使东南亚国家的实际产出出现不同程度的上升，但由于东南亚各国普遍采用通胀目标制的货币政策框架，所以在中国正向的需求冲击作用下，各东南亚国家的短期利率上升缓解价格水平上涨的压力，在正向的供给冲击的作用下，各东南亚国家通过降低短期利率缓解了价格水平下行的压力，从影响的持续性来看，供给冲击和需求冲击对各国的实际产出均有中长期的影响。此外，我国紧缩的货币政策使东南亚国家的实际产出出现不同程度的下降，说明"收入吸收效应"机制的影响要高于"支出转换效应"，同时在紧缩的货币政策下，东南亚国家的短期利率在初期出现了不同程度的上升后迅速回落至初始水平。（3）在1995—2010年间，我国需求冲击、供给冲击对东南亚国家实际产出的影响增加了1~4倍，通过将增加效应分为"直接效应"和"间接效应"，研究发现，中国政策的外溢效应以"直接效应"为主。（4）通过中美两国的对比可以发现，美国作为最终产品的需求者，其国内的需求冲击对东南亚国家实际产出的影响高于中国或者与中国大致相同；对于供给冲击，我国供给变动的短期影响要高于美国，但从长期来看，美国的供给冲击的影响具有一定的持续性，同时，美国的货币政策影响也高于中国，这主要由于美国在全球资本市场中处于核心位置，美国货币政策变动会通过多种渠道对新兴市场国家产生影响。（5）通过对东南亚国家的实际产出、价格水平、短期利率进行预测误差方差分解可以发现，东南亚国家作为中小型开放国家，国内的实际产出波动主要由外部冲击和内部冲击同时驱动，但不同的国家体现出一定的异质性，其中对于对外贸易开放度、金融市场整合度比较高的国家，如日本、韩国、马来西亚和新加坡，外部冲击对实际产出的影响会高于内部冲击。

7 我国政策外溢效应的影响机制分析

考虑到中国与东南亚国家存在紧密的贸易联系，所以本章在7.1节首先探讨中国的需求冲击、供给冲击以及货币政策冲击对东南亚国家贸易收支的影响。除了贸易渠道，本章也考察了资本渠道（利率、汇率、资本市场）是否也是冲击外溢的渠道之一。因此，本章在7.2节采用事件分析法探究中国的货币政策变动对东南亚国家短期利率的影响，在7.3节分析了中国政策变动对东南亚国家实际汇率的影响，在7.4节分析了中国的货币政策变动对东南亚国家资本市场的影响，并从短期资本流动视角探究利率、汇率、资产价格变动的深层次原因。考虑到中国经济增速提高（放缓）会增加（降低）对世界大宗商品的需求，从而推高（降低）世界大宗商品价格，从而对东南亚国家产生影响，所以本章在7.5节分析了中国政策通过大宗商品渠道对东南亚国家的外溢效应。7.6节是国家异质性分析，7.7节是稳健性检验，包括改变权重矩阵、改变方程形式、改变样本区间，并在7.8节对本章进行了归纳总结。

7.1　贸易收支渠道

本书参考 Holinski 和 Vermeulen（2012）选择贸易收支而没有选择经常账户余额作为内生变量，主要是由于经常账户余额除了包括贸易收支，还包括净要素收入、净转移支付，而国外政策变动对经常账户中净要素收入等其他构成的影响尚不清晰，所以本书选择贸易收支作为内生变量。同时，本书将贸易收支表示为出口与进口之比，并取对数，这样的数据处理使贸易收支的分布更接近于正态分布，与前文中的假设（误差项 ε_{it} 服从正态分布）保持一致，具体结果详见图 7-1。

图 7-1 的第一列是中国正向的需求冲击对东南亚国家贸易收支影响的脉冲响应图。从图 7-1 可知，在中国正向的需求冲击的作用下，各东南亚国家的贸易收支整体呈现出正的脉冲响应过程，但不同的国家由于出口商品的结构不同，与中国的贸易联系强度不同，所以贸易收支的脉冲响应过程呈现出一定的异质性。具体来看，在中国正向的需求冲击的作用下，韩国、日本、泰国和马来西亚的贸易收支在冲击发生的 4~5 个季度后达到最大的脉冲响应水平，相比于基期，分别上升 0.082%、0.138%、0.076% 和 0.048%，其中日本、泰国和马来西亚的置信区间与稳态线界限分明，表现出良好的显著性；印度尼西亚的贸易收支呈现出先下降后上升的趋势，一个可能的原因是中国正向的需求变动导致印度尼西亚国内商品价格呈现上行压力（图 6-3 结果），其上升幅度高于其他东南亚国家，从而导致印度尼西亚出口商品的国际竞争力下降，从而使贸易收支受到负向影响。从影响的持续性角度分析，在冲击发生的 5~8 个季度，各国的脉冲响应相继失去显著性，所以需求冲击对各东南亚贸易收支只有短期效应，没有长期影响。

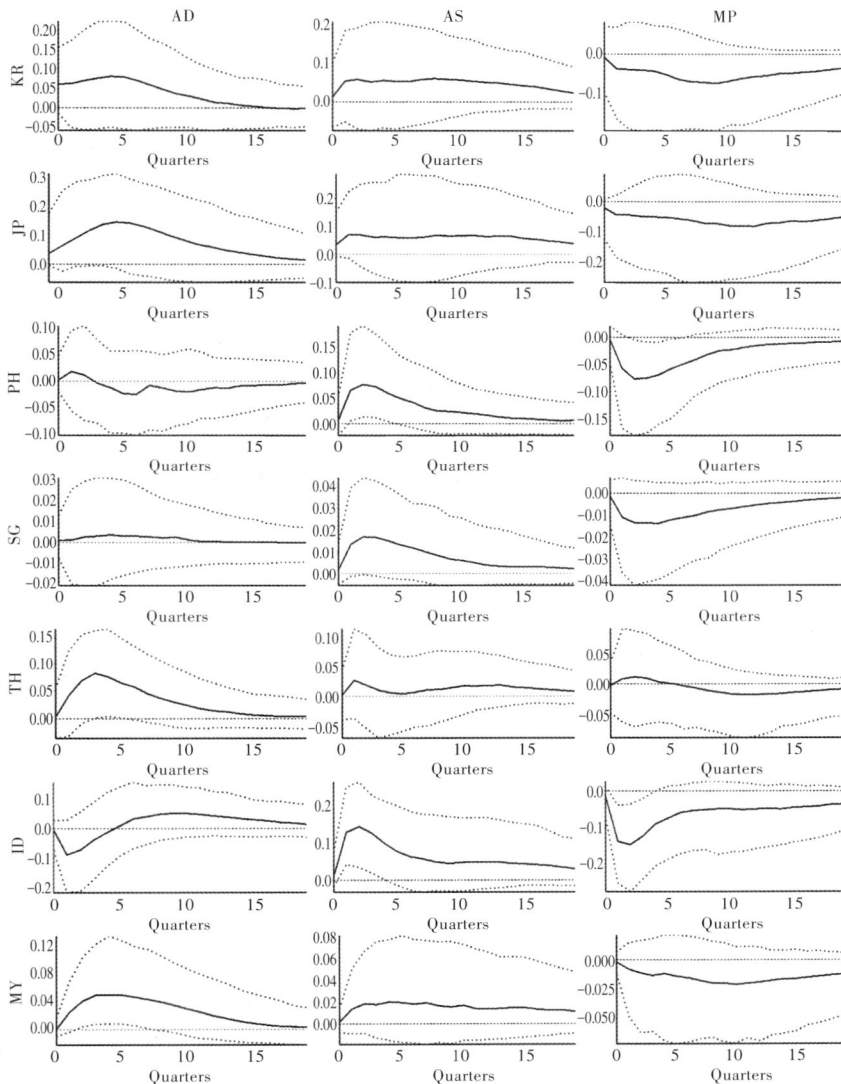

注：从左至右分别是我国 1 个标准差的正向的需求冲击、供给冲击、货币政策冲击对东南亚国家贸易收支的影响。图中的实线部分是冲击反应函数的中位数，虚线部分代表了 25% 和 75% 的分位区间，所有的动态响应均是使用 Bootstrap 方法通过 550 次模拟生成的，左侧字母为国家代码，从上到下依次为韩国、日本、菲律宾、新加坡、泰国、印度尼西亚和马来西亚，以 2000—2016 年国家间进出口贸易量的平均值作为加权矩阵、连接矩阵。

图 7-1　各东南亚国家贸易收支变动的脉冲响应分析

图 7-1 的第二列是正向的供给冲击对东南亚国家贸易收支的影响。由图 7-1 可知，正向的供给因素变动使各国的贸易收支呈现正向的脉冲响应过程，这与 Miyamoto 和 Nguyen（2017）的研究结论一致。Miyamoto 和 Nguyen（2017）通过在 DSGE 模型中引入 Jaimovich‐Rebelo 的偏好形式、可变的固定资产利用率以及生产需要投入进口的中间品三个重要假设，发现美国的技术冲击使加拿大的净出口呈现正的脉冲响应过程，使其贸易条件指数改善，并进一步提高了均衡条件下的产出水平、消费水平和投资水平。此外，在正向的供给冲击的作用下，新加坡、菲律宾和印度尼西亚的贸易收支在第 3 个季度达到最大脉冲响应值，其贸易收支分别上升 0.017%、0.074% 和 0.144%，但在第 5 个季度失去了显著性。供给冲击对新加坡贸易收支的"改善"效果要高于需求冲击，这主要归因于新加坡是技术密集型资本品的重要生产国家，与中国之间的技术外溢是相辅相成的。有部分文献研究发现，东南亚国家外商直接投资的下降主要源于中国的"竞争"机制，但从图 7-1 可知，外商直接投资进入中国及其带来的技术进步通过贸易收支渠道对东南亚国家产生正向影响，从而对上述竞争效应起到了缓释作用。

我国紧缩的货币政策对其他国家贸易收支的影响主要有两种机制：收入吸收效应和支出转换效应。图 7-1 的第 3 列是中国紧缩性的货币政策对东南亚国家贸易收支的影响。从图 7-1 可知，在中国的紧缩的货币政策的作用下，各东南亚国家的贸易收支呈现负的脉冲响应过程，说明货币政策的收入吸收效应机制的影响要高于支出转换效应（与 6.2 节的主要结论一致），最终导致东南亚国家的贸易收支出现不同程度的下降，这与 Vespignani 和 Ratti（2016）的研究结论一致。Vespignani 和 Ratti（2016）研究发现，中国扩张的货币政策使日本产出增加、出口增加，但收入效应机制强于支出转换效应，从而使日本的贸易收支逐步改善。通过对比不同东南亚国家的结果可以发现，印度尼西亚和菲律宾受到的影响较为严重，在冲击发生的第 3 个季度，印度尼西亚的贸易收支下降了 0.13%，并在第 5 个季度时失去显著性，菲律宾的贸易收支在第 3 个季度时下降了 0.08%，随后缓慢上升，并在冲击发生后的第 20 个季度时恢复至初始水平。Neri 和 Nobili（2010）

研究发现，美国紧缩的货币政策对欧元区贸易收支的影响不显著，这可能与美国的货币政策冲击主要通过资本渠道对外溢出有关，但贸易渠道是我国货币政策外溢的一个重要渠道，如印度尼西亚和菲律宾的贸易收支都呈现负的显著的脉冲响应，这与美国存在明显差异。通过将货币政策冲击与供给冲击、需求冲击进行对比，从数值上看，货币政策冲击的效果要弱于需求冲击、供给冲击。

本书也参考王美昌和徐康宁（2016）的研究方法，将实际出口总额作为内生变量代入模型，数据来源于IMF的DOTS数据库，数据处理过程如下：（1）将名义出口总额除以消费者价格指数（2010=100），得到实际出口总额；（2）参考Feldkircher和Huber（2016），将实际出口总额进行季节性调整；（3）以2010年为基准（2010年4个季度的指数平均值为100），将实际出口总额进行指数化处理并取对数，得到的脉冲响应函数见图7-2。

从图7-2可知，中国正向的需求变动对出口的外溢效应的即期影响（t = 0）在0.009%~0.288%之间，其中日本的直接效应最强，泰国的直接效应最弱，如果以2013—2015年购买力平价计算的国内生产总值作为权重计算区域实际出口的响应，可以得到，中国需求增加1个标准差使东南亚区域整体的出口总额上升0.167个百分点（韩国、日本、菲律宾、新加坡、泰国、印度尼西亚和马来西亚的直接影响分别为0.259%、0.288%、0.109%、0.040%、0.009%、0.010%、0.053%，对应的权重分别为0.138、0.405、0.056、0.037、0.086、0.216、0.062）；韩国、日本的实际出口在受到一次性冲击后迅速上升，在2个季度内达到最大值，从第3个季度开始逐渐回落，并最终稳定在0.06%~0.07%之间。我国紧缩的货币政策变动1个标准差，使东南亚国家的实际出口出现不同程度的下降，直接效应介于-0.12%~-0.01%之间，均值为-0.046，其中，日本、韩国、马来西亚出口下降高于其他东南亚国家。通过对比图7-1和图7-2，实际出口响应函数的显著性要高于贸易收支，主要是由于出口的增长也会促进进口的上升，所以贸易收支的显著性较弱。

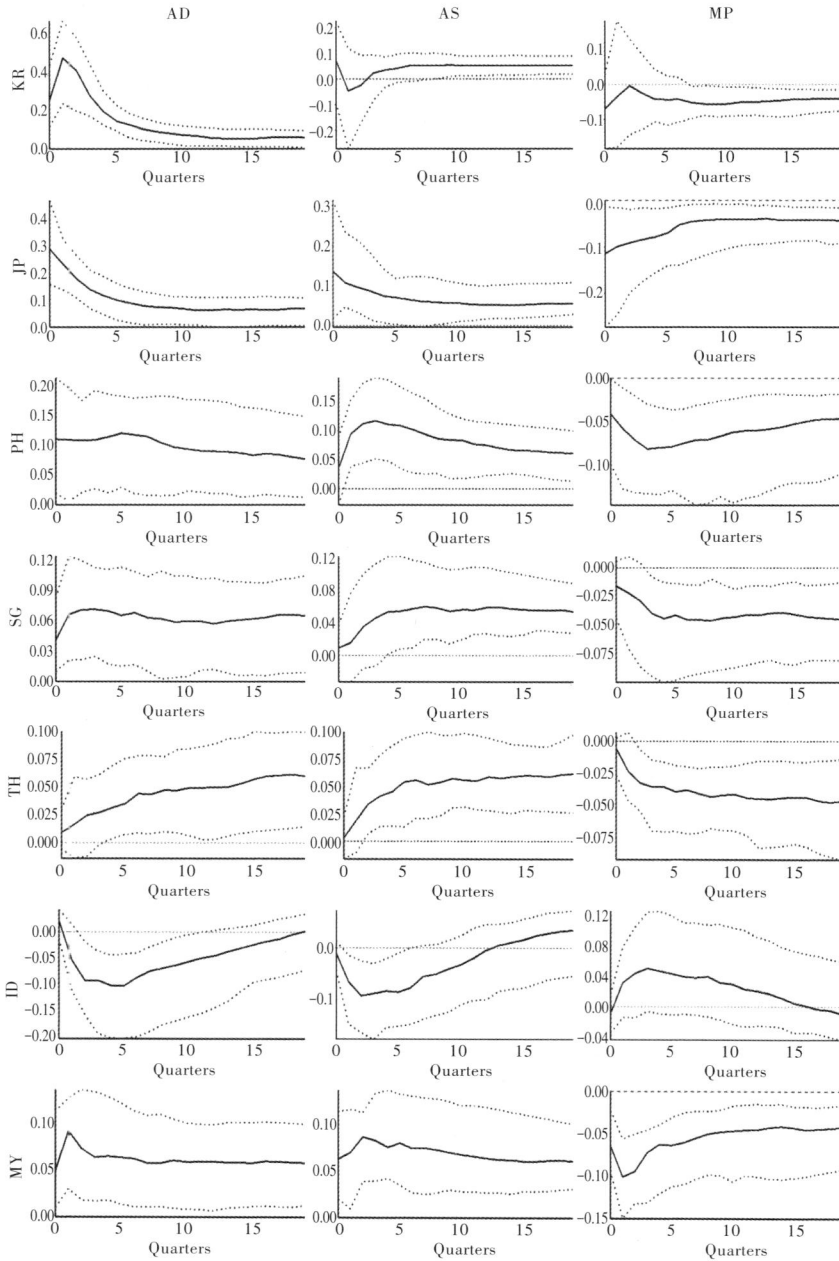

图7-2 各东南亚国家实际出口变动的脉冲响应分析

7.2 利率渠道

随着中国经济总量的不断提高以及人民币国际化进程逐渐加快，尤其是中国成功加入 SDR，中国货币政策的外溢效应也逐渐被世界其他经济体关注（Vespignani 和 Ratti，2016），所以本书在这一小节主要分析中国货币政策的实施是否会对东南亚国家的货币政策中介目标（利率）有溢出影响。大量文献基于国际金融领域中的蒙代尔"不可能三角"理论分析汇率制度的选择对货币政策传导机制的影响，即采用固定汇率制度的国家的国内变量（实际产出、短期利率）受到外部冲击的影响程度是否会高于采用浮动汇率制度的国家，但考虑到本书样本中的东南亚国家均采用完全浮动的汇率制度（日本、韩国、菲律宾、印度尼西亚）或者有管理的浮动汇率制度（马来西亚、新加坡、泰国），所以本书没有进行更细致的划分。

7.2.1 理论模型

为了更清晰地说明问题，本书在这一小节参考黄宪和杨子荣（2016）提出的超短期的开放经济模型对中国货币政策冲击的外溢效应进行说明。学界采用多种方法对利率平价理论进行了检验，其核心思想是，在金融市场一体化程度不断提高的情况下，金融市场主体进行理性预期以及自由套利，两国之间的实际利差应为 0，如果市场中存在交易成本或资本管制，则两国的实际利差应位于某一区间内，如果实际利差超过了该区间，则套利行为会不断缩小利差，使利差重新回落至区间内。基于此，将根据第 4 章的理论模型得到的利率平价公式（式（4.46））进行适当改写，可以得到：

$$R_t = R_t^* + \theta(\bar{e} - e_t) \tag{7.1}$$

其中：R_t 表示本国的利率水平；R_t^* 表示国外的利率水平；$\bar{e}$ 为长期均衡汇率；e_t 为即期汇率水平（以直接标价法表示）；$\theta(\bar{e} - e_t)$ 表示本币预期贬值幅度；θ 为预期系数，$\theta > 0$。假设本国的货币市场处于均衡状态，即货币的总需求等于总供给，货币的需求函数是：

$$L(y, R) = ay - bR \tag{7.2}$$

其中：y表示本国实际收入的对数形式；a表示货币需求对于收入的变动系数；b表示货币需求对于利率的变动系数。货币市场均衡意味着货币需求等于货币供给，即：

$$ay - bR = m - p \tag{7.3}$$

其中：m、p是本国名义货币供给量和价格水平的对数，将式（7.1）代入式（7.3），可以得到：

$$R_t^* = \frac{1}{b}\left[ay - b\theta(\bar{e} - e_t) - m + p\right] \tag{7.4}$$

由式（7.4）可知：

$$\frac{dR_t^*}{dm} = -\frac{1}{b} < 0 \tag{7.5}$$

本国紧缩的货币政策（m下降）会使国外货币市场利率上升，其原因在于国际短期资本流动具有一定的顺周期特征，当本国央行采取紧缩性的货币政策抑制经济过热时，国内资产的收益率上升，跨境资本追逐利差、汇差大规模进入国内市场，从而导致国外市场流动性降低，短期利率上升；同样地，当本国央行采用扩张性的货币政策刺激经济复苏时，国内利率、汇率的下降导入资本大量撤出，国外市场流动性过剩，短期利率下降。

7.2.2　实证模型

本书在这一小节主要采用事件分析法分析中国的货币政策变动对东南亚国家的外溢效应。中国央行在2006年至2008年之间频繁调整利率和存款准备金率，具体来讲，在2006年4月27日至2008年6月7日之间，为了抑制信贷的过快增长，加强银行的流动性管理，进一步巩固宏观调控的成果，中国央行综合运用数量调控和价格调控，先后18次上调人民币存款准备金率，最高调整幅度为1个百分点，最低调整幅度为0.5个百分点，先后8次上调金融机构存贷款基准利率，其中，一年期的存款基准利率平均上调0.27个百分点，贷款基准利率有5次上调0.27个百分点，3次上调0.18个百分点；但在2008年9月15日至2008年12

月31日之间，为了缓解全球金融危机对国内经济的负向影响，缓解经济下行压力，中国央行将货币政策由适度从紧转向适度宽松，先后4次下调存款准备金率，5次下调存贷款基准利率，最高调整幅度为1.08个百分点，最低调整幅度为0.27个百分点，详见表7-1。鉴于此，本书采用事件分析法，分析央行政策发布对各东南亚国家短期利率的影响，根据数据的有效性，本节中选择的样本区间为2006年4月27日至2008年12月31日。

表7-1　2006年4月27日—2008年12月31日央行的货币政策调整

时间	央行发布政策
2006-04-27	为了进一步巩固宏观调控成果，上调一年期贷款基准利率0.27个百分点，存款利率保持不变
2006-06-16	为抑制货币信贷总量过快增长，上调存款准备金率0.5个百分点
2006-07-21	为加强流动性管理、抑制货币总量过快增长，上调存款准备金率0.5个百分点
2006-08-18	为引导投资和货币信贷的合理增长，引导企业和金融机构恰当地衡量风险，上调金融机构一年期存款基准利率0.27个百分点，上调一年期贷款基准利率0.27个百分点
2006-11-03	为降低银行体系过剩的流动性，上调存款准备金率0.5个百分点
2007-01-05	为缓解贷款扩张压力，上调存款准备金率0.5个百分点
2007-02-16	为适应流动性的动态变化，上调存款准备金率0.5个百分点
2007-03-17	为促进经济平衡增长和结构优化，上调金融机构一年期存款基准利率0.27个百分点，上调一年期贷款基准利率0.27个百分点
2007-04-05	为引导金融机构优化信贷结构，上调存款准备金率0.5个百分点
2007-04-29	为加强流动性管理，引导货币信贷合理增长，上调存款准备金率0.5个百分点
2007-05-18	为引导投资合理增长，保持物价水平基本稳定，上调存款准备金率0.5个百分点，上调一年期存款基准利率0.27个百分点，上调一年期贷款基准利率0.18个百分点
2007-07-20	为引导货币信贷和投资的合理增长，调节和稳定通货膨胀预期，上调金融机构一年期存款基准利率0.27个百分点，上调一年期贷款基准利率0.27个百分点

续表

时间	央行发布政策
2007-07-30	为抑制货币信贷过快增长，上调存款准备金率0.5个百分点
2007-08-21	为合理调控货币信贷投放，稳定通货膨胀预期，上调金融机构一年期存款基准利率0.27个百分点，上调一年期贷款基准利率0.18个百分点
2007-09-06	为加强银行体系流动性管理，抑制信贷增长过快，上调存款准备金率0.5个百分点
2007-09-14	为加强货币信贷调控，引导投资合理增长，上调一年期存款基准利率0.27个百分点，上调一年期贷款基准利率0.27个百分点
2007-10-13	为抑制货币信贷过快增长，上调存款准备金率0.5个百分点
2007-11-10	为抑制货币信贷过快增长，上调存款准备金率0.5个百分点
2007-12-08	为抑制货币信贷过快增长，上调存款准备金率1个百分点
2007-12-20	为贯彻从紧的货币政策，上调一年期存款基准利率0.27个百分点，上调一年期贷款基准利率0.18个百分点
2008-01-16	为继续加强银行体系流动性管理，上调存款准备金率0.5个百分点
2008-03-18	为引导货币信贷合理增长，上调存款准备金率0.5个百分点
2008-04-16	为继续落实从紧的货币政策要求，上调存款准备金率0.5个百分点
2008-05-12	为引导货币信贷合理增长，上调存款准备金率0.5个百分点
2008-06-07	为加强银行体系流动性管理，上调存款准备金率1个百分点
2008-09-15	除工商银行、农业银行、中国银行、建设银行、交通银行、邮政储蓄银行暂不下调外，其他存款类金融机构人民币存款准备金率下调1个百分点；下调一年期人民币贷款基准利率0.27个百分点
2008-10-08	下调存款准备金率0.5个百分点，下调存贷款基准利率各0.27个百分点
2008-10-29	下调存贷款基准利率各0.27个百分点
2008-11-26	为贯彻落实适度宽松的货币政策，下调一年期人民币存贷款基准利率各1.08个百分点，下调大型存款类金融机构人民币存款准备金率1个百分点
2008-12-22	下调一年期人民币存贷款基准利率各0.27个百分点，下调金融机构存款准备金率0.5个百分点

为了全面分析中国货币政策冲击对东南亚国家利率水平的溢出效

应，本书参考黄宪和杨子荣（2016）的研究方法，选择1年期、3年期、5年期的政府债券收益率的日度数据作为短期利率的代理变量，并设计如下回归模型：

$$\Delta stir_{i,t} = \alpha + \beta_1 \Delta stir_{i,t-1} + \beta_2 D_{i,t} + \beta_3 FOMC_t + \beta_4 CN_t + \beta_5 WE_t + \varepsilon_{i,t} \quad (7.6)$$

其中：$\Delta stir_{i,t}$ 是 t 时刻东南亚国家 i 的利率的变化幅度；$\Delta stir_{i,t-1}$ 是 t−1 时刻东南亚国家 i 短期利率的变化幅度，通过在方程中加入 $\Delta stir_{i,t-1}$ 可以控制其他影响短期利率变化的因素；$D_{i,t}$ 是国内虚拟变量，如果 t 时刻国家 i 召开会议，则 $D_{i,t} = 1$，否则，$D_{i,t} = 0$；β_2 体现了东南亚国家本国的央行会议对国内市场短期利率的影响。韩国央行平均每个月召开1次会议，在本书的样本期内，韩国央行一共召开了33次会议，在33次会议中，有9次会议对基准利率做了调整，5次上调基准利率，4次下调基准利率；日本央行平均每个月召开1~2次会议，在样本期内，日本央行一共召开了40次会议，有3次会议对基准利率做了相应调整，2次上调基准利率，1次下调基准利率。为了保证结果的稳健性，本书将国内会议变量设置为基准利率的调整幅度，发现中国的货币政策的影响仍然是显著的。

虽然新兴市场国家经济快速发展，国际贸易和资本流动的格局在发生变化，但以美元为中心的国际货币体系却没有发生根本性变化。在这样的货币体系状态下，美国的货币政策存在很强的外溢效应，因此中国的短期利率水平和东南亚国家的短期利率水平可能同时受到美国货币政策的影响。Zhou（1996）提出，在分析东南亚国家之间的利率联动时，不应该忽略美国的影响，所以本书在式（7.6）中加入了美国货币政策的影响，联邦公开市场委员会平均每年召开8次会议，在本书的样本期内，联邦公开市场委员会一共召开了26次会议，$FOMC_t$ 是虚拟变量，当联邦公开市场委员会在 t 时刻召开会议时，$FOMC_t = 1$，否则，$FOMC_t = 0$，因此，β_3 体现了美国货币政策信息对东南亚国家短期利率变化的影响。本书中没有将FOMC变量定义为联邦基金基准利率的变化幅度，主要是因为当联邦公开市场委员会召开会议时，即使目标基准利率没有发生变化，由于会议的召开，各国的资本市场也会发生变动，所以 β_3 主要衡量联邦公开市场委员会召开会议对市场的扰动。CN_t 是中国央行货币政策变量，若 t 时刻中国央行上调存款准备金率或上调存贷款基准利率，即发布的货币政策为紧缩性的货币政策，则 $CN_t = 1$；若 t 时刻中国央行下调存款准备金率或基准利率，则 $CN_t = -1$；在其他时刻，$CN_t = 0$。β_4 体现了中国的货币政策对东南亚国家货币市场利率的影响，如果 $\beta_4 > 0$，则表明当中国实施紧缩的货币政策时，会导致东南亚国家的短期利率上升，这也说明中国的货币政策会引起东南亚国家的利率水平发生同方向变化。值得注意的是，本书使用货币政策的公告日而非执行日作为中国货币政策冲击的代理变量，主要考虑到市场会对未预期的货币政策作出反应，而等到货币政策执行时，市场已经将信息充分吸收并作为投资决策的依据。由于中国央行发布政策的时间通常选在当天的资本市场结束交易后，所以，本书假设中国的货币政策的发布会对东南亚国家第二天债券市场的收益率产生影响。WE_t 表示周内效应，也称为星期一效应，如果交易时间 t 是星期一，则 $WE_t = 1$，否则 $WE_t = 0$，加入 WE_t 的原因是资本市场在星期一的回报率往往低于前一个交易日。$\varepsilon_{i,t}$ 为模型残差。

7.2.3 实证结果

根据数据的可得性、有效性、流通性，本书以日本、韩国的国债市场收益率作为被解释变量，其中，日本政府债券收益率的日度数据来源于同花顺（代码为 G00297400），韩国政府债券收益率的日度数据来源于 CEIC 全球经济数据库（代码为 28384201~28384401），国内央行召开会议的时间信息来源于日本央行官方网站[①]和韩国央行官方网站[②]，中国货币政策变动信息来源于央行官网，美联储 FOMC 会议时间来源于美联储官网[③]，数据的描述性分析见表 7-2。从表 7-2 可知，日本政府债券收益率的变动幅度较小，最小值为 -0.118，最大值为 0.143，标准差为 0.028；而韩国 3 年期债券的收益率波动幅度较大，最小值为 -0.320，最大值为 0.300，标准差为 0.065。

① 日本央行官网为 https://www.boj.or.jp/en/index.htm。
② 韩国央行官网为 https://www.bok.or.kr/eng/main/main.do。
③ 美联储官网为 https://www.federalreserve.gov/monetarypolicy/fomccalendars.htm。

表7-2		数据的描述性分析		
	最小值	最大值	均值	标准差
KR-1y	-0.290	0.270	-0.00257	0.042
KR-3y	-0.320	0.300	-0.00315	0.065
KR-5y	-0.290	0.300	-0.00298	0.065
JP-1y	-0.105	0.069	0	0.015
JP-2y	-0.112	0.098	-0.00039	0.022
JP-3y	-0.118	0.143	-0.00064	0.028
$D_{JP, t}$	0	1	0.103	0.304
$D_{KR, t}$	0	1	0.047	0.212
$FOMC_t$	0	1	0.049	0.215
CN_t	-1	1	0.029	0.205
WE_t	0	1	0.198	0.398

注：KR-1y、KR-3y、KR-5y分别代表韩国1年期、3年期、5年期政府债券收益率；JP-1y、JP-2y、JP-3y分别代表日本1年期、2年期、3年期政府债券收益率；D_{JP}、D_{KR}分别代表日本、韩国国内政策虚拟变量；$FOMC_t$代表美联储会议虚拟变量；CN_t代表中国央行会议虚拟变量。下同。

表7-3a给出了中国央行的货币政策对日韩两国政府债券收益率影响的回归结果。从表7-3a可知，在控制了东南亚国家的国内影响、美国影响以及周内效应后，中国货币政策的系数β_4为正且显著，其中，当中国央行发布紧缩性货币政策的公告后，韩国1年期政府债券收益率上升0.032，3年期政府债券收益率上升0.037，5年期政府债券收益率上升0.034；日本1年期、2年期、3年期政府债券收益率分别上升0.011、0.021和0.026。本书也使用其他期限的政府债券收益率（如4年期、5年期政府债券收益率等）作为被解释变量，发现结果仍然稳健。在设置虚拟变量$D_{i, t}$时，本书采用另一种方法，当韩国（日本）央行上调货币政策基准利率时，$D_{i, t}=1$；当韩国（日本）央行下调基准利率时，$D_{i, t}=-1$；在其他时刻，$D_{i, t}=0$，重新代入模型，回归结果见表7-3b。从表7-3b可知，对$D_{i, t}$进行适当调整后，中国货币政策的系数β_4仍然是显著的，但通过与表7-3a进行对比可以发现，当$D_{i, t}$根据货币政策的变动方向进行赋值时，中国货币政策对韩国债券市场收益率的影响程度呈现一定程度的下降，其中1年

期、3年期和5年期政府债券收益率的回归方程中，中国货币政策系数 β_4 分别由0.032、0.037和0.034下降至0.026、0.032和0.031，但中国货币政策对日本政府债券收益率的影响未发生明显变化。综上可知，中国的货币政策会引起东南亚国家的利率水平发生同方向变化。

表7-3a　　　　中国央行的货币政策对日本、韩国政府债券收益率的影响

	KR-1y	KR-3y	KR-5y	JP-1y	JP-2y	JP-3y
ΔR^i_{t-1}	0.105** (2.376)	0.017 (0.376)	−0.009 (−0.205)	0.212*** (4.507)	0.111*** (2.388)	0.032 (0.693)
CN_t	0.032*** (2.639)	0.037** (1.971)	0.034* (1.824)	0.011*** (2.637)	0.021*** (3.273)	0.026*** (3.252)
$FOMC_t$	−0.010 (−1.260)	−0.023* (−1.809)	−0.021* (−1.665)	−0.002 (−0.631)	0.003 (0.691)	0.008 (1.472)
$D_{i,t}$	−0.004 (−0.475)	0.004 (0.037)	0.008 (0.673)	−0.003 (−1.392)	−0.003 (−1.100)	−0.004 (−1.019)
WE_t	Yes	Yes	Yes	Yes	Yes	Yes
N	471	471	471	514	514	514
R^2	0.03	0.02	0.02	0.05	0.03	0.02

注：括号内为t值，***、**、*分别代表在1%、5%和10%水平下显著。下同。

表7-3b　　中国央行的货币政策对日本、韩国政府债券收益率的影响

	KR-1y	KR-3y	KR-5y	JP-1y	JP-2y	JP-3y
ΔR^i_{t-1}	0.102** (2.396)	0.011 (0.251)	−0.015 (−0.328)	0.215*** (4.573)	0.113** (2.442)	0.036 (0.774)
CN_t	0.026** (2.191)	0.032* (1.725)	0.031* (1.654)	0.012*** (2.651)	0.021*** (3.275)	0.026*** (3.252)
$FOMC_t$	−0.010 (−1.284)	−0.023* (−1.827)	−0.021* (−1.687)	−0.002 (−0.608)	0.003 (0.703)	0.008 (1.481)
$D_{i,t}$	0.076*** (5.357)	0.055** (2.428)	0.035 (1.549)	0.016* (1.757)	0.005 (0.400)	−0.008 (−0.500)
WE_t	Yes	Yes	Yes	Yes	Yes	Yes
N	471	471	471	514	514	514
R^2	0.03	0.02	0.02	0.05	0.02	0.02

7.3　汇率渠道

在亚洲金融危机之前，多数东南亚国家的货币与美元挂钩，而亚洲金融危机使"硬钉住"汇率制度濒于崩溃，货币当局不得不重新构建货币政

策框架，寻求更加稳健的货币政策规则，因此，亚洲金融危机之后，危机国家纷纷增加汇率制度弹性，并提高了资本市场和外汇市场的自由化程度。根据IMF对各国汇率制度的分类，1997年7月，泰国由固定汇率制度转向有管理的浮动汇率制度，同年11月，韩国由有管理的浮动向完全浮动转变。亚洲金融危机发生后，泰铢、比索以及卢比与美元的双边汇率波动标准差分别由0.012上升至0.064，由0.057上升至0.129，由0.078上升至0.116（Ogawa和Yang，2008）。Rajan（2012）等对亚洲金融危机后期各东南亚国家采用的汇率制度做了详细整理，详见表7-4。从表7-4可以发现，亚洲金融危机后，东南亚国家普遍采用完全浮动的汇率制度或者有管理的浮动汇率制度。此外，各国开始推行通胀目标制货币政策规则，韩国最先在1998年1月实行通胀目标制，其次是印度尼西亚（1999年5月）、泰国（2000年4月）、菲律宾（2002年1月），详见图7-3。

表7-4　　　　各东南亚国家货币政策目标以及汇率制度安排

国家	货币政策目标以及汇率制度安排
韩国	韩国央行主要实行通胀目标制，根据经济增长水平和通胀预期设定通胀目标，通过前期公告引导公众的通胀预期向目标通胀收敛。本币汇率主要由外汇市场上供求关系决定，当供需失衡或市场情绪异常变动时，韩国央行会进行适当干预
日本	本币汇率主要由外汇市场上供求关系决定，当供需失衡或市场情绪异常变动时，日本央行会进行适当干预
菲律宾	2002年1月，菲律宾央行开始采用通胀目标制货币政策，其主要目标是维持低而稳定的通胀水平以促进经济的平稳增长。货币当局决定国家的汇率政策，并确定汇率浮动区间
新加坡	自1981年开始，新加坡的货币政策以汇率管理为中心，主要包括以下三方面：（1）新加坡采用有管理的浮动汇率制度，并以贸易伙伴国家和存在竞争关系的国家的货币为参考；（2）汇率浮动区间依经济基本面进行适当调整；（3）由于货币政策以汇率为中介目标，从而货币当局放松了对国内利率水平的管控
泰国	在通胀目标制框架下，泰国央行通过调整关键政策利率（目前为14天回购利率）影响短期货币市场利率来实施货币政策。泰国自1997年7月2日开始实施有管理的浮动汇率制度，本币汇率主要由外汇市场上的供求关系决定，当外汇市场出现异常波动时，货币当局会进行适当干预
印度尼西亚	2005年7月，印度尼西亚央行开始采用通胀目标制货币政策，并存在四个基本特征：（1）采用利率作为货币调控的中介目标；（2）采用前瞻性的货币政策制定规则；（3）提高货币政策透明度；（4）加强货币政策与政府的协调。在外汇市场上，卢比汇率完全由市场的供求决定
马来西亚	2005年7月21日，马来西亚由固定汇率制度转向浮动汇率制度，并对一篮子货币实行有管理的浮动，本币汇率由外汇市场上的供求关系决定

数据来源：Ogawa和Yang（2008）、Rajan（2012）。

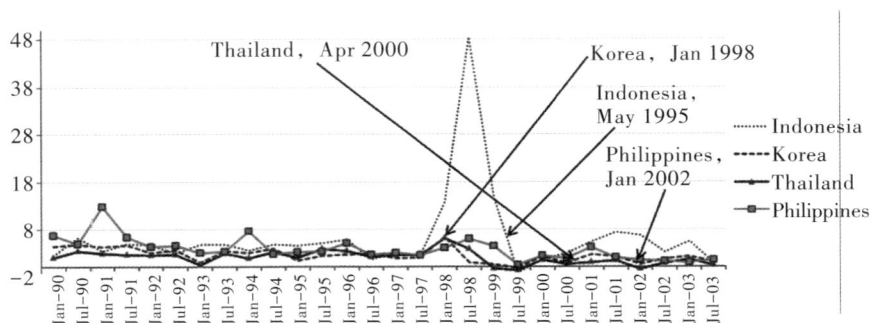

注：数据来源于 IMF、Cavoli 和 Rajan（2006）。

图7-3 东南亚国家的通胀水平及采用通胀目标制的时间

关于固定汇率制度和浮动汇率制度的选择问题，学界早有讨论。Friedman（1953）提出，由于世界普遍存在价格粘性，所以汇率变动可以降低实际因素对国内产出、通货膨胀的影响，其核心思想是存在价格粘性的情况下，浮动汇率有利于价格迅速调整，外部冲击对数量的影响会降低；而在固定汇率制度下，价格调整速度取决于价格粘性强弱，价格调整缓慢，外部冲击对数量的影响越强，进一步得出浮动汇率制度要优于固定汇率制度的结论。随后有大量实证研究对 Friedman 提出的假设进行了检验，如 Obstfeld 和 Rogoff（1995）、Broda（2001）、陈中飞等（2017）、刘粮和陈雷（2018），并从不同角度分析浮动汇率的优势。如 Broda（2001）研究发现，贸易条件指数（出口价格与进口价格之比）恶化会导致实际产出下降，但实行浮动汇率制度的国家实际产出下降幅度低于实行固定汇率制度的国家，从而支持 Friedman（1953）的观点；陈中飞等（2017）研究发现，浮动汇率制度能缓解主权货币贬值的预期，从而减少国际资本的异常流动；刘粮和陈雷（2018）在风险和收益的理论框架下研究发现，浮动汇率能缓解外部收益因素对净资本流动的冲击及外部风险冲击对总资本流动的影响，但由于后者的缓释作用较弱，所以总的资本流动呈现出"二元悖论"假象。Sek（2010）研究发现，在亚洲金融危机之后，东南亚国家之所以能保持低而稳定的通胀水平，一个主要原因是东南亚国家在危机后纷纷采用浮动汇率制度，浮动汇率增加了汇率变化的弹性，从而保护国内经济不受影响。但也有学者对浮动汇率制度提出了疑问，其核心观点是，对于小型开放经济体，即使实行浮动汇率制度，也难以保持国内货币政策的独立性，如 Rey（2016）。Cavoli 和 Rajan（2006）提出，在应对国内冲击以及名义冲击时，固定汇率制度要优于浮动汇率制度。考虑到东南亚国家采用完全浮动的汇率制度或者有管理的浮动汇率制度，所以本书在这一小节主要探究中国需求冲击、供给冲击及货币政策冲击对东南亚国家实际汇率的影响，具体结果详见图 7-4。

图 7-4 的第一列是我国正向的需求冲击对东南亚国家实际汇率影响的脉冲响应分析。从图 7-4 可知，各东南亚国家的实际汇率出现持续的升值过程，脉冲响应置信区间不包括稳态线，呈现一定的显著性，其中，冲击发生 4 个季度后，韩国、日本、菲律宾、新加坡、泰国、印度尼西亚和马来西亚的实际汇率升值幅度分别为 0.182%、0.037%、0.051%、0.038%、0.096%、0.015% 和 0.044%，如果以 2013—2015 年购买力平价计算的国内生产总值作为权重，可以得到，正向的外部需求冲击使东南亚区域整体的实际汇率平均升值 0.058%，这与 Broda（2001）的研究结论一致。Broda（2001）研究发现，在本国实行浮动汇率制度的情况下，如果其他国家对本国的出口需求下降会导致本国贸易条件指数恶化，从而使本币出现大幅度贬值，与本书的结论一致，但内在机理与本书略有不同：Broda（2001）认为，当系统出现负向实际冲击时，国内的需求和产出均会下降，对货币的需求也会下降，为了维持货币市场均衡，短期利率水平下降，从而导致本币贬值，本币贬值使国内出口商品的价格下降，缓解出口需求下降压力，而本书注重强调东南亚国家主要采用通胀目标制的货币政策框架（见表 7-4），当系统中出现正（负）向的需求冲击时，短期利率上升（下降）会减少国内价格水平上行（下行）压力，而短期利率上升（下降）会导致外汇市场上本币升值（贬值），同时汇率升值会进一步缓解通胀上行压力。综合来看，Broda（2001）认为利率变动是为了维持货币市场均衡，而本书认为利率变动是由通胀目标制货币规则决定的，这也与东南亚国家通胀目标制的货币政策框架相一致。

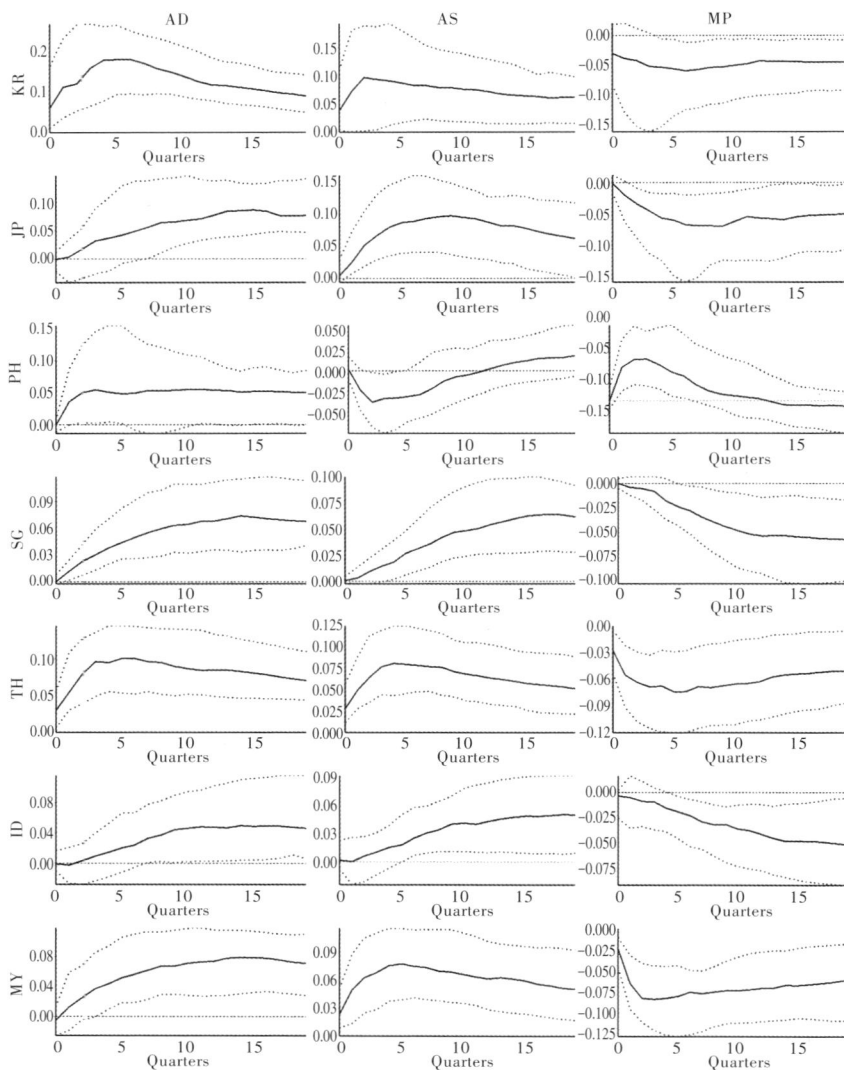

注：第一列是我国正向的需求冲击对东南亚国家实际汇率的影响，第二列是我国正向的供给冲击对东南亚国家实际汇率的影响，第三列是紧缩的货币政策对东南亚国家实际汇率的影响。实际汇率呈现正向的脉冲响应对应该国货币升值。图中的实线部分为冲击反应函数的中位数，虚线部分代表了25%和75%的分位区间，左侧字母为国家代码，从上到下依次为韩国、日本、菲律宾、新加坡、泰国、印度尼西亚和马来西亚，以2000—2016年国家间进出口贸易量的平均值作为权重矩阵、连接矩阵。

图7-4　各东南亚国家实际汇率变动的脉冲响应分析

基于上述实证分析结果，我们结合全球金融危机数据来探究其引申含义。在全球金融危机期间，国际资本市场的不确定性急剧增加，避险情绪上升，国际投资者重新调整跨境投资的资产配置，增加了对低风险、高流动性的美国政府债券的需求，进而导致国际流动资本从新兴市场国家撤出并回流至美国，同时，全球贸易在此期间萎缩，欧美等发达经济体对东南亚国家出口商品的需求下降，两种因素综合作用导致各东南亚国家的本币出现大幅度贬值（如图7-5所示）。从图7-5可知，在2008年7月1日至2008年9月15日（雷曼兄弟破产）期间，韩元/美元双边名义汇率一度从1 050.50下降至1 117.85，泰铢/美元双边名义汇率从33.40下降至34.56。由上文分析可知，中国在此期间实行的财政刺激计划对东南亚国家形成正向的出口需求拉动，可以在一定程度上缓解其本币贬值的压力。

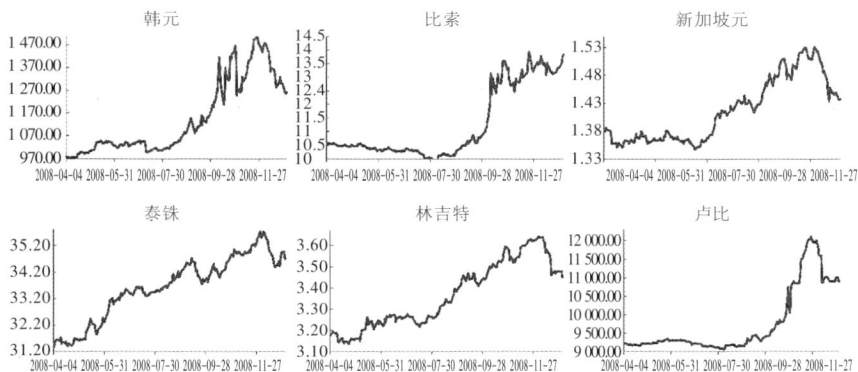

注：数据来源于同花顺。

图7-5　全球金融危机期间东南亚国家汇率贬值

图7-4的第二列是中国正向的供给冲击对东南亚国家实际汇率的影响。与需求冲击相似，在中国正向的供给冲击的作用下，各东南亚国家的实际有效汇率出现不同程度的升值，其中，冲击发生4个季度后，韩国、日本、泰国和马来西亚的实际汇率升值幅度分别为0.092%、0.080%、0.081%、0.077%，升值幅度高于其他国家，如果以2013—2015年购买力平价计算的国内生产总值平均值作为权重，可以得到，我国1个标准差的正向的供给因素变动使东南亚区域整体的实际汇率平均升值0.059%。

Miyamoto 和 Nguyen（2017）使用 DSGE 模型研究发现，美国的技术冲击使加拿大的贸易条件指数下降，实际汇率升值，与本书的研究结果一致，但 Miyamoto 和 Nguyen（2017）更注重因素内生传导机制。本书认为，中国发生正向的供给冲击时（如技术进步、基础设施的改进），中国出口商品价格会下降，东南亚国家从中国进口商品的价格随之下降，东南亚国家的实际购买力上升，货币出现一定幅度的升值。

下面本书将分析中国紧缩的货币政策对东南亚国家实际汇率的影响，对式（7.4）进行适当整理，可以得到：

$$e = \bar{e} - \frac{1}{b\theta}\left[- ay^* + bR + m^* - p^* \right] \tag{7.7}$$

将 e 对 m 求导，可知：

$$\frac{de}{dm^*} = -\frac{1}{b\theta} < 0 \tag{7.8}$$

由式（7.8）可知，当国外实行紧缩的货币政策时（m^* 下降），e 上升（直接标价法），即本币贬值。图 7-4 的第三列是中国紧缩的货币政策对东南亚国家实际汇率的影响。从图 7-4 可知，中国紧缩的货币政策使东南亚国家的汇率水平出现不同程度的贬值，在冲击发生 1 个季度后，东南亚国家的实际汇率贬值 0.004%~0.065%，同样地，以 2013—2015 年购买力平价计算的国内生产总值平均值作为权重，可以得到，1 个标准差的紧缩的货币政策使东南亚区域实际汇率平均贬值幅度为 0.021%（1 个季度）。中国货币政策对实际汇率的影响有两种渠道：资本渠道和贸易渠道。首先，中国紧缩的货币政策使中国国内资产收益率上升，吸引了外国资本的流入，在外汇市场上人民币需求上升，东南亚国家货币的外部需求下降，从而导致其货币发生贬值；其次，从贸易渠道来看，中国实行紧缩的货币政策降低了国内的收入水平，从而降低了中国从东南亚国家进口商品的需求，从而使其货币贬值的幅度进一步上升。

7.4 资本市场渠道

资产价格渠道也是因素外溢的重要渠道（Ehrmann 和 Fratzscher，

2009；Wongswan，2009；Hausman 和 Wongswan，2011；Rosa，2011；Anaya 等，2017），但就中国货币政策对其他国家资本市场影响的研究还相对较少，本书在这一节主要分析中国紧缩的货币政策对东南亚国家资本市场的影响。资产价格主要包括房地产、债券、股票等，许多学者使用 MSCI国家指数作为资产价格的代理变量（Anaya 等，2017），但考虑到部分国家（如马来西亚）的MSCI国家指数不可得，所以本书使用各东南亚国家股票市场综合指数作为资产价格的代理变量，假设国家i的股票需求是国内投资者和境外投资者的投资需求之和（Lee和Yoon，2007），即：

$$V^d = V^D + V^F \tag{7.9}$$

其中，国内投资者的需求表达式为：

$$V^D(i_t, \ \rho_t) = \eta_1 i_t + \gamma_1 \rho_t \tag{7.10}$$

其中：i_t表示国内债券市场收益率。ρ_t表示国内股票市场的预期收益率。在式（7.10）中，$\eta_1 < 0$，表示当国内债券市场收益率上升时，国内投资者对股票需求下降；$\gamma_1 > 0$，表示当国内股票市场的预期收益率上升时，国内投资者对股票需求会提高。境外投资者的需求表达式为：

$$V^F(i_t, \ \rho_t + \tau, \ i_t^*, \ \rho_t^*) = \eta_2 i_t + \gamma_2 (\rho_t + \tau) + \sigma_1 i_t^* + \sigma_2 \rho_t^* \tag{7.11}$$

其中：i_t^*表示国外债券市场收益率。ρ_t^*表示国外股票市场的预期收益率。τ表示汇率变化预期。$\eta_2 < 0$，表示当国家i债券市场收益率上升时，境外投资者对国家i股票需求下降；$\gamma_2 > 0$，表示当国家i股票预期收益率上升时，境外投资者对股票的需求上升；$\sigma_1 < 0$，$\sigma_2 < 0$，表示当境外债券（股票）收益率上升时，境外投资者会降低对国内股票的需求，所以i_t^*、ρ_t^*的系数为负，因此国家i的股票总需求可以表示为：

$$V^d = (\eta_1 + \eta_2)i_t + (\gamma_1 + \gamma_2)\rho_t + \gamma_2 \tau + \sigma_1 i_t^* + \sigma_2 \rho_t^* \tag{7.12}$$

所以，当国外利率水平i_t^*上升时，股票需求V^d会下降，在供给保持不变时，股票价格会呈现下行压力。样本区间是1995年第一季度至2016年第四季度，通过简单平均将日度数据转化为季度数据，同时将价格指数序列转化为指数（2010=100），并取对数，数据来源是同花顺。本书也参考Smith 和 Galesi（2014）的方法（取每个月最后一个星期三收盘价的简单平均）将日度数据转化为季度数据，并重新代入模型，结果发现比较稳健，具体结果如图7-6所示。

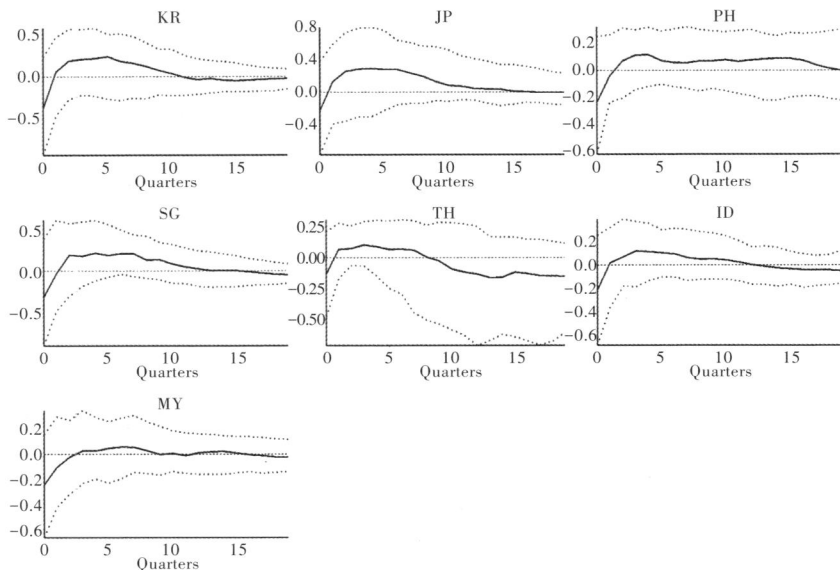

图7-6 中国的货币政策对东南亚国家股票市场综合指数的影响

从图7-6可知，中国1个标准差的紧缩的货币政策使东南亚国家的股票市场指数出现不同程度的下降。其中，在冲击发生当期，韩国、日本、菲律宾、新加坡、泰国、印度尼西亚和马来西亚的股票价格指数分别下降0.379%、0.232%、0.240%、0.314%、0.133%、0.211%和0.237%，但持续期较短，在冲击发生的2~3个季度后由负转正，并出现正的脉冲响应过程，一个可能的原因是当中国实行紧缩的货币政策后，国际资本由东南亚国家撤出并流入中国，从而降低了东南亚国家的资产价格，为了缓解国际资本外流压力，东南亚国家纷纷提高货币市场利率，从而吸引国际资本从中国撤出并回流至东南亚国家，因此，下文将分析中国紧缩的货币政策对东南亚国家跨境资本流动的影响。Bertaut 和 Tryon（2007）、Bertaut 和 Judson（2014）收集并整理了1994年至今，美国持有的全球107个国家（或地区）的股票和债券数量的月度数据，数据主要来源于美国财政部国际资本系统（Treasury International Capital Reporting System，TIC）的年度调查报告以及银行、券商和其他金融机构提供的交易信息①，使用该数据库主要考虑到数据的完备性，但同时存在以下问

---

① 数据下载于 http://www.federalreserve.gov/pubs/ifdp/2014/1113/default.htm。

题：（1）该数据提供的是美国直接持有的各国股票和债券的数量，没有考虑美国持有的新兴市场国家通过子公司在全球金融中心（伦敦、英国、爱尔兰、卢森堡）发行的证券，但已有数据表明越来越多的新兴市场国家通过子公司在全球金融中心发行债券；（2）CPIS（Coordinated Portfolio Investment Survey）调查报告显示，在新兴市场国家股票和债券的跨境持有中，美国投资者占1/3，所以中国政策也可能通过影响其他国家的跨境投资决策对东南亚国家的资本流入产生影响。综合以上两点，本书的估计结果应为货币政策对东南亚国家短期资本流动影响的下限值。

考虑到自2006年4月开始，央行货币政策调控较为频繁，所以本书选取的样本区间是2006年4月至2016年12月（月度数据），国内变量包括实际产出增长率、通货膨胀、实际有效汇率、短期利率以及美国投资组合资本流入。国家 i（美国除外）的国内变量表示为 $x_{it} = (y_{it}, \Delta p_{it}, ep_{it}, stir_{it}, portfolio_{it})'$，国外变量表示为 $x_{it}^{*} = (y_{it}^{*}, \Delta p_{it}^{*}, ep_{it}^{*}, stir_{it}^{*}, portfolio_{us, t})$，$portfolio_{us, t}$ 是 t 时刻美国的投资组合净流出，美国的国内变量表示为 $x_{US, t} = (y_{it}, \Delta p_{it}, stir_{it}, portfolio_{it})'$，国外变量表示为 $x_{US, t}^{*} = (y_{it}^{*}, \Delta p_{it}^{*}, ep_{it}^{*}, stir_{it}^{*})$。数据来源于国际金融统计（IFS）、同花顺、全球经济数据库以及 Bertaut 和 Tryon（2007）、Bertaut 和 Judson（2014）。其中，实际产出的月度数据缺失，所以本书使用工业生产总值（经过 CPI 处理）作为实际产出的代理变量，使用月度消费者价格指数的差分形式计算月度通胀率，使用货币市场利率作为短期利率的代理变量。实际有效汇率的月度数据来源于国际清算银行（BIS），短期利率的月度数据来源于国际金融统计（IFS），由于匈牙利、土耳其的货币市场利率缺失，使用存款利率替代，中国的货币市场利率选取7天银行间同业拆借利率作为代理变量。由于部分国家的月度价格指数或工业生产总值缺失，所以样本中包括了39个国家[①]。为了便于比较分析，本书分析了中国货币政策对巴西、墨西哥、智利等国家短期资本流动的影响，如图7-7所示。

---

① 39个国家分别为：奥地利、比利时、芬兰、法国、德国、希腊、爱尔兰、意大利、卢森堡、荷兰、葡萄牙、西班牙、美国、英国、日本、中国、匈牙利、波兰、俄罗斯、阿根廷、巴西、智利、墨西哥、秘鲁、韩国、菲律宾、新加坡、泰国、印度、印度尼西亚、马来西亚、澳大利亚、新西兰、土耳其、加拿大、瑞士、挪威、瑞典、丹麦。

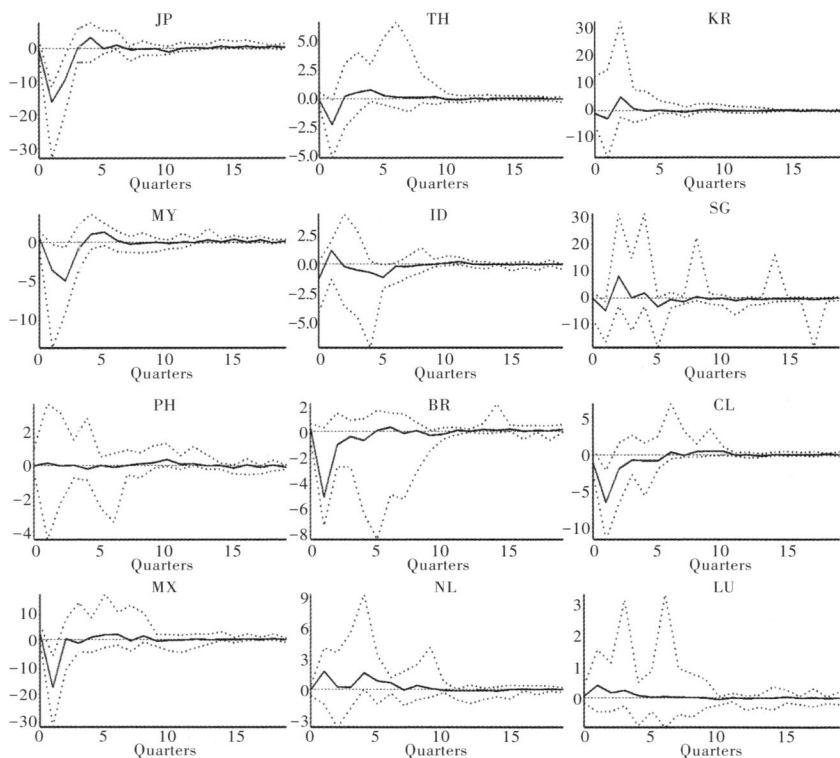

注：图中的实线部分是冲击反应函数的中位数，虚线部分代表了25%和75%的分位区间，所有的动态响应均使用Bootstrap的方法通过550次模拟生成，BR、CL、MX、NL、LU分别代表巴西、智利、墨西哥、荷兰、卢森堡。

图7-7　世界各国短期资本流入的脉冲响应分析

从图7-7可知，中国紧缩的货币政策使东南亚国家的投资组合资本流入出现不同程度的下降。其中，菲律宾、印度尼西亚、新加坡受到的影响要弱于其他国家，在冲击发生当月，资本分别流出102.90万美元（e的0.024次方）、350.76万美元（e的1.254次方）、110.89万美元（e的0.103次方）（详见表7-5），日本、韩国、泰国和马来西亚受到的影响要高于其他国家，其中，在冲击发生后的第1个月，美国持有的韩国股票和债券下降1 900万美元（e的2.958次方约等于为19），美国持有的泰国股票和债券下降963万美元（e的2.264次方约等于为9.625），约为泰国2011—2016年平均资本流动的18.05%；在冲击发生后的第 2 个月，马来西亚资本流出额达到最大值 16 314.3 万美元，约为 2016 年最大资本流出额的 23.2%（2016 年 2 月，马来西亚的资本流出额达到一年中的最大值，资本流出 70 200 万美元），由于美国持有日本的股票和债券的数量比其他东南亚国家的加总之和还要高（约为其他东南亚国家的加总之和的 1.8 倍，2016 年），所以中国的货币政策对日本的影响也远高于其他国家。为了形成对比，图 7-7 给出了中国货币政策对拉丁美洲国家短期资本流动的影响，从图 7-7 可知，中国的货币政策使巴西、智利等新兴市场国家的投资组合资本流入呈现不同程度的下降，但对荷兰、卢森堡等发达经济体资本流入的影响相对较弱。

表7-5　美国持有的东南亚国家股票和债券受中国货币政策的影响

国家	时期	脉冲响应值	资本流出
菲律宾	0	0.024	102.90
印度尼西亚	0	1.254	350.76
新加坡	0	0.103	110.89
韩国	1	2.958	1 900
泰国	1	2.264	963
马来西亚	2	5.095	16 314.29

注：资本流出是指美国持有的东南亚国家股票和债券下降的数值，单位是万美元，通过脉冲响应值取指数得到，数据来源是作者计算的。

7.5　大宗商品渠道

中国经济在加入世界贸易组织后的快速增长提高了对世界大宗商品的需求。WITS 数据库表明，在 2014 年，中国的进口总额为 19 592.3 亿美元，中国进口额占世界进口总额的比重为 10.6%，按进口产品进行分类，其中，金属矿石、初级能源、木材及农业原材料进口占世界进口总量比重分别为 30.55%、11.89%、11.21%、26.32%。Andersen 等（2014）

以178个国家为样本，使用双重差分DID方法分析中国加入世贸组织后对大宗商品出口国实际产出的影响，研究结果发现，中国加入世贸组织后对大宗商品的需求增加，使大宗商品出口国的经济增长提高了0.28个百分点，占总增长率的10.4%，而大宗商品价格上涨将通过供应链提高不同生产阶段的中间产品价格，沿着全球生产网络向下游产品端蔓延，可能导致构成生产网络的经济体之间的商业周期更加同步化，所以本书在这一小节主要分析中国政策通过大宗商品渠道对东南亚国家的外溢效应（如图7-8所示）。

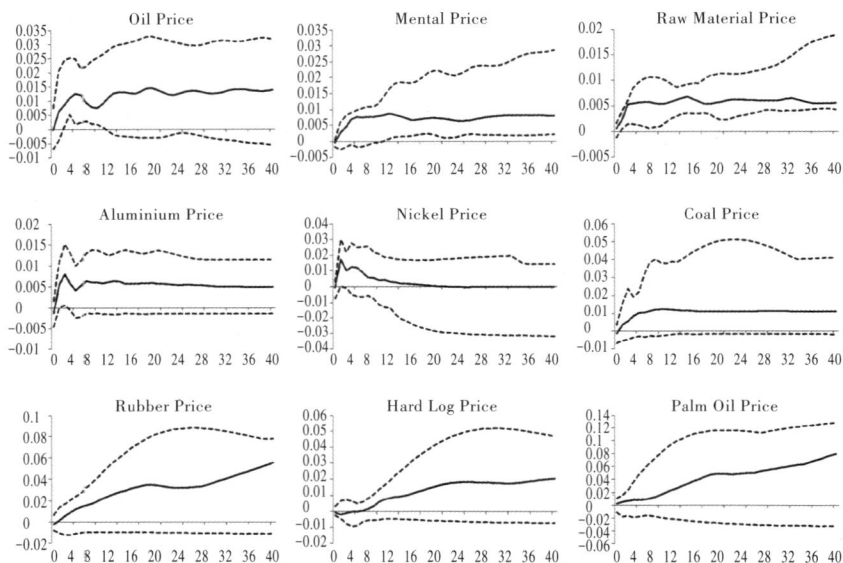

图7-8 中国实际产出增加对大宗商品价格的影响

图7-8是中国的实际产出1个标准差正向变动对世界石油价格、金属价格以及原材料价格的影响，数据来源于国际金融统计IFS。从图7-8可知，石油价格在冲击发生第1个季度上升0.65个百分点，在冲击发生后的第4个季度上升1.26个百分点；同时，金属价格和原材料价格也出现不同程度的上升，在冲击发生1个季度后，金属价格、原材料价格分别上升0.28和0.23个百分点，在冲击发生4个季度后，金属价格、原材料价格分别上升0.76和0.57个百分点，所以，中国实际产出增长对石油价格、金属价格的影响程度要高于原材料价格。此外，图7-8

还给出了中国实际产出增加对金属铝（最低纯度99.5%，以伦敦金属交易所现货价格计价）、金属镍（可镕级，以伦敦金属交易所现货价格计价）、煤炭（澳大利亚优质煤，12 000 btu/磅，硫低于1%，14% 灰分）、橡胶（新加坡商品交易所现货价格计价）、硬原木（马来西亚一等品，以进口价格测度）、棕榈油（马来西亚棕榈油）等单一大宗商品价格的影响（将上述价格数据转化为指数（2010=100），并取对数）。从图7-8可知，单一有色金属、能源、原材料的价格出现了不同程度的上升，在 t = 4 时刻，橡胶价格上升了1.21个百分点，金属镍、铝价格分别上升1.30、0.40个百分点。从上述分析可以看出，中国实际产出增加会使大宗商品价格出现不同程度的上升。下面将分析大宗商品价格上升对东南亚国家通胀水平的影响，由于中国政策对石油价格的影响高于其他大宗商品，下面将以石油价格上涨为代表，分析石油价格上涨对东南亚国家通胀水平的影响。

图7-9给出了1个标准差的正向的石油价格冲击对东南亚国家通货膨胀的影响。从图7-9可知，在冲击发生当期，韩国、日本、菲律宾、新加坡、泰国和马来西亚的通胀水平分别上升0.04、0.08、0.09、0.07、0.11、0.20个百分点。如果以2013—2015年购买力平价计算的国内生产总值作为权重计算区域通货膨胀的响应，可以得到，1个标准差的石油价格因素使东南亚区域整体的通胀水平上升0.07个百分点，菲律宾、马来西亚在冲击发生初期的影响相对较高，但很快恢复至稳态，整体来看，脉冲响应的置信区间较宽，包含稳态线（韩国、新加坡、泰国、印度尼西亚），因此表明，东南亚国家的通胀水平受大宗商品价格的影响相对较弱。Shin（2009）研究发现，石油价格因素对韩国通胀水平的影响比较弱，与本书的研究发现一致，这可能与东南亚国家采用通胀目标制的货币政策有关。

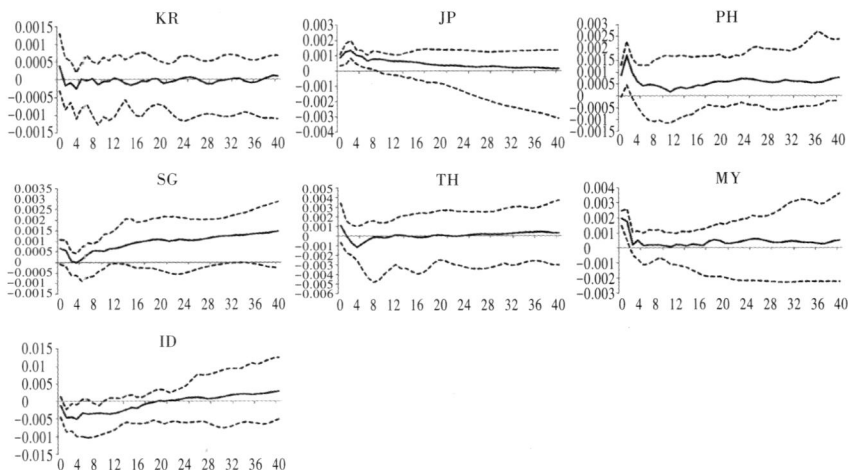

图7-9　中国石油价格冲击对东南亚国家通货膨胀水平的影响

7.6　影响因素分析

从本书6.2节可知，不同国家的实际产出的脉冲响应呈现出一定的异质性，因此，本书在这一小节中详细分析了影响脉冲响应异质性的相关因素。由于东南亚国家只包括7个经济体，所以本书在这一小节分析中国需求冲击对全球经济的影响，参考 Georgiadis（2016）设置回归模型。Georgiadis（2016）分析了美国货币政策冲击对全球经济的影响，并探究影响冲击异质性的因素，考虑到中国需求冲击对各国实际产出影响要高于货币政策冲击，所以这一节以需求冲击得到的脉冲响应为被解释变量，并设置如下回归模型：

$$s_i = \alpha + x_i\beta + \varepsilon_i \tag{7.13}$$

其中：s_i是实际产出的脉冲响应值。x_i是国家特征变量。β是系数矩阵。ε_i是误差项。x_i主要包括以下变量：

（1）tra_CH：代表国家i与中国的贸易联系，使用2000—2016年国家i与中国的进出口总额占国家i对外贸易量的比重进行衡量，取样本区间内的平均值。如果贸易渠道是冲击传播的主要渠道，则与中国贸易联系越紧密的国家，受到冲击的影响越大（Duval 等，2014），所以

tra_CH 的系数应为正，数据来源于 DOTS 数据库。

（2）tra_open：代表贸易开放度，使用 2000—2016 年国家 i 的进出口贸易总额占 GDP 的比重进行衡量，取样本区间内的平均值，数值越大代表国家 i 的贸易开放度越高。一方面，贸易开放度越高，国家 i 对外部需求的变动越敏感，外部需求的变动会对国家 i 产生较大的影响。如 Clark 和 Van Wincoop（2001）、Baxter 和 Kouparitsas（2005）研究发现，国家之间的贸易联系和商业周期的同步性呈正相关关系。另一方面，一个国家与世界的贸易整合程度越高，风险分散机制越完善，当贸易伙伴国家的需求下降时，可以通过增加对其他国家的出口缓冲负向因素。Martin 和 Rey（2006）研究发现，贸易整合程度越高的国家出现资本内流骤然下降以及经常账户反转的概率越低，所以 tra_open 的系数取决于两种机制的相对强弱，数据来源于 WDI 数据库（代码 NE.TRD.GNFS.ZS）。

（3）fin_open：代表金融开放程度，使用 Chinn 和 Ito（2008）构建的 2000—2016 年国家 i 的指数平均值进行衡量。Chinn 和 Ito（2003）根据 IMF 划分的资本管制指标，将 14 种资本管制构建成金融开放程度指标，数值越大，代表金融开放程度越高，受外界因素的影响越大（Martin 和 Rey，2006；Cakici，2011），所以 fin_open 的系数应为正。

（4）ind：代表工业化程度，使用 2000—2016 年制造业增加值占总增加值比重的平均值进行衡量，数值越大，代表制造业在产业结构中占比越高。一方面，工业化程度高的国家可以通过制造业出口带动产出增长；另一方面，制造业对利率变动比较敏感，而出口需求上升会提高国内利率水平，从而提高了制造业的融资成本而不利于经济增长，所以 ind 的系数方向取决于两种机制的相对强弱，数据来源于 World Development Indicators 数据库（代码 NV.IND.MANF.ZS）。

（5）FX：代表汇率制度。Edwards 和 Yeyati（2005）研究发现，浮动汇率对国内经济起到"自动稳定器"的作用，降低外部冲击对国内经济的影响。Ilzetzki 等（2019）根据国家汇率变动的灵活程度以及货币政策目标构建了 1946—2016 年间 194 个国家汇率自由浮动的指标，本书以该指标在 2000—2016 年的平均值衡量汇率制度弹性，数值区间在 1~

13之间，数值1代表没有法定货币或采用货币局制度，数值13代表采用完全浮动的汇率制度，数值增加代表汇率制度弹性增加。

（6）Government：国家风险指数，使用2000—2016年的政府稳定程度平均值进行衡量，数值在0~12之间，数值越高，代表风险越低，数据来源于International Country Risk Guide。

关于变量的描述性分析见表7-6。从表7-6可知，金融开放程度在国家之间存在较大差异，其中部分欧洲新兴市场国家，如乌克兰、白俄罗斯的金融开放程度较低，其中乌克兰的金融开放程度最低（数值为−1.512），而美国、欧元区、瑞典、挪威、丹麦等发达经济体国家的金融开放程度较高（数值为2.360），回归结果见表7-7。

表7-6 变量的描述性分析

变量	变量定义	观测值	平均值	标准差	最小值	最大值
tra_CH	与中国贸易强度	42	0.094	0.069	0.016	0.271
tra_open	贸易开放度	42	0.908	0.580	0.257	3.809
fin_open	金融开放程度	42	1.048	1.253	−1.512	2.360
ind	工业化程度	42	0.165	0.053	0.063	0.292
FX	汇率制度	42	8.608	3.699	1.000	13.000
Government	国家风险指数	42	8.213	0.854	6.513	10.827

表7-7 需求冲击对东南亚国家影响的异质性分析

	（1）	（2）	（3）	（4）	（5）	（6）
tra_CH	0.056*** (2.799)	0.056*** (2.713)	0.059*** (2.942)	0.047** (2.308)	0.045* (1.853)	0.044* (1.875)
tra_open		0 (0.081)	0 (−0.101)	−0.003 (−1.085)	−0.003 (−1.052)	−0.003 (−1.168)
fin_open			0.002* (1.925)	0.003** (2.563)	0.003** (2.532)	0.003*** (2.778)
ind				0.060** (2.036)	0.060** (2.016)	0.073** (2.471)
FX					0 (0.164)	0 (0.179)
Government						0.0002 (0.146)
N	42	42	42	42	42	41
R^2	0.14	0.12	0.18	0.24	0.22	0.27

注：***、**、*分别代表在1%、5%和10%水平下显著。

　　表7-7给出了实际产出的当期脉冲响应值对国家特征变量的回归结果。从表7-7可知，与中国贸易联系越紧密、金融开放程度越高且工业化程度较高的国家，外溢效应的即期影响相对较高，其中，与中国的贸易联系每增加1个百分点，实际产出的即期影响上升0.044个百分点。举例说明，中国与全球贸易联系的平均值为0.094，与东南亚国家贸易联系的平均值为0.175（如图7-10所示），所以中国政策对东南亚国家实际产出的影响比全球平均影响增加0.356个百分点。Kose 等（2003）研究发现，直接的贸易联系增加能显著提高商业周期的同步性，与本书结论一致。同时，从表7-7可知，金融开放程度每增加1个百分点，实际产出的即期影响上升0.003个百分点，制造业占比每增加1个百分点，实际产出的即期影响增加0.073个百分点，全球制造业占比的平均值为0.165，东南亚国家制造业占比的平均值为24.6%，东南亚国家的工业化程度要高于全球经济体的平均值，所以制造业占比较高也是影响外溢效应异质性的一个重要原因，此外，汇率制度、贸易开放度、国家风险指数的变量对外溢效应异质性没有解释能力。

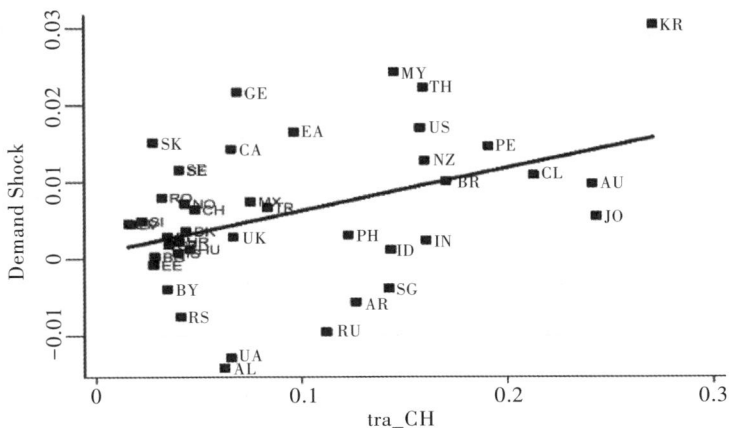

注：数据来源于DOTS和作者计算。

图7-10　国家异质性分析

　　表7-8是以冲击发生4个季度后各国实际产出的脉冲响应值为被解释变量进行的回归分析结果。从表7-8可知，与中国贸易联系越紧密、金融开放程度越高且工业化程度较高的国家，中国需求冲击对冲击发生

4个季度后的实际产出的影响相对较高，与表7-7结果一致，而汇率制度的系数缺乏显著性，这可能是由于样本中的绝大多数国家采用完全浮动或有管理的浮动汇率制度，实施固定汇率制度的国家相对较少。

表7-8　　　需求冲击对东南亚国家影响的异质性分析——基于Q_4的回归结果

	（1）	（2）	（3）	（4）	（5）	（6）
tra_CH	**0.196*****	**0.188*****	**0.201*****	**0.166*****	**0.147****	**0.160****
	（3.577）	（3.325）	（4.053）	（3.380）	（2.527）	（2.680）
tra_open		−0.004	−0.006	**−0.014****	**−0.013****	−0.010
		（−0.617）	（−1.044）	（−2.130）	（−2.051）	（−1.415）
fin_open			**0.010*****	**0.012*****	**0.012*****	**0.012*****
			（3.582）	（4.371）	（4.350）	（4.313）
ind				**0.170****	**0.173****	**0.169****
				（2.386）	（2.407）	（2.226）
FX					0	0.001
					（0.626）	（0.730）
Government						−0.004
						（−0.897）
N	42	42	42	42	42	41
R^2	0.22	0.21	0.39	0.22	0.45	0.47

7.7　稳健性检验

7.7.1　改变权重矩阵

在构建国外变量 x_{it}^*（$x_{i,t}^* = w_{ij}x_{j,t}$）时，权重矩阵 w_{ij} 体现了国家 j 相对于国家 i 的相对重要程度。表7-9给出了已有文献中构建权重所使用的方法，所以本书在稳健性检验部分尝试使用不同的权重矩阵构建国外变量，包括使用2000年总贸易量构建权重矩阵、使用2012年总贸易量构建权重矩阵、使用时变的贸易权重矩阵、使用混合权重矩阵（贸易数据加权实体变量，FDI数据加权金融变量）、使用地理距离倒数的平方构建权重矩阵（体现了双边贸易额与地理距离的非线性关系）、使用Tiva数据库提供的国家之间的出口附加值构建权重矩阵。本书在正文部分主要使用Tiva出口附加值权重矩阵得到的脉冲响应图，而其他权重矩阵得到的脉冲响应图详见附录4。

表7-9　　　　　　　　　　已有文献构建权重所使用的方法

	研究问题	使用的权重矩阵
Inoue 等（2015）	中国经济增速下降对亚洲国家的外溢效应	时变权重矩阵
王超萃和林桂军（2018）	中国经济增速下降对全球经济的外溢效应	时变权重矩阵
Cesa-Bianchi 等（2012）	中国经济增长对拉丁美洲国家的外溢效应	时变权重矩阵
Cashin 等（2012）	中国、美国和欧元区经济增速下降对中东和北非的外溢效应	使用1986—1988年、2006—2008年双边贸易量的平均值构建的常量权重矩阵
Kinfack 和 Bonga-Bonga（2015）	中国、美国和欧元区进口需求上升对非洲出口的影响	使用1990—1992年、2006—2008年双边贸易量的平均值构建的常量权重矩阵
Dreger 和 Zhang（2014）	中国经济增长对美国、欧元区、日本的外溢效应	使用2005—2008年双边贸易量的平均值构建的常量权重矩阵
Osorio 和 Unsal（2013）	中国政策对亚洲各国通胀水平的影响	使用2006—2009年双边贸易量的平均值构建的常量权重矩阵

下面简要介绍一下使用出口附加值构建权重矩阵的基本思想。随着全球经济一体化程度逐步加深，国际分工体系不断完善，价值链向全球延伸，各国以自身的比较优势参与到某一生产环节中，中国与东南亚国家同处于全球生产网络之中。Duval 等（2016）研究发现，国家之间的附加值贸易能更准确地描述国家之间的贸易关系。举例说明，A 国向 B 国出口的1美元商品中，A 国创造的附加值是小于还是等于1美元，取决于生产过程是否使用进口的中间投入品，而 A 国出口的国内附加值

（DVAR）才是构成A国GDP的真正因素，所以，总的贸易流量不再是衡量国家之间贸易联系最准确的指标，主要出于以下三点：（1）生产过程中使用了进口的中间投入品，而且进口的中间投入品占比越高，使用总贸易流量作为贸易联系的代理变量产生的误差越大。（2）重复计算问题，某一中间品可能在不同的生产环节重复跨越国界，导致重复计算问题。（3）忽略了间接效应。例如，国家A生产的中间品出口至国家C，再由国家C出口至国家B进行最终消费（或作为中间投入品），如果根据总贸易量计算，则国家A和国家B之间的直接贸易联系为0，国家B的需求变动对于国家A没有影响，但实际上，国家A和国家B之间通过中间品贸易紧密相连。考虑到以上因素，本书使用Tiva数据库提供的附加值出口数据衡量国家之间的贸易联系，并采用已有文献的常用方法，具体公式如下：

$$T_{ijt}^{VA} = \frac{DVA_t^{ij} + DVA_t^{ji}}{DVA_t^{i\,world} + DVA_t^{world\,i}} \tag{7.14}$$

其中：DVA_t^{ij}是t时刻国家i向国家j出口的国内附加值；DVA_t^{ji}是t时刻国家j向国家i出口的国内附加值；$DVA_t^{i\,world}$是t时刻国家i向世界出口的附加值总额；$DVA_t^{world\,i}$是t时刻世界向国家i出口的附加值总额。构建的贸易权重矩阵详见附录3。

图7-11a是中国1个标准差的正向的需求冲击对东南亚国家实际产出、价格水平以及短期利率的影响。从图7-11a可知，在正向需求冲击的作用下，各国实际产出出现不同程度的上升，其中，在冲击发生当期，韩国、泰国、马来西亚的实际产出分别上升0.02%、0.04%、0.03%；在冲击发生4个季度后，日本、菲律宾、印度尼西亚的实际产出分别上升0.09%、0.05%、0.06%，且绝大多数国家的脉冲响应的置信区间与稳态线界限分明，体现出良好的统计性；在冲击发生15个季度后，脉冲响应函数依然显著。在正向的需求冲击的作用下，价格水平面临上行玉力，而东南亚国家普遍采用通胀目标制的货币政策，通过提高国内的短期利率缓解价格上行压力，在冲击发生后，各国的短期利率出现不同程度的上升，但持续期较短，在冲击发生5个季度左右恢复至稳态或稳态附近，由于短期利率迅速调整，所以外部需求冲击对通货膨胀的影响有限，其中，菲律宾、印度尼西亚和马来西亚的通胀水平在冲击

发生初期有短暂上升，但整体来看，通货膨胀脉冲响应的置信区间很宽，而且脉冲响应函数的中值在稳态线附近，说明通胀水平受需求冲击的影响有限，与前文的结论一致。

图7-11b是中国1个标准差的正向的供给冲击对东南亚国家国内经济的影响。从图7-11b可知，在正向的供给冲击的作用下，各国的实际产出呈现不同程度的正向的脉冲响应过程，与基准结果一致。但通过与图6-4进行对比可以发现，使用总的贸易流量构建权重矩阵确实存在结果被高估的问题，这也证实了Duval等（2016）的结论。举例说明，在冲击发生4个季度后，使用总贸易量构建权重矩阵得到韩国（日本）实际产出的脉冲响应值为0.127%（0.047%），使用出口附加值构建权重矩阵得到韩国（日本）实际产出的脉冲响应值为0.109%（0.040%），结果被高估了16.5%（17.5%）。同时，在正向的供给冲击的作用下，各国的通货膨胀出现下行压力，为缓解通胀下行压力，各国纷纷降低短期利率水平，从图7-11b可知，韩国、菲律宾、印度尼西亚、马来西亚的短期利率在 t = 1 时刻分别下降0.01%、0.008%、0.032%和0.019%。Duval等（2016）提出，当国家A的技术进步使国家A的价格水平下降时，国家B从国家A进口的中间投入品的价格也会下降，从而降低国家B的生产成本，并使国家B的价格水平呈现下行趋势，当然，这也可能是供给冲击传导的一种机制。

图7-11c是中国1个标准差的紧缩的货币政策对东南亚国家国内经济的影响。与上文的结论一致，中国紧缩的货币政策使东南亚国家的实际产出出现不同程度的下降，但货币政策冲击对实际产出的影响要弱于需求冲击和供给冲击。在冲击发生后的第4个季度，韩国、泰国和马来西亚的实际产出分别下降0.079%、0.044%、0.059%，通过与图6-6进行对比可以发现，上述国家的实际产出的脉冲响应未发生明显变化，但对于其他东南亚国家（日本、菲律宾、新加坡），使用总贸易量作为权重矩阵存在结果被高估的问题。此外，中国紧缩的货币政策使东南亚国家的资本外流加剧，市场流动性降低，所以短期利率呈现上升趋势，在冲击发生当期，马来西亚的短期利率上升0.024%，在冲击发生后的第1个季度，韩国、菲律宾、新加坡、印度尼西亚的短期利率分别上升0.012%、0.009%、0.014%、0.034%。

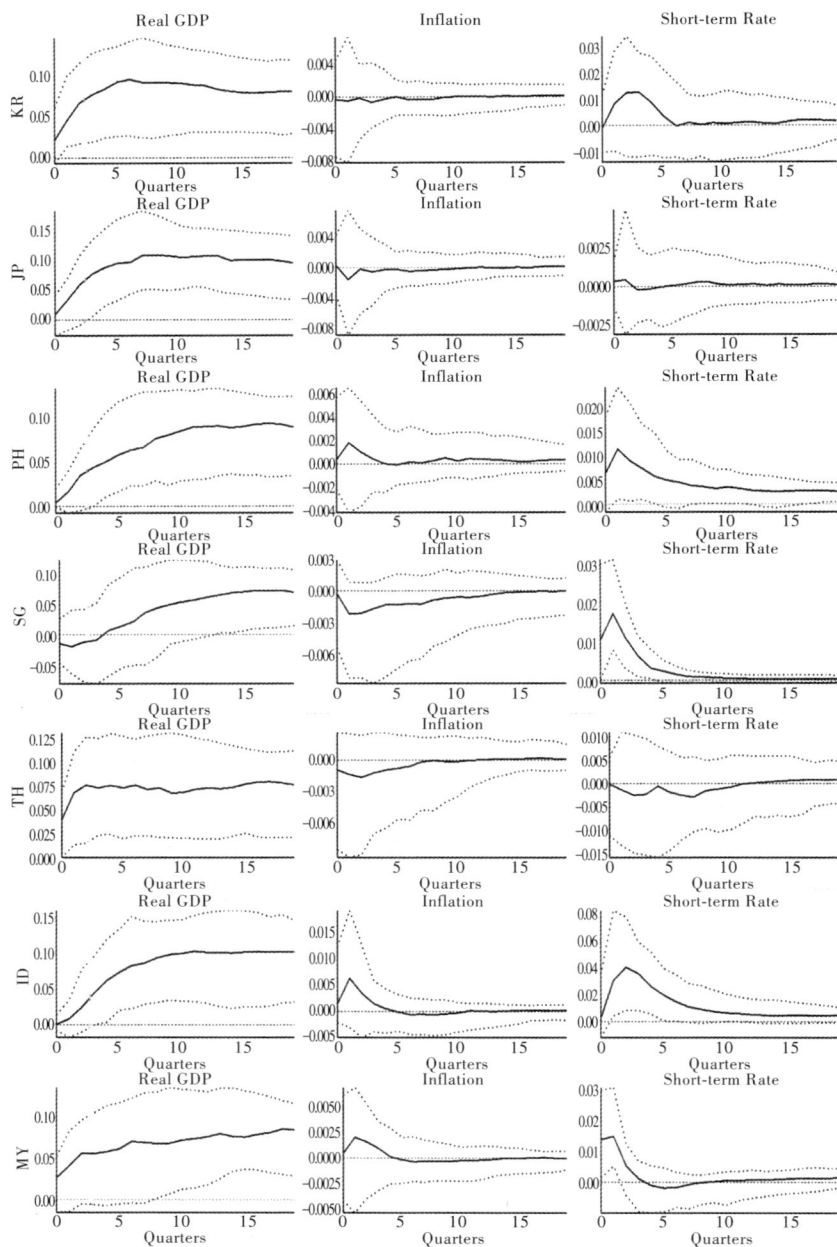

图7-11a 中国正向的需求冲击对东南亚国家的外溢效应

（附加值出口数据构建权重矩阵）

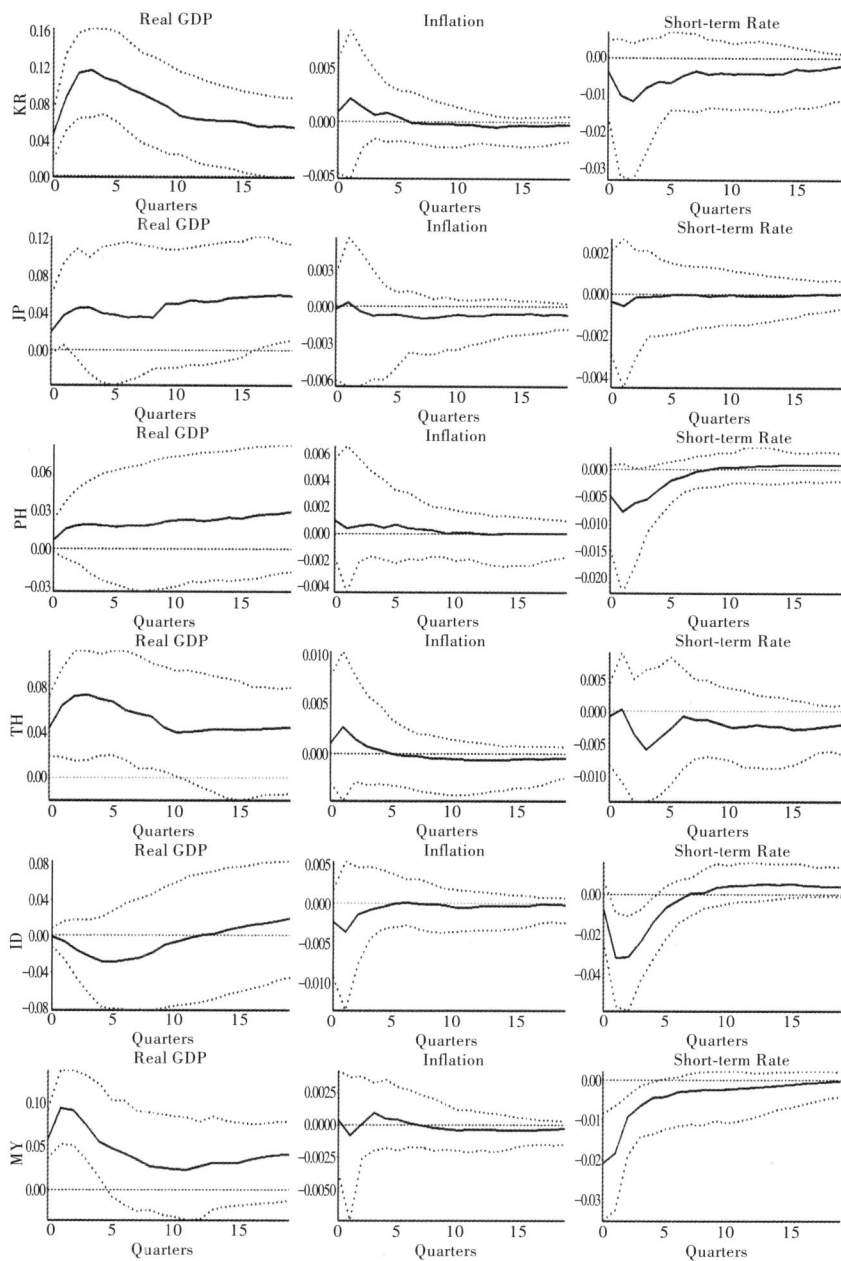

图7-11b　中国正向的供给冲击对东南亚国家的外溢效应

（附加值出口数据构建权重矩阵）

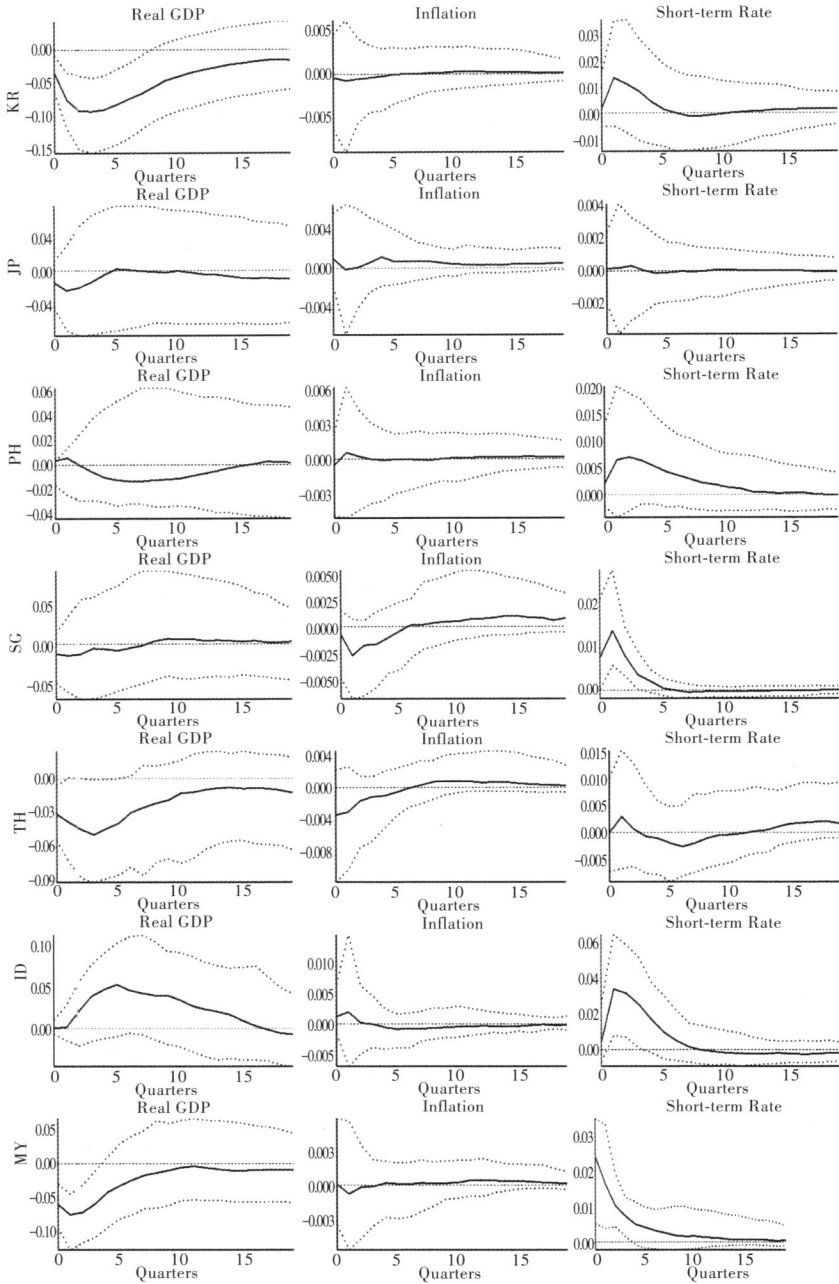

图7-11c　中国紧缩的货币政策对东南亚国家的外溢效应

（附加值出口数据构建权重矩阵）

7.7.2 改变方程形式

对于在模型中是否加入实际有效汇率 ep_{it} 对应的国外变量 ep_{it}^*，学界有两种观点：Bussiere 等（2009）、Feldkiecher 和 Huber（2016）在模型中使用实际有效汇率 ep_{it} 而不是与美元的双边汇率作为国家 i 的内生变量，并提出，模型中应包含与 ep_{it} 对应的国外变量 ep_{it}^*；而 Cashin 等（2012）提出模型中不应包括 ep_{it}^* 作为国外变量，原因在于实际有效汇率是反映国外价格水平、汇率水平的综合指标，其计算过程中已经包括了国外因素。本书在正文中给出了国外变量中包括实际有效汇率的结果，在稳健性检验部分，本书参考 Cashin 等（2012）的方法，将实际有效汇率对应的国外变量从模型中去除，具体结果如图7-12a至图7-12c所示。

从图7-12a至图7-12c可知，将实际有效汇率的国外变量从 x_{it}^* 中去除得到的脉冲响应结果与前文一致，即中国的正向外部需求增加会导致东南亚国家的实际产出上升，为维持价格稳定，东南亚国家的短期利率呈上升趋势；在中国正向的供给冲击的作用下，东南亚国家的实际产出呈现正的脉冲响应过程，利率水平在短期内下跌后迅速恢复至稳态，价格水平未发生明显变动；在中国紧缩的货币政策的作用下，东南亚国家的实际产出呈现不同程度的下降，说明"收入吸收效应"强于"支出转换效应"，同时，由于资本外流，国内的流动性降低，所以短期利率水平上升。

7.7.3 改变时间区间

王超萃和林桂军（2018）在分析中国经济增速放缓对周边国家和贸易伙伴的外溢效应时，选取1979—2016年间33个国家[①]的样本数据进行了实证分析，因此本书也将样本区间扩展至1979年，样本区间是1979年第一季度至2013年第四季度，内生变量包括实际产出、CPI指数、短期利率、长期利率以及实际有效汇率，其中实际产出、CPI指数、短期利率以及长期利率数据来源于 GVAR Toolbox 2.0 数据库，具体

[①] 33个国家分别为奥地利、比利时、芬兰、德国、意大利、荷兰、西班牙、美国、英国、日本、中国、阿根廷、巴西、智利、墨西哥、秘鲁、韩国、菲律宾、新加坡、泰国、印度、印度尼西亚、马来西亚、澳大利亚、新西兰、土耳其、加拿大、瑞士、挪威、瑞典、南非、法国、沙特阿拉伯。

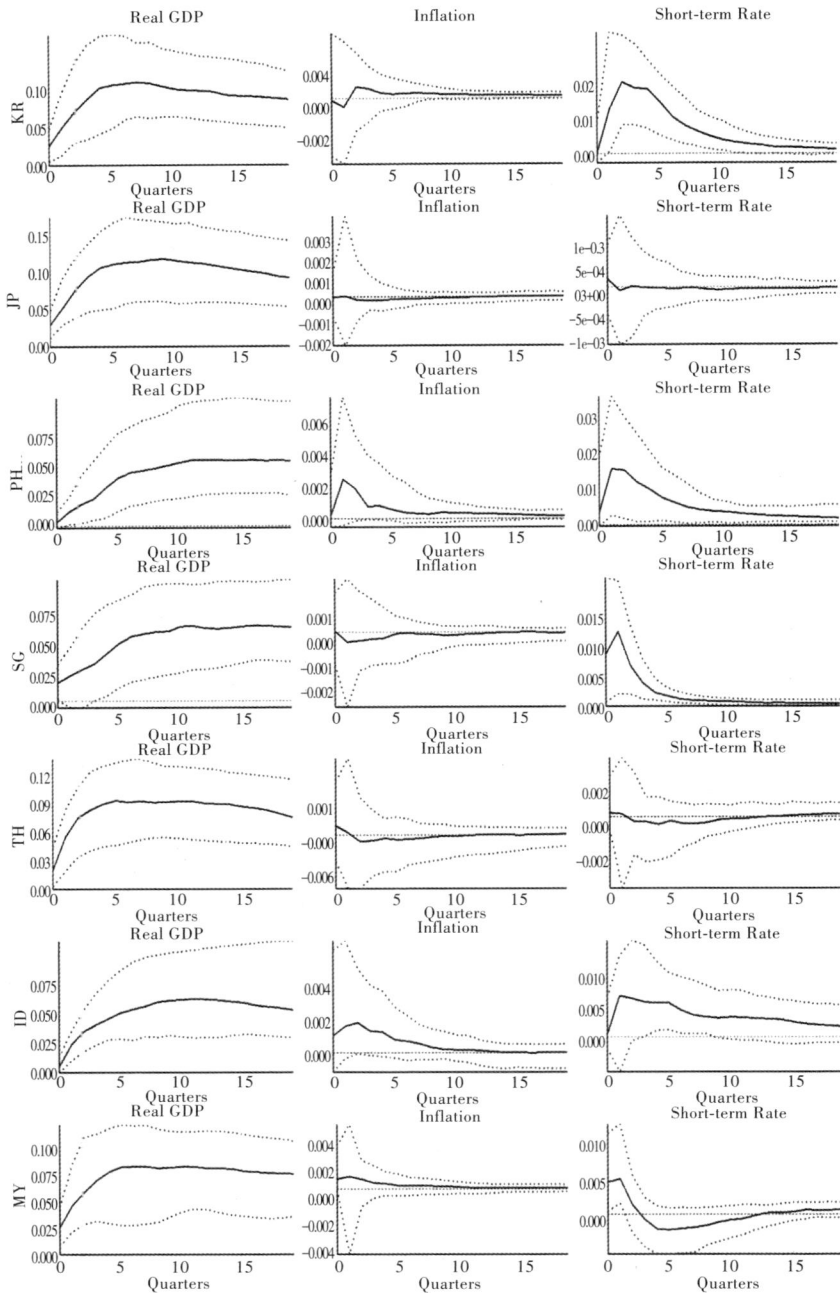

图7-12a　中国正向的需求冲击对东南亚国家的外溢效应（方程中不包括ep_{it}^{*}）

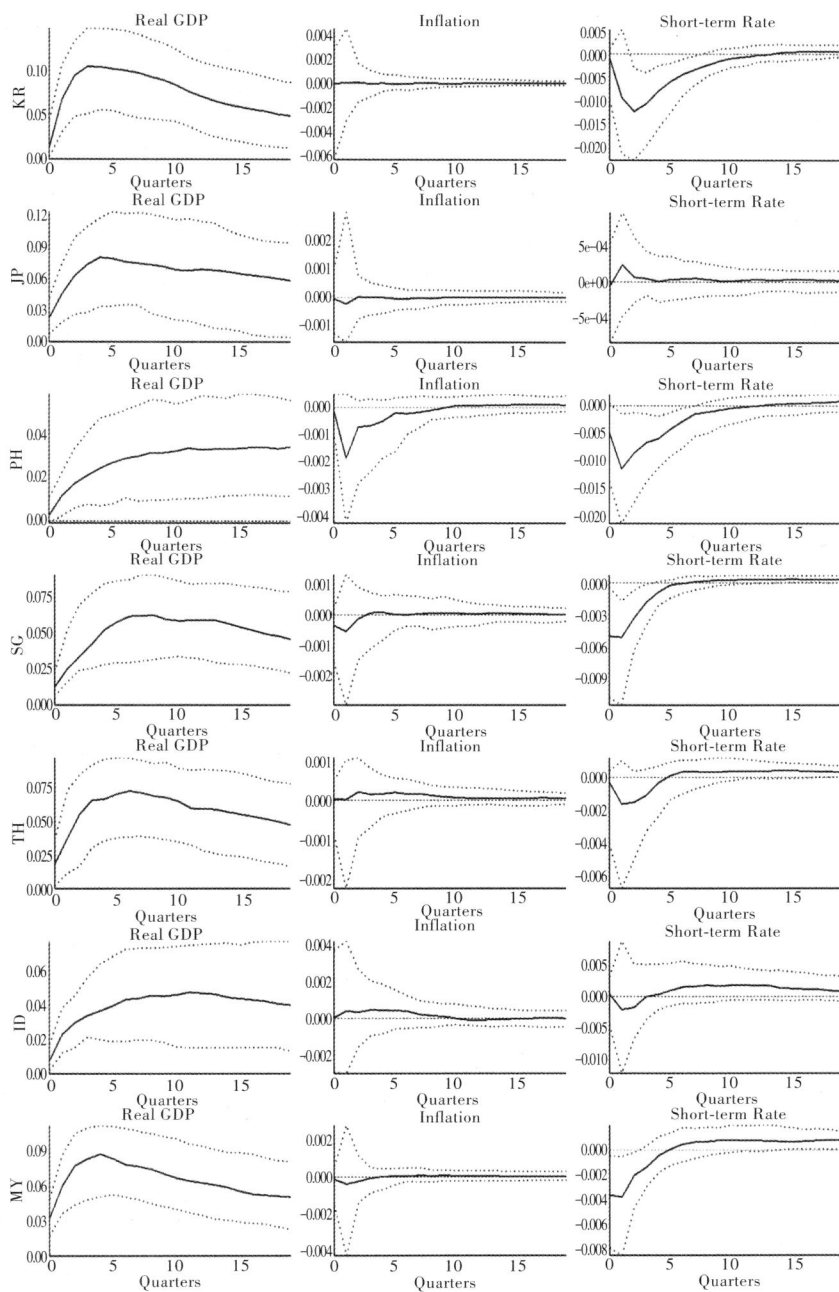

图 7-12b　中国正向的供给冲击对东南亚国家的外溢效应（方程中不包括 $\mathrm{ep}_{\mathrm{it}}^{*}$）

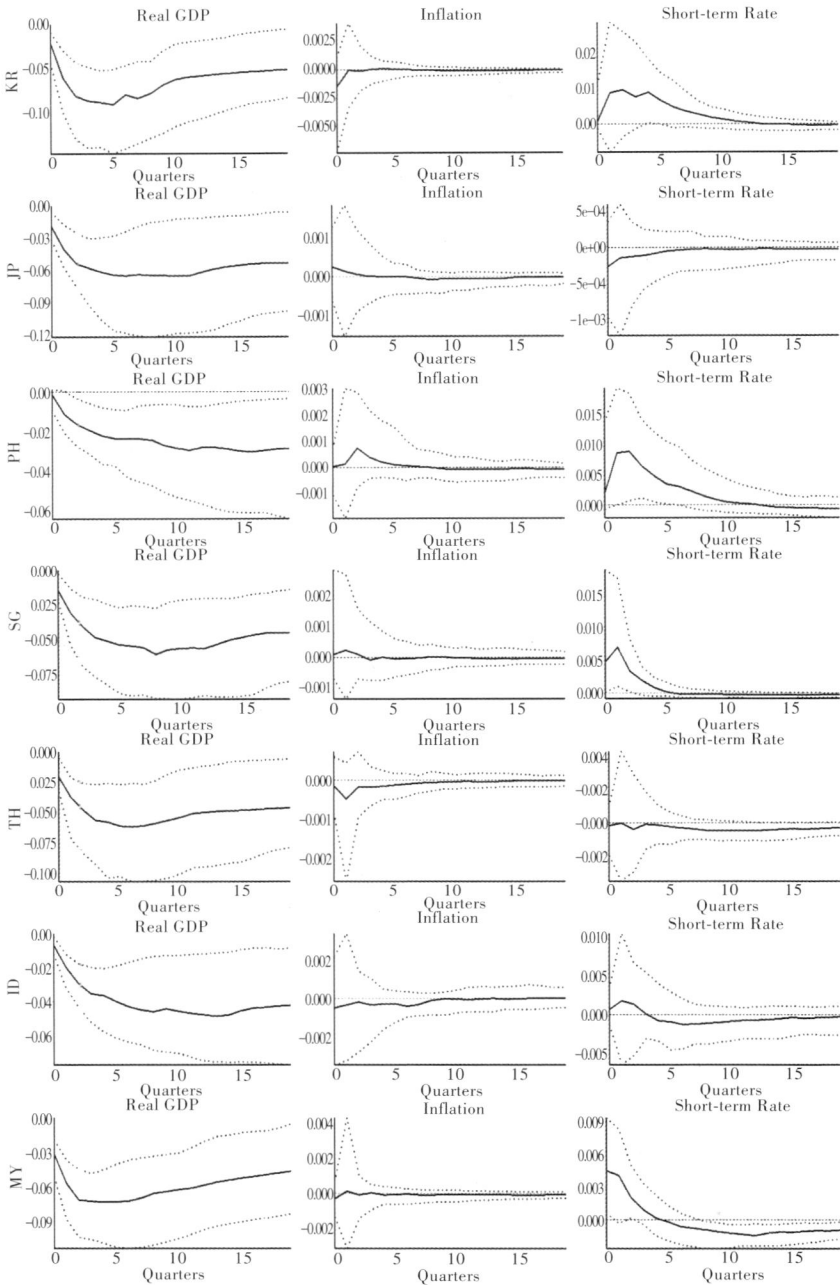

图7-12c 中国紧缩的货币政策对东南亚国家的外溢效应（方程中不包括ep_{it}^*）

的数据构建说明详见 GVAR Toolbox 2.0 网站①，实际有效汇率来源于 BIS。本书与王超萃和林桂军（2018）的研究存在以下不同：（1）研究问题不同。王超萃和林桂军（2018）着重分析中国经济增速放缓对周边国家实际产出的影响，所以将冲击向量设置为"1 个标准差的负向的实际产出冲击"，而本书重点分析中国需求冲击、供给冲击和货币政策冲击对东南亚国家的外溢效应。（2）变量构造方式不同。王超萃和林桂军（2018）使用实际汇率作为内生变量，而本书采用各国的实际有效汇率作为内生变量。（3）方程形式不同。1979—2013 年间，一些国家发生了严重的政治危机或经济危机②，所以本书在回归中加入了虚拟变量，若 t 时刻国家 i 发生危机，则 Dummy = 1；否则 Dummy = 0。（4）连接矩阵不同。王超萃和林桂军（2018）使用时变的贸易权重作为连接矩阵，本书采用 2000—2016 年双边贸易额的平均值加权实际变量，使用 2009—2016 年双边 FDI 的平均值加权金融变量（采用时变矩阵构建国外变量得到的脉冲响应图详见附录 4），以对各国的经贸联系进行更准确的刻画。

图 7-13 是以 1979 年第一季度至 2013 年第四季度 33 个国家的宏观数据为样本进行实证分析得到的脉冲响应图。从图 7-13 可知，在中国正向的需求冲击、供给冲击的作用下，各东南亚国家的实际产出呈现不同程度的正向的脉冲响应过程；在中国紧缩的货币政策的作用下，各国的实际产出呈现不同程度的负向的脉冲响应过程，与前文得到的结论相一致。从图 7-13 的纵向对比可以看出，中国对日本、韩国的影响要高于其他东南亚国家，从横向对比可以看出，需求冲击对各国实际产出的影响高于供给冲击、货币政策冲击，且影响具有持续性，在冲击发生后的 15 个季度仍然具有显著性，这也印证了本书 6.2 节的结论。但与前文不同的是，中国紧缩的货币政策对东南亚国家的实际产出也产生持续性的负向作用，一个可能的原因是此部分样本区间开始于 1979 年，在 1980—1990 年间，各国的短期利率缺失严重且具有较高的均值，如菲律宾 1984 年第三季度、第四季度短期利率分别为 0.345、0.424，墨西哥在 1980—1990 年间

---

① GVAR 数据库下载网址为 https：//sites.google.com/site/gvarmodelling/data。
② 1979—2013 年间，全球经济体发生的主要危机为：1980—1981 年美国经济危机、1987 年美国黑色星期一、2000—2001 年美国股市泡沫危机、2007 年美国次贷危机、1995 年墨西哥金融危机、1990 年日本泡沫危机、1990 年瑞典危机、1991 年印度危机、1995 年巴西危机、1997—1998 年亚洲金融危机、2000—2001 年土耳其危机、2001—2002 年阿根廷危机。

的短期利率的平均值为0.577。虽然在模型中加入了时间虚拟变量降低异常值带来的偏差，但较高的利率水平仍然会对估计结果产生很大的影响，这也是本书在正文中选取1995—2016年间样本数据的原因。

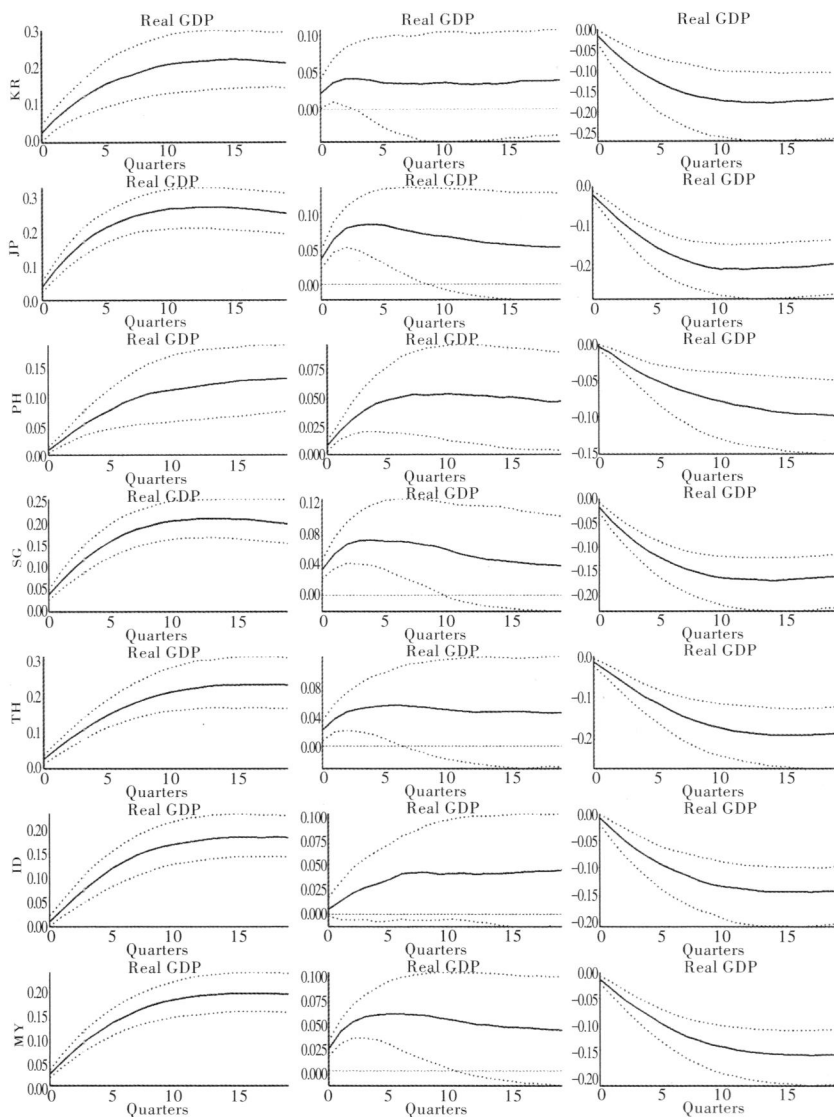

注：从左至右分别为需求冲击、供给冲击以及货币政策冲击。

图7-13　改变样本区间

7.8 本章小结

本章主要探究中国政策外溢效应的相关影响机制，并从贸易渠道、利率渠道、汇率渠道、资本市场渠道、大宗商品渠道进行分析。首先，在中国的正向的需求冲击、供给冲击的作用下，各东南亚国家的贸易收支呈现正向的脉冲响应过程；在我国紧缩的货币政策的作用下，各东南亚国家的贸易收支呈现负向的脉冲响应过程。这说明，中国的需求冲击和供给冲击可以促进东南亚国家的出口增加，从而对实际产出形成正向的拉动作用，但紧缩的货币政策使东南亚国家的外部需求下降，虽然东南亚国家的实际汇率呈现一定的贬值过程，但汇率的贬值对出口的促进作用有限，这与第3章的回归结果也是一致的。

其次，本章在7.2节使用事件分析法，分析2006年4月27日至2008年12月31日央行货币政策发布对日本、韩国短期利率的影响，研究发现，在回归中控制了国内效应、周内效应、美国影响后，中国利率变动会使韩国、日本的国内利率发生同向变化，这与6.2节中国紧缩的货币政策使东南亚国家短期利率呈现正向的脉冲响应过程（如图6-6所示）的结论一致，同时也与4.3节国外货币政策引起国内利率发生同向变化的结论一致。除了利率渠道，7.3节主要检验汇率渠道是否是冲击外溢的渠道之一，实证结果表明，中国正向的需求冲击使东南亚国家货币出现不同程度的升值，而中国紧缩的货币政策一方面吸引了国际资本的流入，一方面降低了进口需求，从而使东南亚国家汇率贬值，该结果与4.3节的理论结果是一致的。本章在7.4节分析了中国货币政策对东南亚国家资本市场的影响，研究发现，中国紧缩的货币政策使东南亚国家的股票市场指数出现不同程度的下降。为了进一步探究利率、汇率、资产价格变动的深层原因，本章在7.4节还分析了中国的货币政策对东南亚国家国际短期资本流动的影响（以美国持有的东南亚国家的股票和债券为代理变量），研究发现，中国紧缩的货币政策使东南亚国家的投资组合资本流出，货币市场的流动性降低，短期利率上升，同时，资本流出导致外汇市场上东南亚国家本币供给增加，需求下降，货币出现贬值。

资本流出导致东南亚国家的股票需求下降，而供给在短期内保持不变，所以东南亚国家的股票价格在冲击发生初期呈现一定程度的下行，从而验证了7.2节~7.4节的结论。本章在7.5节分析了中国经济增长通过大宗商品渠道对东南亚国家通胀水平的影响，研究发现，中国经济增长会提高世界大宗商品价格，与 Arbatli 和 Vasishtha（2012）的研究结论一致，而且对石油价格、金属价格的影响要高于原材料价格，但由于东南亚国家普遍采用通胀目标制的货币政策，所以大宗商品价格上升对东南亚国家通胀水平的影响有限。本章在7.6节分析了影响冲击异质性的因素，研究发现，与中国的贸易联系越紧密、金融市场的开放度越高、制造业占比越高的国家受到的外溢效应影响要高于其他国家。最后，7.7节是稳健性分析，研究发现，权重矩阵、方程形式以及样本区间的变化对本书的主要结论未产生实质性影响，结果比较稳健。

8　结论和启示

8.1　本书的研究结论

　　经济周期理论一直是宏观经济研究关注的重点，也关乎经济增长、充分就业等重要问题。随着全球化程度不断提高，国家不再是封闭的经济体，而是通过投资、贸易与其他国家相联系，在此背景下，国内冲击既可以传导至其他国家，同时也会受到其他国家冲击的影响。中国作为世界经济总量第二大国家，其政策变动引发的外溢效应不应被忽略，尤其是对与中国存在紧密经贸联系的东南亚国家来说。鉴于此，本书采用最新发展的全局向量自回归模型与符号约束相结合的方法，既考虑了中国与东南亚国家的直接经贸联系，也考虑了中国与东南亚国家通过美国、欧元区等世界主要经济体为桥梁的间接联系，在理论模型的基础上，利用43个国家（或地区）的宏观数据进行了实证分析。

　　（1）本书根据东南亚国家的特点构建了开放经济下的动态随机一般均衡模型，并在模型中引入出口需求变动、国外技术冲击、国外货币政策变动来刻画中国政策对东南亚国家国内宏观经济变量影响的理论机制，为后文实证分析奠定理论基础。

（2）本书在对数据进行了平稳性、协整关系、弱外生性、同期效应、结构性断点检验后，系统性地分析了中国政策对东南亚国家国内经济的影响。首先，本书采用符号约束方法识别出中国的需求冲击、供给冲击以及货币政策冲击，通过将识别结果与现实经济情况进行比对，发现两者吻合度较高。以需求冲击为例，2002—2003年间受"非典疫情"的影响，系统中出现了负向的需求冲击；2007—2008年间，受全球金融危机的影响，系统中需求冲击为负且异常显著；2009—2010年间，受4万亿元财政刺激政策的影响，需求冲击突然由负转为正。其次，本书分析了我国需求冲击、供给冲击以及货币政策冲击对东南亚国家国内经济的影响，研究发现，正向的需求冲击使东南亚国家的实际产出增加，通货膨胀面临上升压力，由于亚洲金融危机后，东南亚国家纷纷采用通胀目标制的货币政策框架，所以短期利率上升应对通胀上行压力；正向的供给因素使东南亚国家的劳动生产率提高、产出增加，价格水平面临下行压力，短期利率下调应对物价下跌；中国紧缩的货币政策使东南亚国家实际产出下降，货币市场流动性降低，短期利率上升。在此基础上，本书分析了上述外溢效应在1995—2015年间的演变趋势，研究发现，中国加入世界贸易组织后比加入之前（1995—2010）溢出效应增长了1~4倍，但在2010—2015年间，溢出效应增长幅度有限。再次，将总的增长效应分解为"直接效应"和"间接效应"。研究发现，初期影响以"直接效应"为主，在冲击发生的中后期，经过反复碰撞和传播后，"间接效应"的影响逐步增强。为了考察中美两国政策变动对东南亚国家外溢效应影响的相对强弱，本书以相同的样本数据、相同的识别方法对两国进行了比较分析，研究结果表明，美国政策的外溢效应强于中国，而且美国外溢效应在长期存在持续性，这与已有文献发现美国货币政策对新兴市场国家（或全球经济）有显著的溢出效应的结论一致（Canova，2005；Feldkircher和Huber，2016）。最后，本书通过预测误差方差分解发现，东南亚作为小型开放国家，其国内的实际产出主要由外部冲击和内部冲击同时驱动，但不同的国家体现出一定的异质性，其中对于贸易开放度、金融市场开放度均比较高的国家，如日本、韩国、马来西亚和新加坡，外部冲击对实际产出波动的解释能力高于内部冲击，而东南亚国家的短期利率和价格水平主要由国内冲击主导，外部冲击的解释能力有限，这主要是由于东南亚国家普遍采用通胀目标制货币政策并实行灵活的汇率制度。

（3）本书进行了中国政策外溢效应的影响机制检验，并从贸易收支、利率、汇率、资本市场、大宗商品五个方向进行了检验。首先，研究发现，中国需求增加会改善东南亚国家的贸易收支，而当货币当局采用紧缩的货币政策抑制经济过热时，我国会降低对东南亚国家进口商品的需求，从而使东南亚国家的贸易收支恶化。其次，本书采用事件分析法，并以政策发布的公告日为基准，探究中国的货币政策变动对东南亚国家短期利率的影响，研究发现，在控制了国内效应、周内效应、美国影响后，东南亚国家的短期利率会发生同方向变化，即中国紧缩（宽松）的货币政策使东南亚国家的短期利率上升（下降）。同时，本书检验了中国政策对东南亚国家实际汇率、资产价格的影响，研究发现，中国紧缩的货币政策会使东南亚国家的货币贬值、资产价格下降。为了进一步探究利率变动、汇率变动、资产价格变动的深层次原因，本书分析了中国货币政策对东南亚国家国际短期资本流动的影响，研究发现，中国紧缩的货币政策使东南亚国家的国际短期资本迅速流出，由此导致东南亚国家货币市场流动性降低，短期利率上升；同时，外汇市场上，东南亚国家货币供给增加，汇率贬值；国内股票、债券的需求下降，资产价格降低。再次，本书研究发现，尽管中国经济增长会推动世界大宗商品价格上升，但东南亚国家的通胀水平受大宗商品价格的影响相对较弱，说明新兴市场国家实施通胀目标制确实具有稳定通胀预期的政策效果。最后，本书研究发现，中国政策的外溢效应与国家的金融市场开放度、产业结构、与中国的贸易联系有关，其中，与中国的贸易联系越紧密、金融市场的开放度越高、制造业占比较高的国家所受影响大于其他国家。

8.2 本书的主要启示

上述分析结果的意义在于：（1）中国实行的促进经济增长财政政策、鼓励创新、制度改革、提高基础设施水平等措施，在促进国内经济增长或抑制经济衰退的同时，也会对东南亚国家产生正的外部性，使东南亚国家受益。（2）已有文献提出，一国的货币政策变动会产生"以邻为壑"效应（Kozluk 和 Mehrotra，2009），即宽松的货币政策会导致本币贬值促进国内出口，从而对周边国家出口产生抑制效应。本书研究发现，上述观点不成立，我国货币政策效应中"收入吸收效应"影响机制要强于"支出转换效应"，宽松的货币政策会促进东南亚国家出口增加，改善贸易收支，"以邻为壑"效应在中国与东南亚国家的双边贸易关系中相对较弱。（3）随着全球资本市场整合程度的提高，资本管制逐渐放松（Chen 和 Qian，2016），跨国资本流动呈现空前规模，中国央行在实行紧缩的货币政策时应密切关注国际热钱先涌入后流出对国内资本市场产生的冲击效应，同时也要密切关注周边国家的货币政策变动对国内经济的影响。（4）本书的样本中东南亚国家是中国"海上丝绸之路"的合作伙伴，随着共建"一带一路"倡议的不断推进，中国与合作伙伴的经济互动关系成为执政当局关注的重点，本书的结果可以为共建"一带一路"相关倡议的制定提供参考。（5）从建模角度分析，已有文献将美国冲击作为东南亚国家外部冲击的代理变量，将日本冲击作为东南亚国家区域冲击的代理变量（Chow 和 Kim，2003），忽略中国政策的影响。但本书的研究结果表明，中国政策对东南亚国家的影响不可忽略，后续研究在建模时应考虑中国政策的影响。（6）学界对于东南亚新兴市场国家的经济发展是否从发达经济体中脱钩存在争议，一些学者研究发现，东南亚新兴市场国家的经济增长较快，而发达经济体的经济增长明显放缓，并提出东南亚国家的商业周期与发达经济体脱钩，本书的研究结果表明，中国正向的需求冲击、供给冲击对东南亚新兴市场国家（印度尼西亚、马来西亚、泰国、菲律宾）的实际产出具有显著的促进作用，中国的经济增长确实可以成为东南亚国家经济增长的重要的外部驱动力，这也许是东南亚国家经济增长较快的一个原因，但美国作为最终产品的重要吸纳者，其国内需求变动仍然会对东南亚国家产生影响，本书的结论不支持"脱钩假说"。

参考文献

[1] 陈昆亭，龚六堂，邹恒甫. 什么造成了经济增长的波动，供给还是需求：中国经济的RBC分析 [J]. 世界经济，2004（4）：3-11.

[2] 陈浪南，罗融，赵旭. 开放型经济下财政政策效应的实证研究 [J]. 数量经济技术经济研究，2016（2）：95-112.

[3] 陈鹏. 基于小型开放经济RBC模型的中国经济波动模拟分析 [J]. 财贸经济，2011（1）：1-7.

[4] 陈中飞，王曦，王伟. 利率市场化、汇率自由化和资本账户开放的顺序 [J]. 世界经济，2017（6）：23-47.

[5] 楚尔鸣，王真. 中国货币政策溢出效应的异质性研究——基于51个国家的面板数据分析 [J]. 国际金融研究，2018（10）：13-22.

[6] 黄宪，杨子荣. 中国货币政策会冲击到美国货币政策吗——基于效应外溢的视角 [J]. 国际金融研究，2016（1）：15-27.

[7] 黄旭东，石蓉荣. "一带一路"区域贸易和FDI对经济增长的贡献——基于GVAR模型的实证研究 [J]. 数理统计与管理，2018（3）：492-508.

[8] 黄海波，熊爱宗. 东亚经济冲击对称性分析与东亚货币合作 [J]. 国际贸易问题，2009（9）：31-37.

[9] 黄赜琳. 中国经济周期特征与财政政策效应——一个基于三部门RBC模型的实证分析 [J]. 经济研究，2005（6）：27-39.

[10] 李春吉，孟晓宏. 中国经济波动——基于新凯恩斯主义垄断竞争模型的分析 [J]. 经济研究，2006（10）：72-82.

[11]　李向阳. 动态随机一般均衡性——理论、方法和 Dynare 实践［M］. 北京：
　　　清华大学出版社，2018：1-484.

[12]　刘粮，陈雷. 外部冲击、汇率制度与跨境资本流动［J］. 国际金融研究，
　　　2018（5）：45-54.

[13]　刘霞辉. 为什么中国经济不是过冷就是过热？［J］. 经济研究，2004
　　　（11）：58-68.

[14]　聂辉华，贾瑞雪. 中国制造业企业生产率与资源误置［J］. 世界经济，
　　　2011（7）：27-42.

[15]　欧阳志刚. 中国经济增长的趋势与周期波动的国际协同［J］. 经济研究，
　　　2013（7）：35-48.

[16]　任希丽，张兵，李可爱. 中国经济波动的影响因素分析［J］. 西安交通大
　　　学学报，33（2）：9-14.

[17]　沈可挺，郑易生. 资源供给冲击与宏观经济波动——重新理解中国经济增
　　　长［J］. 数量经济技术经济研究，2006（6）：349-353.

[18]　田磊，林建浩，张少华. 政策不确定性是中国经济波动的主要因素吗——
　　　基于混合识别法的创新实证研究［J］. 财贸经济，2017，38（1）：5-20.

[19]　仝冰. 混频数据、投资冲击与中国宏观经济波动［J］. 经济研究，2017，
　　　52（6）：60-76.

[20]　王超萃，林桂军. 中国经济增速放缓的国际溢出效应研究［J］. 经济社会
　　　体制比较，2018（2）：173-183.

[21]　王美昌，徐康宁. "一带一路" 国家的双边贸易与中国经济增长的动态关
　　　系——基于空间交互作用视角［J］. 世界经济研究，2016（2）：101-110.

[22]　王曦，汪玲，彭玉磊，等. 中国货币政策规则的比较分析——基于 DSGE
　　　模型的三规则视角［J］. 经济研究，2017，52（9）：24-38.

[23]　肖卫国，兰晓梅. 美联储货币政策正常化对中国经济的溢出效应［J］. 世
　　　界经济研究，2017（12）：38-49.

[24]　杨子荣，白德龙. 中国货币政策对美国经济存在效应外溢吗［J］. 世界经
　　　济研究，2016（4）：12-21.

[25]　张军，陈诗一，JEFFERSON G H.结构改革与中国工业增长［J］. 经济研
　　　究，2009，44（7）：4-20.

[26]　郑挺国，刘金全. 区制转移形式的 "泰勒规则" 及其在中国货币政策中的
　　　应用［J］. 经济研究，2010，45（3）：40-52.

[27]　庄子罐，崔小勇，龚六堂，等. 预期与经济波动——预期因素是驱动中国
　　　经济波动的主要力量吗？［J］. 经济研究，2012，47（6）：46-59.

[28]　AHUJA M A，MYRVODA M A.The spillover effects of a downturn in

China's real estate investment [M]. Washingtong: International Monetary Fund, 2012.

[29] AHUJA M A, NABAR M M. Investment-led growth in China: global spillovers [M]. Washingtong: International Monetary Fund , 2012.

[30] ANAYA P, HACHULA M, OFFERMANNS C J. Spillovers of US unconventional monetary policy to emerging markets: the role of capital flows [J]. Journal of International Money and Finance, 2017 (73): 275-295.

[31] ANDREWS D W K, PLOBERGER W. Optimal tests when a nuisance parameter is present only under the alternative [J]. Econometrica: Journal of the Econometric Society, 1994: 1383-1414.

[32] ANDERSEN T B, BARSLUNND M, HANSEN C W, et al. How much did China's WTO accession increase economic growth in resource-rich countries? [J]. China Economic Review, 2014 (30): 16-26.

[33] ANDERSON M D, KRILJENKO M J I C, DRUMMOND M P, et al. Spillovers from China onto Sub-Saharan Africa: insights from the flexible system of global models (FSGM) [M]. Washingtong: International Monetary Fund, 2015.

[34] ARBATLI E, VASISHTHA G. Growth in Emerging market economies and the commodity boom of 2003-2008: evidence from growth forecast revisions [R]. Bank of Canada, 2012.

[35] ARMSTRONG S, WESTLAND T. Asian economic integration in an era of global uncertainty [M]. ANU Press, 2018.

[36] ARORA V, VAMVAKIDIS A. China's economic growth: international spillovers [J]. China & World Economy, 2011, 19 (5): 31-46.

[37] ARORA V, VAMVAKIDIS A. How much do trading partners matter for economic growth? [J]. IMF Staff Papers, 2005, 52 (1): 24-40.

[38] ARORA V, VAMVAKIDI A. The impact of US economic growth on the rest of the world: how much does it matter? [J]. Journal of Economic Integration, 2004, 19 (1): 1-18.

[39] AUTOR D H, DORN D, HANSON G H. The China shock: learning from labor-market adjustment to large changes in trade [J]. Annual Review of Economics, 2016 (8): 205-240.

[40] BASHAR O H M N. The dynamics of aggregate demand and supply shocks in ASEAN countries [J]. Journal of Asian Economics, 2012,

23 (5): 507-518.

[41] Bataa E, Osborn D R, Sensier M. China's increasing global influence: Changes in international growth linkages [J]. Economic Modelling, 2018 (74): 194-206.

[42] BAXTER M, KOUPARITSAS M A. Determinants of business cycle comovement: a robust analysis [J]. Journal of Monetary Economics, 2005, 52 (1): 113-157.

[43] BAYOUMI T, EICHENGREEN B. Shocking aspects of European Monetary Unification [J]. NBER Working Paper, 1992.

[44] BENKOVSKIS K, BESSONOVS A, FELDKIRCHER M, et al. The transmission of Euro Area monetary shocks to the Czech Republic, Poland and Hungary: evidence from a FAVAR model [J]. Focus on European Economic Integration, 2011 (3): 8-36.

[45] BERNANKE B S. Alternative explanations of the money-income correlation [J]. Carnegie-Rochester Conference Series on Public Policy, 25 (2): 49-99.

[46] BERTAUT C C, JUDSON R. Estimating US cross-border securities positions: new data and new methods [J]. FRB International Finance Ddiscussion Paper, 2014.

[47] BERTANT C C, TRYON R W. Monthly estimates of US cross-border securities positions [J]. FRB International Finance Discussion Paper, 2007: 910.

[48] BLAGRAVE P, VESPERONI E. The implications of China's slowdown for international trade [J]. Journal of Asian Economics, 2018 (56): 36-47.

[49] BLANKENAU W, KOSE M A, YI K M. Can world real interest rates explain business cycles in a small open economy? [J]. Journal of Economic Dynamics and Control, 2001, 25 (6-7): 867-889.

[50] BOSCHI M, GIRARDI A. The contribution of domestic, regional and international factors to Latin America's business cycle [J]. Economic Modelling, 2011, 28 (3): 1235-1246.

[51] BOWMAN D, LONDONO J M, SAPRIZA H. US unconventional monetary policy and transmission to emerging market economies [J]. Journal of International Money and Finance, 2015 (55): 27-59.

[52] BRODA C. Coping with terms of trade shocks: pegs versus floats [J].

American Economic Review, 2001, 91 (2): 376-380.

[53] BROOKS D H, HUA C. Asian trade and global linkages [J]. Asian Development Review, 2009, 26 (1): 103-128.

[54] BRUNO V, SHIN H S. Capital flows and the risk-taking channel of monetary policy [J]. Journal of Monetary Economics, 2015 (71): 119-132.

[55] BURSTEIN A, KURZ C, TESAR L. Trade, production sharing, and the international transmission of business cycles [J]. Journal of Monetary Economics, 2008, 55 (4): 775-795.

[56] BUSSIERE M, CHUDIK A, SESTIERI G. Modelling global trade flows: results from a GVAR model [J]. European Central Bank Working Paper, 2009.

[57] CAKICI S M. Financial integration and business cycles in a small open economy [J]. Journal of International Money and Finance, 2011, 30 (7): 1280-1302.

[58] CALDERON C, CHONG A, STEIN E. Trade intensity and business cycle synchronization: are developing countries any different? [J]. Journal of International Economics, 2007, 71 (1): 2-21.

[59] CALVO G A. Staggered prices in a utility-maximizing framework [J]. Journal of Monetary Economics, 1983, 12 (3): 383-398.

[60] CALVO G A, LEIDERMAN L, REINHART C M. Capital inflows and real exchange rate appreciation in Latin America: the role of external factors [J]. Staff Papers, 1993, 40 (1): 108-151.

[61] CANOVA F, DELLAS H. Trade interdependence and the international business cycle [J]. Journal of International Economics, 1993, 34 (1-2): 23-47.

[62] CANOVA F. The transmission of US shocks to Latin America [J]. Journal of Applied Econometrics, 2005, 20 (2): 229-251.

[63] CANOVA F, MRAAINAN J. Sources and propagation of international output cycles: common shocks or transmission? [J]. Journal of International Economics, 1998, 46 (1): 133-166.

[64] CANOVA F, DE NICOLO G. Monetary disturbances matter for business fluctuations in the G-7 [J]. Journal of Monetary Economics, 2002, 49 (6): 1131-1159.

[65] CARSTENSEN K, SALZMANN L. The G7 business cycle in a globalized

world [J]. Journal of International Money and Finance, 2017 (73):
134-161.

[66] CASHIN M P, MOHADDES M K, RAISSI M M.The global impact of the
systemic economies and MENA business cycles [M]. Washingtong:
International Monetary Fund, 2012.

[67] CASHIN P, MOHADDES M K, RAISSI M M, et al.The differential
effects of oil demand and supply shocks on the global economy [J].
Energy Economics, 2014 (44): 113-134.

[68] CASHIN P, MOHADDES K, RAISSI M.China's slowdown and global
financial market volatility: is world growth losing out? [J]. Emerging
Markets Review, 2017 (31): 164-175.

[69] CAVOLI T, RAJAN R S.Monetary policy rules for small and open
developing economies: a counterfactual policy analysis [J]. Journal of
Economic development, 2006, 31 (1): 1-23.

[70] CESA-BIANCHI A, PESARAN M H, REBUCCI A, et al.China's
emergence in the world economy and business cycles in Latin America
[J].Economía, 2012, 12 (2): 1-75.

[71] CHANG C, LIU Z, SPIEGEL M M.Capital controls and optimal Chinese
monetary policy [J]. Journal of Monetary Economics, 2015, 74:
1-15.

[72] CHEN S L, HUANG C H, HUANG Y L.International economic linkages
between Taiwan and the world: a global vector autoregressive approach
[J]. Academia Economic Papers, 2012, 40 (3): 343.

[73] CHEN Q, FILARDO A, HE D, et al.Financial crisis, US unconventional
monetary policy and international spillovers [J]. Journal of International
Mmoney and Finance, 2016 (67): 62-81.

[74] CHEN J, QIAN X. Measuring on-going changes in China's capital
controls: a de jure and a hybrid index data set [J]. China Economic
Review, 2016 (38): 167-182.

[75] CHINN M D, ITO H.A new measure of financial openness [J]. Journal
of Comparative Policy Analysis, 2008, 10 (3): 309-322.

[76] CHOW H K, KIM Y.A common currency peg in East Asia? perspectives
from Western Europe [J]. Journal of Macroeconomics, 2003, 25
(3): 331-350.

[77] CHUANTANTIKAMON W. A new Keynesian model for Thailand [R].

Thammasat University，2008.

[78] CHUDIK A，PESARAN M H. Infinite-dimensional VARs and factor models [J]. Journal of Econometrics，2011，163（1）：4-22.

[79] CHUDIK A，FRATZSCHER M. Identifying the global transmission of the 2007-2009 financial crisis in a GVAR model [J]. European Economic Review，2011，55（3）：325-339.

[80] CLARK T E，VAN WINCOOP E. Borders and business cycles [J]. Journal of International Economics，2001，55（1）：59-85.

[81] COVA P，PISANI M，REBUCCI A. Macroeconomic effects of China's fiscal stimulus [M] //Asia and China in the global economy. 2011：321-349.

[82] DEES S，MAURO F，PESARAN M H，et al. Exploring the international linkages of the Euro Area：a global VAR analysis [J]. Journal of Applied Econometrics，2007，22（1）：1-38.

[83] DEES S，PESARAN M H，SMITH L V，et al. Supply，demand and monetary policy shocks in a multi-country New Keynesian model [J]. Europen Central Bank Working Paper，2010.

[84] DIZIOLI A，GUAJARDO M J，KLYUEV M V，et al. Spillovers from China's growth slowdown and rebalancing to the ASEAN-5 economies [M]. Washingtong：International Monetary Fund，2016.

[85] DREGER C，ZHANG Y. Does the economic integration of China affect growth and inflation in industrial countries? [J]. Economic Modelling，2014（38）：184-189.

[86] DRUMMOND P，LIU E X. Africa's rising exposure to China：how large are spillovers through trade? [J]. International Advances in Economic Research，2015（21）：317-334.

[87] DUFRENOT G，KEDDAD B. Business cycles synchronization in East Asia：a Markov-switching approach [J]. Economic Modelling，2014（42）：186-197.

[88] DUVAL M R A，CHENG M K C，OH K H，et al. Trade integration and business cycle synchronization：a reappraisal with focus on Asia [M]. Washingtong：International Monetary Fund，2014.

[89] DUVAL R，LI N，SARAF R，et al. Value-added trade and business cycle synchronization [J]. Journal of International Economics，2016（99）：251-262.

[90]   EDWARDS S, YEYATI E L.Flexible exchange rates as shock absorbers
        [J]. European Economic Review, 2005, 49 (8): 2079-2105.

[91]   EHRMANN M, FRATZSCHER M. Global financial transmission of
        monetary policy shocks [J]. Oxford Bulletin of Economics and
        Statistics, 2009, 71 (6): 739-759.

[92]   EICKMEIER S, NG T. How do US credit supply shocks propagate
        internationally? a GVAR approach [J]. European Economic Review,
        2015 (74): 128-145.

[93]   ERCEG C J, GUERRIERI L, GUST C.Expansionary fiscal shocks and the
        US trade deficit [J]. International Finance, 2005, 8 (3): 363-397.

[94]   ERTEN B.Macroeconomic transmission of Eurozone shocks to emerging
        economies [J]. Économie Internationale, 2012 (3): 43-70.

[95]   FADEJEVA L, FELDKIRCHER M, REININGER T.International spillovers
        from Euro Area and US credit and demand shocks: a focus on emerging
        Europe [J]. Journal of International Money and Finance, 2017 (70):
        1-25.

[96]   FAUST J. The robustness of identified VAR conclusions about money
        [C] //Carnegie-Rochester conference series on public policy. North-
        Holland, 1998 (49): 207-244.

[97]   FELDKIRCHER M, HUBER F. The international transmission of US
        shocks-evidence from Bayesian global vector autoregressions [J].
        European Economic Review, 2016 (81): 167-188.

[98]   FELDKIRCHER M, KORHONEN I.The rise of china and its implications
        for the global economy: evidence from a global vector autoregressive
        model [J]. Pacific Economic Review, 2014, 19 (1): 61-89.

[99]   FERALD J G, LOUNGANI P, AHEARNE A G, et al.China and emerging
        Asia: comrades or competitors? [J] .FRB International Working Paper,
        2003.

[100]   FIDRMUC J, KORHONEN I.The impact of the global financial crisis on
        business cycles in Asian emerging economies [J]. Journal of Asian
        Economics, 2010, 21 (3): 293-303.

[101]   FORBES K J. Are trade linkages important determinants of country
        vulnerability to crises? [M] //Preventing currency crises in emerging
        markets.Chicago: University of Chicago Press, 2002: 77-132.

[102]   FORBES K J. The Asian flu and Russian virus: the international

transmission of crises in firm-level data [J]. Journal of International Economics, 2004, 63 (1): 59-92.

[103] FORBES K, HJORTSOE I, NENOVA T.The shocks matter: improving our estimates of exchange rate pass-through [J]. Journal of International Economics, 2018 (114): 255-275.

[104] FRIEDMAN M .The case for flexible exchange rates [J]. Essays in Positive Economics, 1953: 157- 203.

[105] FRANKEL J A, ROSE A K.Is EMU more justifiable ex post than ex ante? [J]. European Economic Review, 1997, 41 (3-5): 753-760.

[106] FRANKEL J A, ROSE A K.The endogenity of the optimum currency area criteria [J]. The Economic Journal, 1998, 108 (449): 1009-1025.

[107] FRY R, PAGAN A.Sign restrictions in structural vector autoregressions: a critical review [J]. Journal of Economic Literature, 2011, 49 (4): 938-960.

[108] GAUVIN L, REBILLARD C C.Towards recoupling? assessing the global impact of a Chinese hard landing through trade and commodity price channels [J]. Review World Economy, 2018, 41 (12): 3379-3415.

[109] GEORGIADIS G.Examining asymmetries in the transmission of monetary policy in the euro area: evidence from a mixed cross-section global VAR model [J]. European Economic Review, 2015 (75): 195-215.

[110] GEORGIADIS G. Determinants of global spillovers from US monetary policy [J]. Journal of International Money and Finance, 2016 (67): 41-61.

[111] GEORGIADIS G. To bi, or not to bi? differences between spillover estimates from bilateral and multilateral multi-country models [J]. Journal of International Economics, 2017 (107): 1-18.

[112] DI GIOVANNI J, LEVCHENKO A A.Putting the parts together: trade, vertical linkages, and business cycle comovement [J]. American Economic Journal: Macroeconomics, 2010, 2 (2): 95-124.

[113] HANSEN B E.Efficient estimation and testing of cointegrating vectors in the presence of deterministic trends [J]. Journal of Econometrics, 1992, 53 (1-3): 87-121.

[114] HAUSMAN J, WONGSWAN J. Global asset prices and FOMC announcements [J]. Journal of International Money and Finance, 2011, 30 (3): 547-571.

［115］ HE D, LIAO W. Asian business cycle synchronization ［J］. Pacific Economic Review, 2012, 17 (1): 106-135.

［116］ HE D, ZHANG Z, ZHANG W. How large will be the effect of China's fiscal stimulus package on output and employment? ［J］. Pacific Economic Review, 2009, 14 (5): 730-744.

［117］ HELBLING T, BEREZIN P, KOSE M A, et al. Decoupling the train? spillovers and cycles in the global economy ［J］. World Economic Outlook, 2007: 121-60.

［118］ HIRAKATA N, SUDO N, TAKEI I, et al. Japan's financial crises and lost decades ［J］. Japan and the World Economy, 2016 (40): 31-46.

［119］ HOFFMAISTER M A W, ROLDOS M J. Are business cycles different in Asia and Latin America? ［M］. Washingtong: International Monetary Fund, 1997.

［120］ HOLINSKI N, VERMEULEN R. The international wealth channel: a global error-correcting analysis ［J］. Empirical Economics, 2012 (43): 985-1010.

［121］ HOOY C W, SIONG-HOOK L, TZE-HAW C. The impact of the Renminbi real exchange rate on ASEAN disaggregated exports to China ［J］. Economic Modelling, 2015 (47): 253-259.

［122］ HUFFMAN W E, LOTHIAN J R. The gold standard and the transmission of business cycles, 1833-1932 ［M］ //A Retrospective on the Classical Gold Standard, 1821-1931. University of Chicago Press, 1984: 455-512.

［123］ IACOVONE L, RAUCH F, WINTERS L A. Trade as an engine of creative destruction: mexican experience with Chinese competition ［J］. Journal of International Economics, 2013, 89 (2): 379-392.

［124］ IIBOSHI H, MATSUMAE T, NAMBA R, et al. Estimating a DSGE model for Japan in a data-rich environment ［J］. Journal of the Japanese and International Economies, 2015 (36): 25-55.

［125］ ROGOFF K S. Exchange arrangements entering the twenty-first century: which anchor will hold? ［J］. The Quarterly Journal of Economics, 2019 (599): 646.

［126］ IMBS J. Trade, finance, specialization, and synchronization ［J］. Review of Economics and Statistics, 2004, 86 (3): 723-734.

［127］ International Monetary Fund Country Report. The People's Republic of

China：2011 spillover report ［R］. Washingtong：International Monetary Fund，2011.

［128］ INKLAAR R，JONG-A-PIN R，DE HAAN J.Trade and business cycle synchronization in OECD countries-a re-examination ［J］. European Economic Review，2008，52（4）：646-666.

［129］ INOUE T，KAYA D，OHSHIGE H.The impact of China's slowdown on the Asia Pacific region：an application of the GVAR model ［J］. World Bank Policy Research Working Paper，2015.

［130］ JANNSEN N.National and international business cycle effects of housing crises ［J］. Applied Economics Quarterly，2010（2）：175-206.

［131］ JOHANSSON A C.China's growing influence in Southeast Asia-monetary policy and equity markets ［J］. The World Economy，2012，35（7）：816-837.

［132］ JOHNSON R C.Trade in intermediate inputs and business cycle comovement ［J］. American Economic Journal：macroeconomics，2014，6（4）：39-83.

［133］ KAIHATSU S，KUROZUMI T.What caused Japan's Great Stagnation in the 1990s? Evidence from an estimated DSGE model ［J］. Journal of the Japanese and International Economies，2014（34）：217-235.

［134］ KALEMLI-OZCAN S，SØRENSEN B E，YOSHA O.Economic integration，industrial specialization，and the asymmetry of macroeconomic fluctuations ［J］. Journal of International Economics，2001，55（1）：107-137.

［135］ KINFACK E C，BONGA-BONGA L.Trade linkages and business cycle co-movement：an empirical analysis of Africa and its main trading partners using Global VAR ［J］. Economic Research Southern Africa Working Paper，2015.

［136］ KOOP G，PESARAN M H，POTTER S M.Impulse response analysis in nonlinear multivariate models ［J］. Journal of Econometrics，1996，74（1）：119-147.

［137］ KOSE M A，YI K M.The trade comovement problem in international macroeconomics ［J］. FRB of New York Staff Report，2002（155）.

［138］ KOSE M A，PRASAD E S，TERRONES M E.How does globalization affect the synchronization of business cycles? ［J］. American Economic Review，2003，93（2）：57-62.

[139] KOYUNCU C, YILMAZ R.Chinese exports and productivity gains: panel evidence [J]. Asian-Pacific Economic Literature, 2010, 24 (2): 161-170.

[140] KOLUK T, MEHROTRA A.The impact of Chinese monetary policy shocks on East and South-East Asia [J]. Economics of Transition, 2009, 17 (1): 121-145.

[141] KYDLAND F E, PRESCOTT E C.Time to build and aggregate fluctuations [J]. Econometrica: Journal of the Econometric Society, 1982: 1345-1370.

[142] LANE P R, MILESI-FERRETTI G M.The external wealth of nations mark II: revised and extended estimates of foreign assets and liabilities, 1970-2004 [J]. Journal of International Economics, 2007, 73 (2): 223-250.

[143] LEDERMAN D, OLARREAGA M, RUBIANO E.Trade specialization in Latin America: the impact of China and India [J]. Review of World Economics, 2008 (144): 248-271.

[144] LEE K S, YOON S.Interrelationships and volatility of the financial asset prices under capital flows: the case of Korea [J]. Economic Modelling, 2007, 24 (3): 386-397.

[145] LEE H H, PARK D, SHIN K.Effects of China's structural change on the exports of East Asian economies [J]. China & World Economy, 2017, 25 (3): 1-30.

[146] LI L.The impact of intra-industry trade on business cycle synchronization in East Asia [J]. China Economic Review, 2017 (45): 143-154.

[147] LIAO W, SANTACREU A M.The trade comovement puzzle and the margins of international trade [J]. Journal of International Economics, 2015, 96 (2): 266-288.

[148] LOAYZA N, LOPEZ H, UBIDE A.Comovements and sectoral interdependence: Evidence for Latin America, East Asia, and Europe [J]. IMf Staff Papers, 2001, 48 (2): 367-396.

[149] LUH Y H, JIANG W J, HUANG S C.Trade-related spillovers and industrial competitiveness: Exploring the linkages for OECD countries [J]. Economic Modelling, 2016 (54): 309-325.

[150] RIVERA-BATIZ L, OLIVA M A.International trade: theory, strategies, and evidence [M]. OUP Oxford, 2003.

[151] MAĆKOWIAK B. External shocks, US monetary policy and macroeconomic fluctuations in emerging markets [J]. Journal of Monetary Economics, 2007, 54 (8): 2512-2520.

[152] MASWANA J C. Will China's Recovery Affect Africa's Prospects for Economic Growth? [J]. JICA Research Institute, 2010.

[153] MARTIN P, REY H. Globalization and emerging markets: With or without crash? [J]. American Economic Review, 2006, 96 (5): 1631-1651.

[154] MINIANE J, ROGERS J H. Capital controls and the international transmission of US money shocks [J]. Journal of Money, Credit and Banking, 2007, 39 (5): 1003-1035.

[155] MIRANDA-AGRIPPINO S, REY H. World asset markets and the global financial cycle [M]. Cambridge, MA: National Bureau of Economic Research, 2015.

[156] MIYAMOTO W, NGUYEN T L. Understanding the cross-country effects of US technology shocks [J]. Journal of International Economics, 2017 (106): 143-164.

[157] MORITA H. External shocks and Japanese business cycles: evidence from a sign-restricted VAR model [J]. Japan and the World Economy, 2014 (30): 59-74.

[158] MONETA F, RÜFFER R. Business cycle synchronisation in East Asia [J]. Journal of Asian Economics, 2009, 20 (1): 1-12.

[159] NAUGHTON B. Understanding the Chinese stimulus package [J]. China Leadership Monitor, 2009, 28 (2): 1-12.

[160] NERI S, NOBILI A. The transmission of US monetary policy to the Euro Area [J]. International Finance, 2010, 13 (1): 55-78.

[161] NOYA N, LANZILOTTA B, ZUNINO G. US monetary policy and commodity prices shocks, China's deceleration, and fiscal policy reaction in mercosur post-crisis scenario: a gvar approach [J]. Banco Central del Uruguay, 2015.

[162] OBSTFELD M, ROGOFF K. The mirage of fixed exchange rates [J]. Journal of Economic Perspectives, 1995, 9 (4): 73-96.

[163] OGAWA E, YANG D Y. The dilemma of exchange rate arrangements in East Asia [J]. Japan and The World Economy, 2008, 20 (2): 217-235.

[164] OSORIO C, UNSAL D F.Inflation dynamics in Asia: causes, changes, and spillovers from China [J]. Journal of Asian Economics, 2013 (24): 26-40.

[165] PASSARI E, REY H. Financial flows and the international monetary system [J]. The Economic Journal, 2015, 125 (584): 675-698.

[166] PEERSMAN G.What caused the early millennium slowdown? evidence based on vector autoregressions [J]. Journal of Applied Econometrics, 2005, 20 (2): 185-207.

[167] PENTECÔTE J S, RONDEAU F.Trade spillovers on output growth during the 2008 financial crisis [J]. International Economics, 2015 (143): 36-47.

[168] PESARAN M H, SCHUERMANN T, WEINER S M. Modeling regional interdependencies using a global error-correcting macroeconometric model [J]. Journal of Business & Economic Statistics, 2004, 22 (2): 129-162.

[169] PESARAN M H, SCHUERMANN T, TREUTLER B J, et al. Macroeconomic dynamics and credit risk: a global perspective [J]. Journal of Money, Credit and Banking, 2006: 1211-1261.

[170] PESARAN H H, SHIN Y.Generalized impulse response analysis in linear multivariate models [J]. Economics Letters, 1998, 58 (1): 17-29.

[171] PLOBERGER W, KRÄMER W. The CUSUM test with OLS residuals [J]. Journal of the Econometric Society, 1992: 271-285.

[172] RABANAL J P, RABANAL O A.The effects of Chinese competition and demand on Peruvian exporters [R]. 2015.

[173] RANA P B.Economic integration and synchronization of business cycles in East Asia [J]. Journal of Asian Economics, 2007, 18 (5): 711-725.

[174] RAJAN R S. Management of exchange rate regimes in emerging Asia [J]. Review of Development Finance, 2012, 2 (2): 53-68.

[175] RANA P B, CHENG T, CHIA W M.Trade intensity and business cycle synchronization: East Asia versus Europe [J]. Journal of Asian Economics, 2012, 23 (6): 701-706.

[176] REY H.International channels of transmission of monetary policy and the Mundellian trilemma [J]. IMF Economic Review, 2016, 64 (1): 6-35.

［177］ROSA C.The validity of the event-study approach: evidence from the impact of the Fed's monetary policy on US and foreign asset prices ［J］. Economica, 2011, 78 (311): 429-439.

［178］RUBIO-RAMIREZ J F, WAGGONER D F, ZHA T. Structural vector autoregressions: theory of identification and algorithms for inference ［J］. The Review of Economic Studies, 2010, 77 (2): 665-696.

［179］SATO K, ZHANG Z Y, MCALEER M.The effect of external shocks on macroeconomic fluctuations: Implications for a monetary union in East Asia ［C］//Proceedings of the 18th world imacs/modsim congress. cairns, Australia.2009: 13-17.

［180］SEK S K.The source of shocks and the role of exchange rate as a shock absorber: a comparative study in the crisis-hit East-Asian countries ［J］. Journal of Mathematics Research, 2010, 2 (1): 123.

［181］SETHAPRAMOTE Y. Synchronization of business cycles and economic policy linkages in ASEAN ［J］. Journal of Asian Economics, 2015 (39): 126-136.

［182］SHIN Y. The cointegrating VAR modelling approach to the Korean macroeconomy in the presence of structural breaks ［J］. The Korean Journal of Ecnonomics , 2009, 16 (2): 175-241.

［183］SHIN K, WANG Y.Trade integration and business cycle synchronization in East Asia ［J］. Asian Economic Papers, 2003, 2 (3): 1-20.

［184］SIMS C A.Macroeconomics and reality ［J］. Journal of the Econometric Society, 1980: 1-48.

［185］SMITH L V, GALESI A. GVAR Toolbox 2.0 ［J］ . University of Cambridge: Judge Business School, 2014.

［186］SZNAJDERSKA A. The role of China in the world economy: evidence from a global VAR model ［J］. Applied Economics, 2019, 51 (15): 1574-1587.

［187］TANBOON S. The bank of Thailand structural model for policy analysis ［J］ .Bank of Thailand Discussion Paper, 2008.

［188］THORBECKE W, SMITH G.How would an appreciation of the Renminbi and other East Asian currencies affect China's exports? ［J］. Review of International Economics, 2010, 18 (1): 95-108.

［189］TILLMANN P. Unconventional monetary policy and the spillovers to emerging markets ［J］. Journal of International Money and Finance,

2016 (66): 136-156.

[190] TSIONAS E G, KONSTANTAKIS K N, MICHAELIDES P G. Bayesian GVAR with k-endogenous dominants & input-output weights: financial and trade channels in crisis transmission for BRICs [J]. Journal of International Financial Markets, Institutions and Money, 2016 (42): 1-26.

[191] UHLIG H. What are the effects of monetary policy on output? Results from an agnostic identification procedure [J]. Journal of Monetary Economics, 2005, 52 (2): 381-419.

[192] UTLAUT J, VAN ROYE B. The effects of external shocks to business cycles in emerging Asia: a Bayesian-VAR approach [M]. Kiel Institute for the World Economy, 2010.

[193] VANSTEENKISTE I. Regional housing market spillovers in the US: lessons from regional divergences in a common monetary policy setting [J]. ECB Working Paper , 2007.

[194] VESPIGNANI J L, RATTI R A. Not all international monetary shocks are alike for the Japanese economy [J]. Economic Modelling, 2016 (52): 822-837.

[195] WONGSWAN J. The response of global equity indexes to US monetary policy announcements [J]. Journal of International Money and Finance, 2009, 28 (2): 344-365.

[196] ZHAI F, MORGAN P. Impact of the People's Republic of China's growth slowdown on emerging Asia: a general equilibrium analysis [J]. ADBI Working Papers, 2016.

[197] ZHOU S. Trade connections and interest rate linkages among ASEAN, Japan, and the USA: an empirical analysis [J]. Applied Economics, 1996, 28 (5): 617-630.

[198] ZHU S, YAMANO N, CIMPER A. Compilation of bilateral trade database by industry and end-use category [J]. OECD Working Paper, 2011.

附录

附录1 参数校准及脉冲响应分析——以泰国为样本

附表1-1 参数校准

参数	描述	取值	来源
ψ	闲暇的效用权重	10.1250	校准
η	劳动供给的逆 Fisher 弹性	3.0303	Tanboon（2008）
σ	消费跨期替代弹性的倒数	1.03	Chuantantikamon（2008）
β	主观折现因子	0.9926	Tanboon（2008）
κ	持有货币余额的效用权重	0.06	Chang et al.（2015）
θ	价格粘性	0.64	Chuantantikamon（2008）
ε_P	差异化产品间替代弹性	6	Hirakata et al.（2016）
ξ	协整参数	0.85	Miyamoto and Nguyen（2017）

参数	描述	取值	来源
$corr_{a, a*}$	国外技术因素的直接影响	0.10	校准
泰勒规则			
ρ_i	利率平滑系数	0.85	Tanboon（2008）
ϕ_π	利率对通胀缺口反应系数	1.61	Chuantantikamon（2008）
ϕ_y	利率对产出缺口反应系数	0.46	Chuantantikamon（2008）
冲击过程			
ρ_a	国内技术冲击的持续性参数	0.75	Chuantantikamon（2008）
ρ_{a*}	国外技术冲击的持续性参数	0.7967	王曦等（2017）
ρ_X	出口需求冲击的持续性参数	0.97	仝冰（2017）
ρ_{i*}	国外货币政策冲击的持续性参数	0.8863	王曦等（2017）
σ_i	国内货币政策冲击标准差	0.01	Chuantantikamon（2008）
σ_a	国内技术冲击标准差	0.03	Chuantantikamon（2008）
σ_{a*}	国外技术冲击标准差	0.0399	王曦等（2017）
σ_{i*}	国外货币政策冲击标准差	0.0157	王曦等（2017）
σ_X	出口需求冲击标准差	0.01	仝冰（2017）

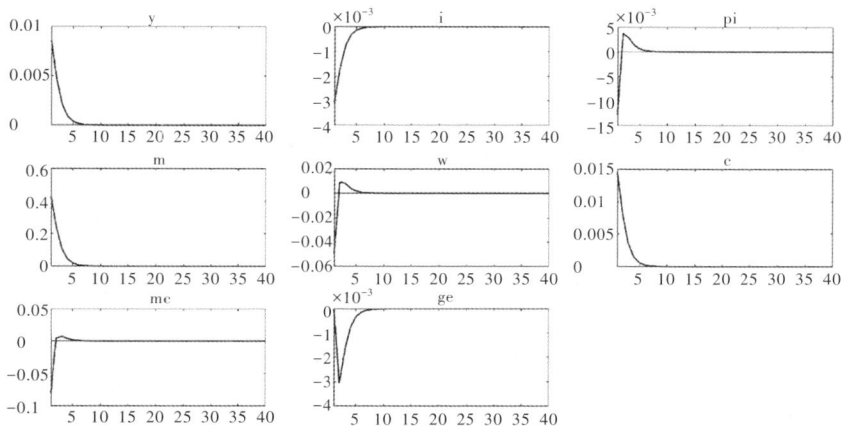

附图1-1　国内技术冲击的影响分析

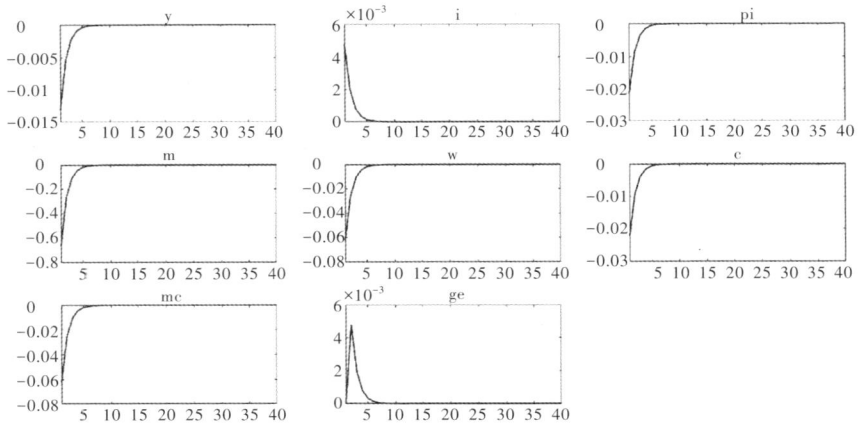

附图1-2　国内货币政策变动的影响分析

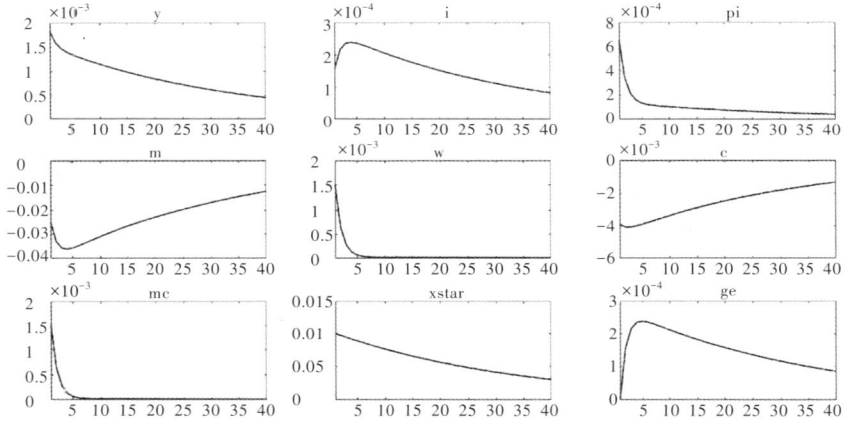

附图1-3　出口需求变动的外溢效应分析

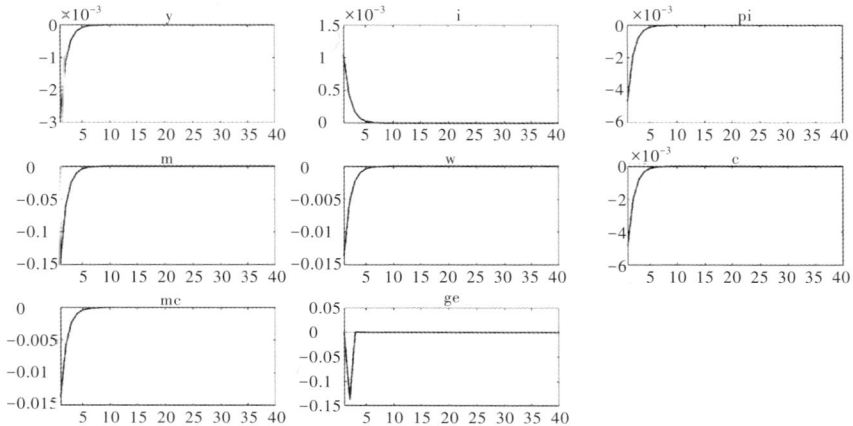

附图1-4　国外货币政策外溢效应分析

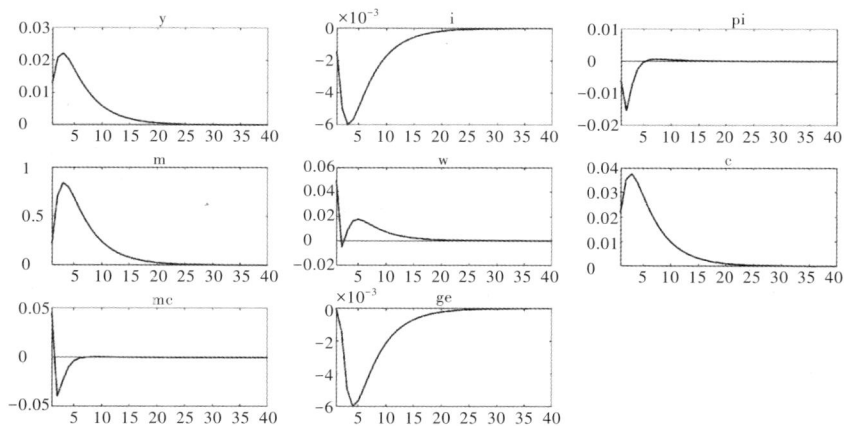

附图1-5　国外技术的外溢效应分析

附录2　中国货币政策影响的时间演变趋势分析

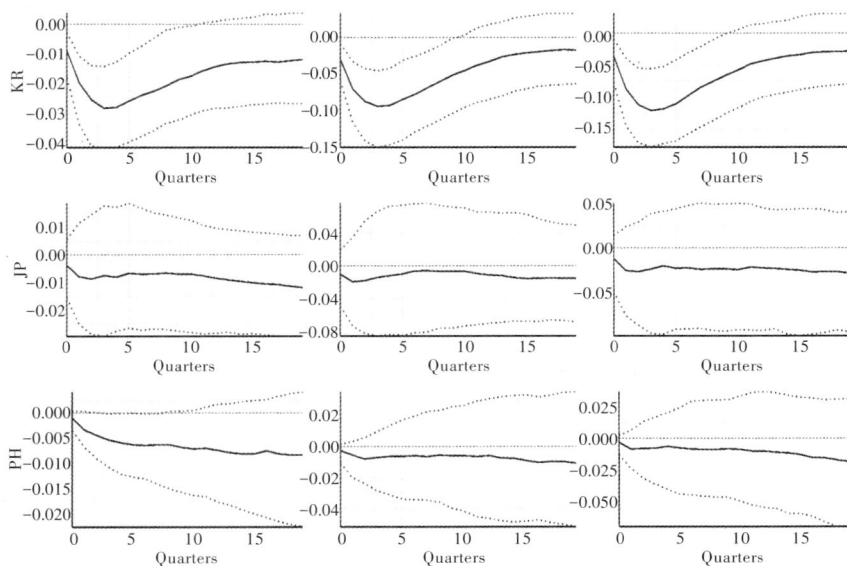

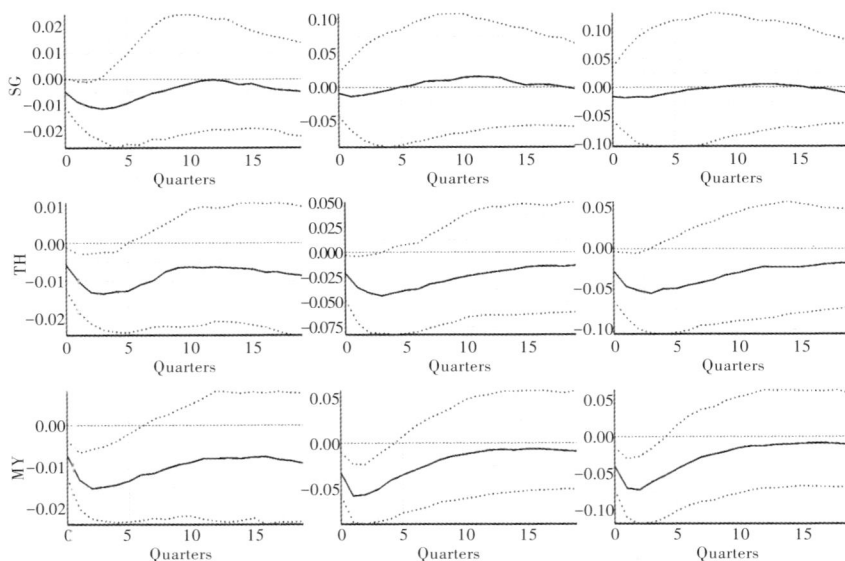

注：从左至右分别为"基于 1995 年贸易权重矩阵"、"基于 2010 年贸易权重矩阵"以及"基于 2015 年贸易权重矩阵"的各国实际产出的脉冲响应结果，图中的实线部分为因素反应函数的中位数，虚线部分代表了 25% 和 75% 的分位区间，所有的动态响应均是使用 Bootstrap 的方法通过 550 次模拟生成的。

附图 2-1　中国货币政策冲击对东南亚国家实际产出影响的脉冲响应图

附录 3　使用出口附加值 Tiva 构建的权重矩阵

附表 3-1　　　　使用出口附加值 Tiva 构建的权重矩阵

	EA	US	UK	JP	CN	CZ	HU	PL	SI	SK	BG	RO	EE	LT	LV	HR	RU	AR	BR
EA	0.000	0.168	0.143	0.034	0.103	0.027	0.018	0.042	0.006	0.009	0.005	0.013	0.002	0.003	0.002	0.004	0.073	0.006	0.026
US	0.188	0.000	0.057	0.079	0.135	0.002	0.002	0.004	0.000	0.001	0.000	0.001	0.000	0.000	0.000	0.000	0.019	0.006	0.031
UK	0.448	0.159	0.000	0.027	0.058	0.007	0.005	0.016	0.001	0.002	0.001	0.004	0.001	0.001	0.001	0.001	0.023	0.002	0.009
JP	0.092	0.193	0.024	0.000	0.279	0.002	0.002	0.003	0.000	0.001	0.000	0.000	0.000	0.000	0.000	0.000	0.029	0.002	0.015
CN	0.158	0.186	0.028	0.157	0.000	0.005	0.002	0.007	0.000	0.002	0.000	0.001	0.000	0.000	0.000	0.000	0.038	0.006	0.033
CZ	0.498	0.036	0.039	0.011	0.061	0.000	0.020	0.076	0.004	0.057	0.004	0.009	0.001	0.001	0.001	0.003	0.078	0.001	0.004

续表

	EA	US	UK	JP	CN	CZ	HU	PL	SI	SK	BG	RO	EE	LT	LV	HR	RU	AR	BR
HU	0.477	0.052	0.041	0.017	0.039	0.030	0.000	0.046	0.009	0.031	0.006	0.040	0.001	0.001	0.001	0.006	0.114	0.001	0.004
PL	0.487	0.037	0.058	0.011	0.051	0.048	0.019	0.000	0.003	0.018	0.004	0.010	0.002	0.009	0.004	0.002	0.096	0.003	0.004
SI	0.589	0.040	0.027	0.005	0.031	0.023	0.031	0.024	0.000	0.012	0.006	0.011	0.000	0.001	0.001	0.054	0.057	0.002	0.006
SK	0.366	0.021	0.053	0.009	0.047	0.131	0.048	0.067	0.005	0.000	0.003	0.011	0.000	0.001	0.001	0.006	0.168	0.001	0.002
BG	0.430	0.026	0.029	0.003	0.023	0.016	0.018	0.025	0.005	0.006	0.000	0.068	0.000	0.001	0.001	0.002	0.222	0.002	0.004
RO	0.534	0.036	0.045	0.006	0.028	0.019	0.058	0.035	0.004	0.010	0.034	0.000	0.000	0.001	0.000	0.002	0.053	0.001	0.008
EE	0.385	0.038	0.036	0.013	0.041	0.006	0.004	0.034	0.001	0.001	0.001	0.001	0.000	0.048	0.078	0.000	0.110	0.001	0.003
LT	0.329	0.038	0.041	0.002	0.017	0.008	0.004	0.101	0.001	0.003	0.002	0.002	0.032	0.000	0.095	0.000	0.194	0.001	0.002
LV	0.296	0.033	0.042	0.004	0.023	0.009	0.005	0.062	0.001	0.003	0.001	0.002	0.075	0.133	0.000	0.000	0.127	0.001	0.001
HR	0.515	0.041	0.025	0.006	0.030	0.019	0.026	0.023	0.069	0.016	0.004	0.006	0.000	0.000	0.000	0.000	0.116	0.002	0.008
RU	0.361	0.084	0.036	0.053	0.122	0.021	0.021	0.042	0.003	0.020	0.014	0.007	0.003	0.008	0.004	0.005	0.000	0.003	0.011
AR	0.170	0.148	0.015	0.019	0.105	0.002	0.001	0.007	0.001	0.000	0.001	0.001	0.000	0.000	0.000	0.000	0.014	0.000	0.284
BR	0.203	0.218	0.022	0.043	0.169	0.002	0.001	0.003	0.001	0.000	0.000	0.002	0.000	0.000	0.000	0.000	0.017	0.081	0.000
CL	0.141	0.182	0.020	0.080	0.216	0.001	0.000	0.002	0.000	0.000	0.000	0.000	0.000	0.000	0.000	0.000	0.003	0.052	0.092
MX	0.079	0.657	0.006	0.034	0.075	0.001	0.001	0.001	0.000	0.000	0.000	0.000	0.000	0.000	0.000	0.000	0.003	0.004	0.017
PE	0.151	0.187	0.012	0.064	0.199	0.001	0.001	0.002	0.000	0.001	0.002	0.000	0.000	0.000	0.000	0.000	0.014	0.022	0.059
KR	0.088	0.155	0.015	0.133	0.279	0.003	0.002	0.004	0.000	0.003	0.000	0.001	0.000	0.000	0.000	0.000	0.034	0.003	0.021
PH	0.082	0.143	0.013	0.131	0.207	0.001	0.001	0.001	0.000	0.000	0.000	0.000	0.000	0.000	0.000	0.000	0.035	0.004	0.009
SG	0.130	0.158	0.054	0.076	0.126	0.002	0.002	0.001	0.000	0.000	0.000	0.000	0.000	0.000	0.000	0.000	0.006	0.005	0.015
TH	0.089	0.092	0.021	0.178	0.174	0.003	0.001	0.003	0.000	0.000	0.000	0.001	0.000	0.000	0.000	0.000	0.034	0.005	0.016
IN	0.199	0.199	0.065	0.038	0.146	0.002	0.001	0.004	0.000	0.000	0.000	0.002	0.000	0.000	0.000	0.000	0.018	0.003	0.024
ID	0.083	0.090	0.011	0.160	0.179	0.001	0.001	0.002	0.001	0.000	0.000	0.000	0.000	0.000	0.000	0.000	0.012	0.006	0.013
MY	0.089	0.108	0.019	0.136	0.207	0.002	0.001	0.002	0.000	0.001	0.000	0.000	0.000	0.000	0.000	0.000	0.006	0.005	0.014
AU	0.085	0.119	0.044	0.150	0.243	0.001	0.001	0.001	0.000	0.000	0.000	0.000	0.000	0.000	0.000	0.001	0.007	0.003	0.011

续表

	EA	US	UK	JP	CN	CZ	HU	PL	SI	SK	BG	RO	EE	LT	LV	HR	RU	AR	BR
NZ	0.097	0.127	0.046	0.060	0.125	0.001	0.001	0.001	0.000	0.000	0.000	0.000	0.000	0.000	0.001	0.000	0.035	0.002	0.008
TR	0.385	0.102	0.058	0.020	0.088	0.009	0.005	0.019	0.002	0.003	0.011	0.019	0.001	0.001	0.001	0.001	0.105	0.003	0.017
CA	0.076	0.634	0.032	0.034	0.073	0.001	0.001	0.003	0.000	0.000	0.000	0.001	0.000	0.000	0.000	0.000	0.005	0.004	0.009
CH	0.564	0.128	0.043	0.032	0.052	0.007	0.003	0.012	0.001	0.002	0.001	0.003	0.000	0.000	0.001	0.001	0.020	0.002	0.012
NO	0.314	0.075	0.191	0.014	0.042	0.003	0.001	0.022	0.000	0.001	0.001	0.001	0.002	0.003	0.002	0.001	0.022	0.001	0.013
SE	0.395	0.077	0.073	0.015	0.044	0.008	0.006	0.027	0.001	0.003	0.001	0.002	0.006	0.004	0.004	0.001	0.042	0.002	0.010
DK	0.344	0.083	0.092	0.017	0.043	0.009	0.005	0.024	0.001	0.002	0.002	0.002	0.002	0.003	0.003	0.001	0.031	0.003	0.008
IS	0.335	0.138	0.130	0.019	0.030	0.005	0.001	0.016	0.000	0.001	0.000	0.000	0.002	0.003	0.002	0.000	0.026	0.001	0.021

	CL	Mx	PE	KR	PH	SG	TH	IN	ID	My	AU	NZ	TR	CA	CH	NO	SE	DK	IS
EA	0.005	0.012	0.003	0.018	0.002	0.011	0.007	0.033	0.007	0.007	0.012	0.002	0.028	0.018	0.070	0.025	0.036	0.019	0.001
US	0.008	0.109	0.004	0.035	0.005	0.014	0.009	0.037	0.009	0.010	0.019	0.003	0.008	0.168	0.018	0.007	0.008	0.005	0.000
UK	0.092	0.003	0.001	0.009	0.001	0.014	0.005	0.034	0.003	0.005	0.019	0.003	0.013	0.024	0.017	0.047	0.021	0.016	0.001
JP	0.008	0.014	0.004	0.073	0.010	0.017	0.040	0.017	0.039	0.030	0.057	0.003	0.004	0.022	0.011	0.003	0.004	0.003	0.000
CN	0.012	0.017	0.006	0.086	0.009	0.016	0.022	0.037	0.025	0.026	0.052	0.004	0.010	0.027	0.010	0.005	0.006	0.004	0.000
CZ	0.000	0.003	0.000	0.010	0.000	0.002	0.004	0.007	0.002	0.003	0.003	0.000	0.012	0.003	0.017	0.005	0.013	0.008	0.000
HU	0.000	0.003	0.000	0.012	0.001	0.004	0.002	0.005	0.003	0.002	0.002	0.000	0.009	0.007	0.011	0.003	0.014	0.008	0.000
PL	0.001	0.002	0.000	0.009	0.000	0.001	0.003	0.007	0.002	0.002	0.002	0.000	0.016	0.007	0.017	0.020	0.028	0.015	0.001
SI	0.001	0.003	0.000	0.006	0.000	0.002	0.003	0.008	0.005	0.001	0.003	0.000	0.012	0.003	0.016	0.003	0.009	0.005	0.000
SK	0.000	0.001	0.001	0.026	0.000	0.000	0.002	0.003	0.001	0.002	0.001	0.000	0.010	0.003	0.009	0.003	0.012	0.004	0.000
BG	0.000	0.001	0.003	0.004	0.000	0.001	0.002	0.003	0.001	0.001	0.001	0.000	0.066	0.005	0.008	0.004	0.008	0.008	0.000
RO	0.000	0.002	0.000	0.008	0.000	0.001	0.002	0.011	0.002	0.001	0.001	0.000	0.057	0.010	0.013	0.004	0.007	0.005	0.000
EE	0.001	0.001	0.001	0.003	0.000	0.003	0.004	0.005	0.001	0.001	0.002	0.000	0.008	0.005	0.007	0.033	0.106	0.017	0.001
LT	0.000	0.001	0.001	0.001	0.000	0.000	0.002	0.003	0.001	0.000	0.001	0.000	0.007	0.012	0.004	0.026	0.045	0.021	0.001
LV	0.000	0.001	0.001	0.004	0.000	0.002	0.007	0.008	0.001	0.001	0.000	0.002	0.009	0.002	0.020	0.029	0.067	0.027	0.001

续表

	EA	US	UK	JP	CN	CZ	HU	PL	SI	SK	BG	RO	EE	LT	LV	HR	RU	AR	BR
HR	0.000	0.001	0.001	0.003	0.000	0.002	0.003	0.006	0.001	0.001	0.012	0.001	0.011	0.007	0.016	0.007	0.014	0.008	0.000
RU	0.001	0.002	0.001	0.034	0.005	0.002	0.014	0.015	0.005	0.002	0.005	0.003	0.039	0.006	0.012	0.009	0.019	0.008	0.000
AR	0.053	0.018	0.012	0.018	0.003	0.012	0.012	0.016	0.014	0.011	0.013	0.001	0.006	0.026	0.005	0.002	0.005	0.005	0.000
BR	0.027	0.020	0.010	0.034	0.002	0.010	0.010	0.032	0.009	0.009	0.012	0.001	0.010	0.018	0.012	0.008	0.007	0.004	0.000
CL	0.000	0.026	0.028	0.048	0.002	0.003	0.008	0.018	0.006	0.004	0.012	0.001	0.005	0.025	0.006	0.002	0.011	0.005	0.000
MX	0.007	0.000	0.004	0.018	0.001	0.002	0.004	0.010	0.003	0.004	0.005	0.001	0.002	0.052	0.005	0.001	0.002	0.001	0.000
PE	0.050	0.030	0.000	0.053	0.005	0.002	0.011	0.020	0.005	0.003	0.007	0.002	0.006	0.071	0.004	0.004	0.008	0.004	0.000
KR	0.009	0.013	0.005	0.000	0.011	0.017	0.017	0.030	0.039	0.018	0.046	0.003	0.009	0.020	0.005	0.009	0.005	0.003	0.000
PH	0.003	0.007	0.004	0.077	0.000	0.045	0.054	0.041	0.045	0.037	0.022	0.006	0.003	0.015	0.006	0.003	0.002	0.003	0.000
SG	0.002	0.004	0.000	0.042	0.016	0.000	0.035	0.078	0.061	0.070	0.051	0.008	0.005	0.011	0.017	0.011	0.005	0.008	0.000
TH	0.003	0.007	0.003	0.042	0.019	0.035	0.000	0.047	0.054	0.061	0.061	0.004	0.008	0.010	0.010	0.003	0.009	0.005	0.000
IN	0.004	0.009	0.003	0.036	0.007	0.038	0.023	0.000	0.037	0.023	0.043	0.002	0.014	0.017	0.015	0.005	0.013	0.007	0.000
ID	0.003	0.005	0.001	0.089	0.014	0.055	0.050	0.068	0.000	0.070	0.050	0.004	0.009	0.011	0.004	0.002	0.004	0.001	0.000
MY	0.002	0.007	0.001	0.044	0.013	0.070	0.061	0.046	0.076	0.000	0.053	0.007	0.005	0.009	0.006	0.003	0.004	0.003	0.000
AU	0.003	0.006	0.001	0.066	0.005	0.030	0.036	0.051	0.032	0.031	0.000	0.039	0.004	0.011	0.009	0.003	0.005	0.003	0.000
NZ	0.003	0.009	0.002	0.035	0.009	0.033	0.017	0.020	0.018	0.028	0.282	0.000	0.002	0.017	0.006	0.002	0.003	0.010	0.000
TR	0.002	0.003	0.002	0.024	0.001	0.005	0.009	0.032	0.010	0.005	0.008	0.001	0.000	0.012	0.013	0.007	0.013	0.004	0.000
CA	0.004	0.032	0.006	0.017	0.002	0.004	0.004	0.012	0.004	0.003	0.007	0.001	0.004	0.000	0.006	0.013	0.004	0.003	0.000
CH	0.002	0.005	0.001	0.009	0.001	0.011	0.007	0.020	0.003	0.004	0.010	0.001	0.008	0.012	0.000	0.004	0.009	0.010	0.000
NO	0.001	0.001	0.001	0.023	0.001	0.011	0.003	0.011	0.002	0.003	0.005	0.000	0.007	0.040	0.006	0.000	0.113	0.058	0.004
SE	0.005	0.003	0.002	0.010	0.001	0.004	0.008	0.024	0.004	0.003	0.008	0.001	0.011	0.012	0.013	0.098	0.000	0.072	0.001
DK	0.004	0.003	0.001	0.010	0.002	0.012	0.007	0.022	0.002	0.004	0.008	0.004	0.006	0.011	0.022	0.083	0.120	0.000	0.004
IS	0.001	0.001	0.001	0.003	0.000	0.002	0.005	0.011	0.001	0.001	0.002	0.001	0.005	0.019	0.012	0.102	0.034	0.069	0.000

附录4 稳健性分析-改变贸易权重

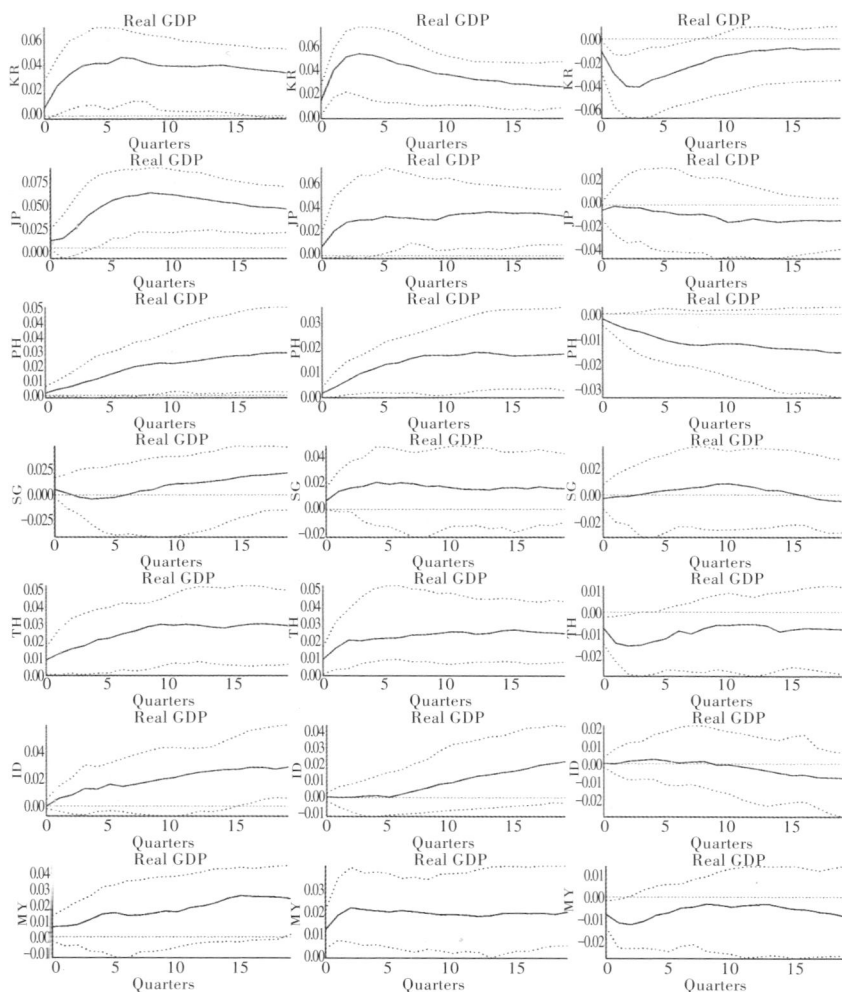

注：图中的实线部分为因素反应函数的中位数，虚线部分代表了25%和75%的分位区间，所有的动态响应均是使用Bootstrap方法通过550次模拟生成的，左侧字母为国家代码，从上到下依次为韩国、日本、菲律宾、新加坡、泰国、印度尼西亚和马来西亚。从左至右分别为需求冲击、供给冲击以及货币政策冲击对东南亚国家实际产出的影响，下同。

附图4-1 中国政策对东南亚国家的外溢效应——基于2000年
双边贸易构建的权重

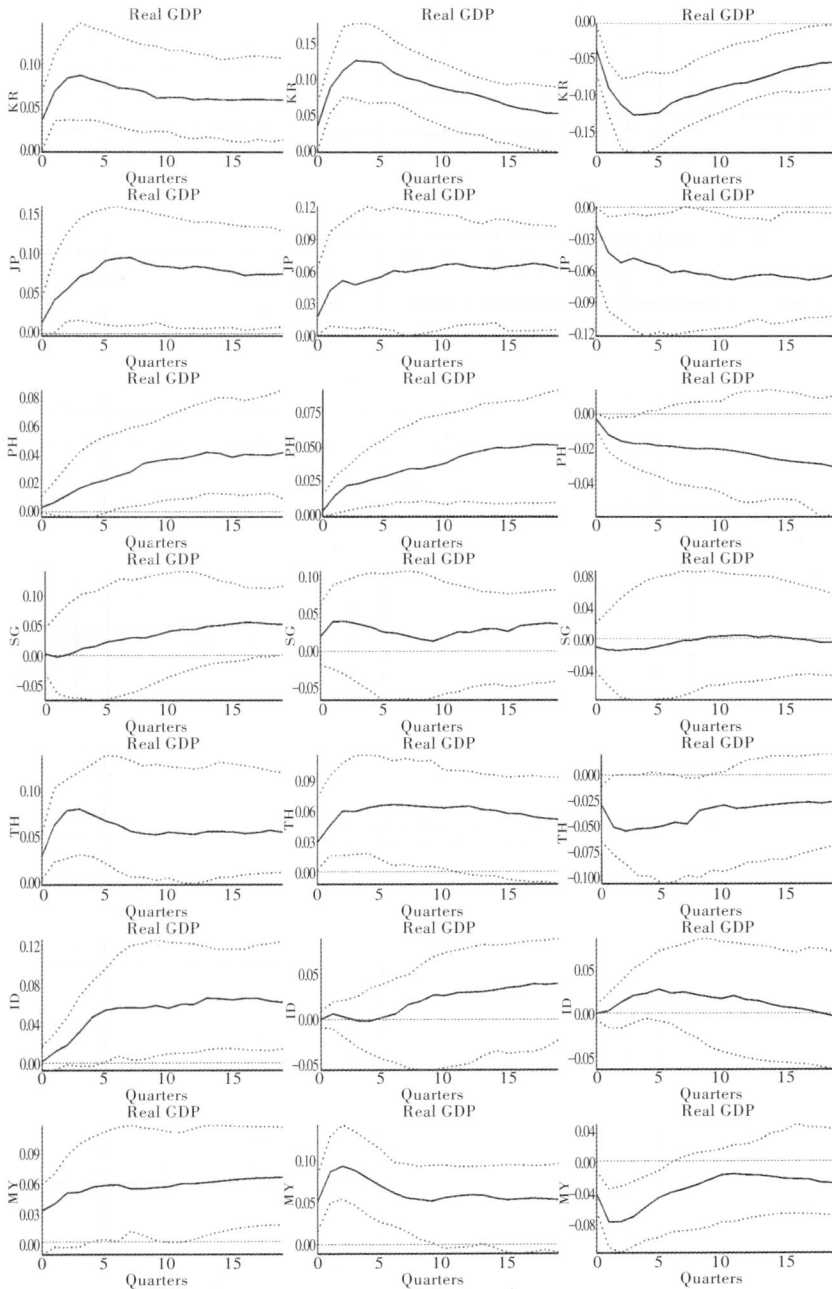

附图4-2　中国政策对东南亚国家的外溢效应——基于2012年

双边贸易构建的权重

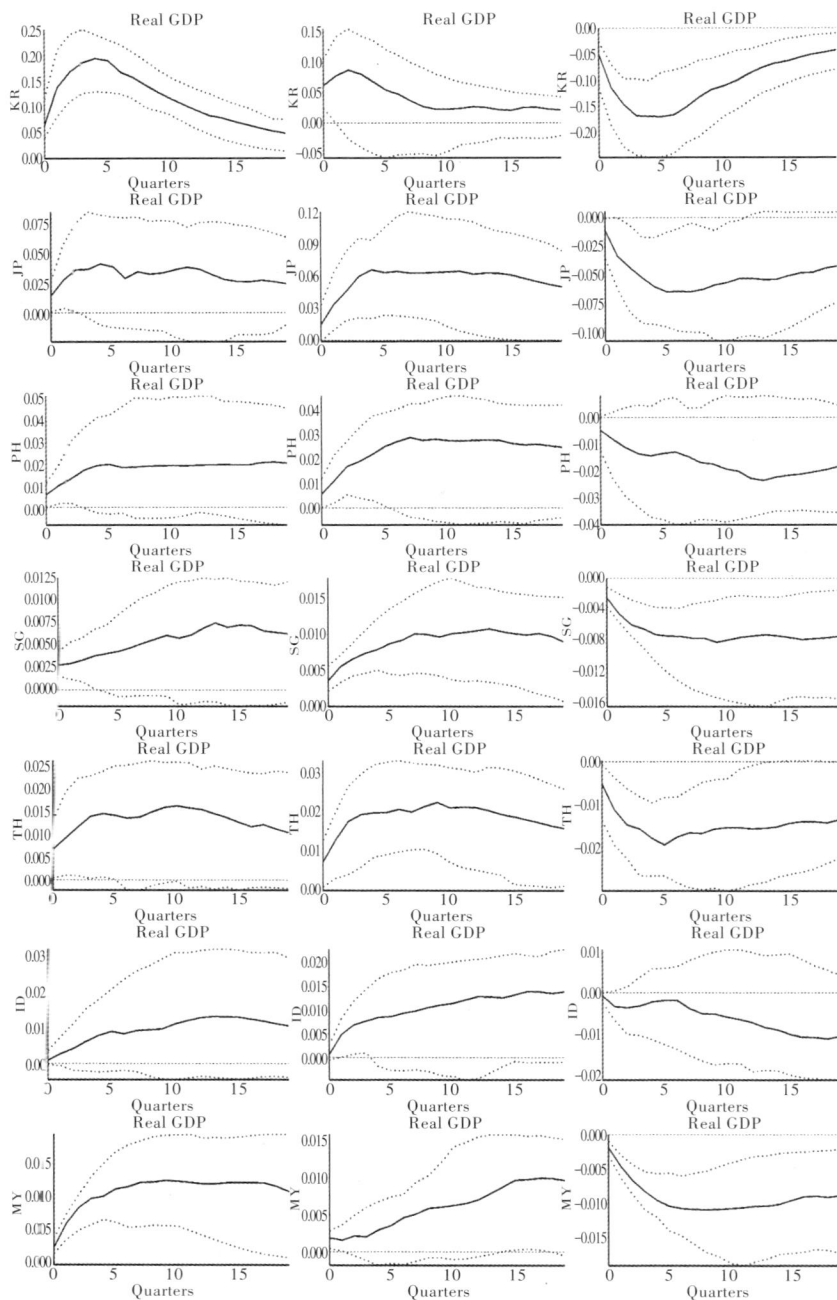

附图4-3　中国政策对东南亚国家的外溢效应——基于距离倒数的平方构建的权重

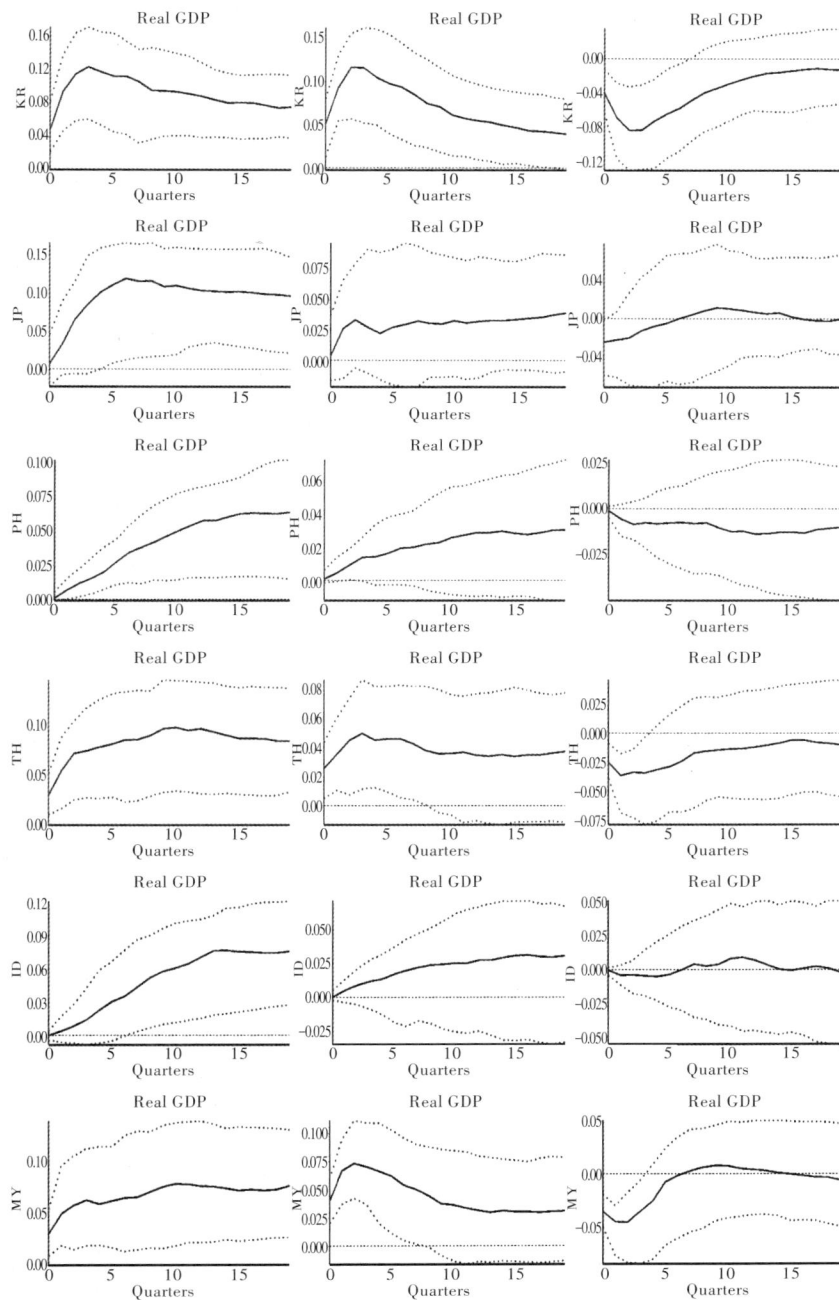

附图4-4 中国政策对东南亚国家的外溢效应——基于混合权重构建的矩阵

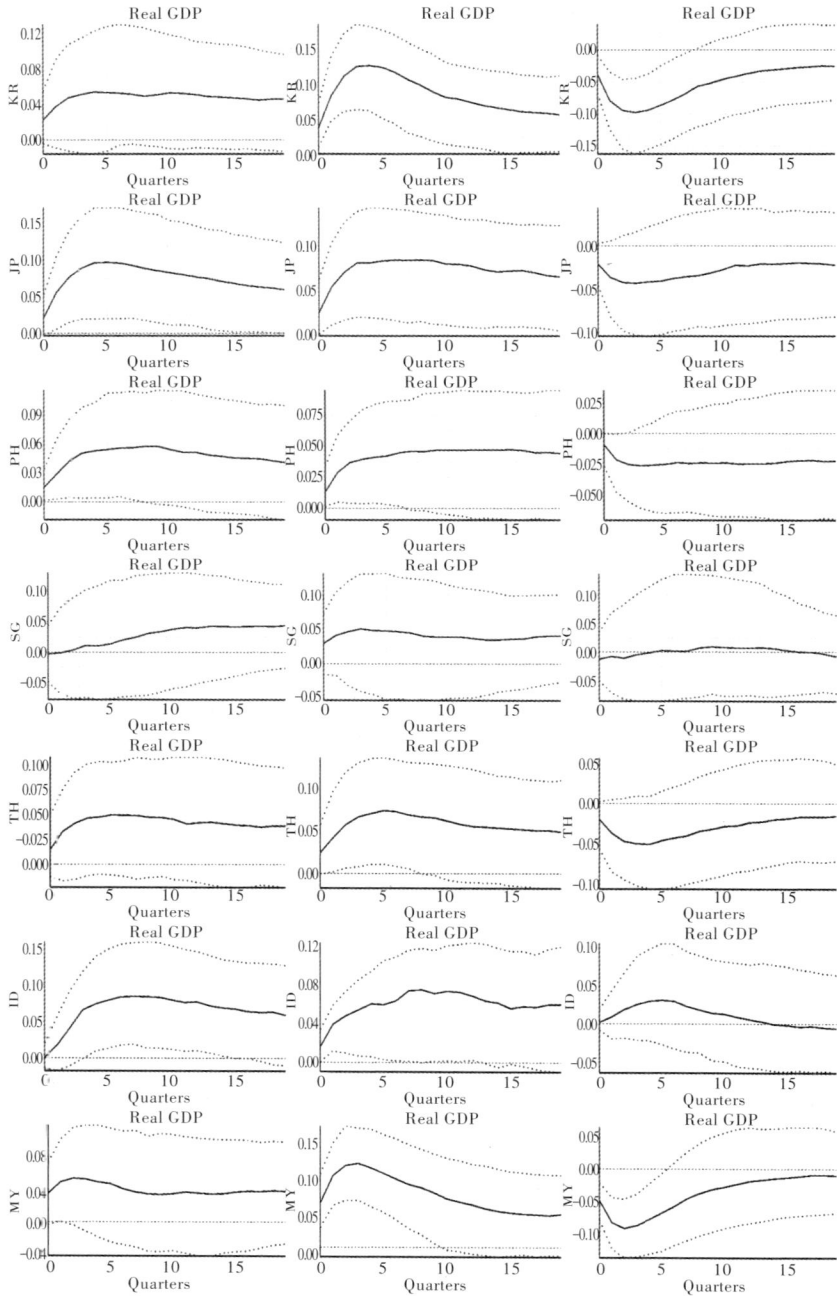

附图4-5　中国政策对东南亚国家的外溢效应——基于时变权重构建

索引

我国政策的区域外溢效应
及影响机制研究

The Regional Spillover Effect and Mechanism of China's Policies

高晶　著

ISBN 978-7-5654-5367-0

定价：75.00元